宏观经济学习题集

Hongguan Jingjixue

第二版

主编 傅 耀

暨南大学出版社
JINAN UNIVERSITY PRESS
中国·广州

图书在版编目（CIP）数据

宏观经济学习题集/傅耀主编．—2版．—广州：暨南大学出版社，2012.6（2018.2重印）
ISBN 978-7-5668-0184-5

Ⅰ.①宏… Ⅱ.①傅… Ⅲ.①宏观经济学—高等学校—习题集 Ⅳ.①F015-44

中国版本图书馆CIP数据核字（2012）第074860号

宏观经济学习题集（第二版）
HONGGUAN JINGJIXUE XITIJI（DIERBAN）
主　编：傅　耀

出 版 人：徐义雄
责任编辑：潘雅琴
责任校对：吴彩珍
责任印制：汤慧君　周一丹

出版发行：暨南大学出版社（510630）
电　　话：总编室（8620）85221601
　　　　　营销部（8620）85225284　85228291　85228292（邮购）
传　　真：（8620）85221583（办公室）　85223774（营销部）
网　　址：http://www.jnupress.com
排　　版：广州市天河星辰文化发展部照排中心
印　　刷：佛山市浩文彩色印刷有限公司
开　　本：787mm×1092mm　1/16
印　　张：14.75
字　　数：380千
版　　次：2010年4月第1版　2012年6月第2版
印　　次：2018年2月第9次
印　　数：33001—37000册
定　　价：32.80元

前　言

本书与高鸿业教授主编的《西方经济学（宏观部分）》第四版课后练习题相配套，共11章，书中内容主要由教学目的、本章重点、本章难点、理论线索、习题、习题答案以及模拟试卷等构成。

本书的章节安排、知识点介绍、理论线索等内容的编排，完全依照高鸿业主编的《西方经济学（宏观部分）》教材第四版的体例。但是在题型设计和模拟试卷的编写方面，本书不仅涵盖了该教材的习题内容，还参考借鉴了国内外流行教科书的指定参考书。本书的指导思想在于提高读者的经济学思维能力，注重从知识点归纳和习题练习中提炼出方法，以培养读者独立思考、分析问题和解决问题的能力。本书具有如下几个特点：

（1）内容紧扣教材。本书的内容以高鸿业主编的《西方经济学（宏观部分）》第四版的内容为主，教学目的明确，重点突出，难点清晰，习题内容设计紧扣教材，逐次深入，与教材内容前后呼应，向读者传达完整的知识体系。

（2）习题类型丰富。习题类型包括名词解释、判断题、单项选择题、多项选择题、计算题、简答题以及论述题，基本涵盖了目前经济学教学中的各类考查方式，从不同角度检验读者对于知识点的掌握程度。

（3）逻辑线索清晰。本书的每一章都按照教材的逻辑结构设计了逻辑线索图，将重点内容浓缩在一个简单的逻辑框架内，使读者能够清晰地了解本章的逻辑结构，有助于读者在此基础上把握宏观经济学总体的逻辑架构。

本书的编写体例由傅耀统一设计。具体编写分工如下：第一章及其答案由陈凤者编写，第二章及其答案由刘沙编写，第三章及其答案由夏芳编写，第四章及其答案由吴立平编写，第五章及其答案由王金平编写，第六章及其答案由郭丽编写，第七章及其答案由刘志荣编写，第八章及其答案由史福厚编写，第九章及其答案由叶湘榕编写，第十章及其答案由金山编写，第十一章及其答案由傅耀编写，五套模拟试题及其答案由傅耀编写。全书由傅耀进行统一审校。

在具体的编写过程中，我们参考了国内已经面世的众多同类习题集的相关内容，在此一并谢忱。

由于时间仓促，参编人员较多，尽管进行了几次校订，可能仍存在纰漏和错谬之处，望读者在学习过程中予以批评指正，留待重印或再版时订正。暨南大学出版社的潘雅琴副编审和其他老师一丝不苟的敬业精神与严肃认真的负责态度令本书增色不少，在本书付梓之前，聊表我们对他们辛勤劳作的深深谢意！

编　者

2012年1月30日

目　录

第一章　国民收入核算

【教学目的】

通过本章的学习，学生应当掌握宏观经济学的研究对象，国民收入各个总量的概念及其关系，特别要掌握国内生产总值的概念，国民收入核算的基本方法以及国民收入核算中的恒等式。

【本章重点】

国内生产总值的概念，国民收入各个总量之间的关系，国民收入核算的基本方法。

【本章难点】

国民收入核算中的恒等关系。

【理论线索】

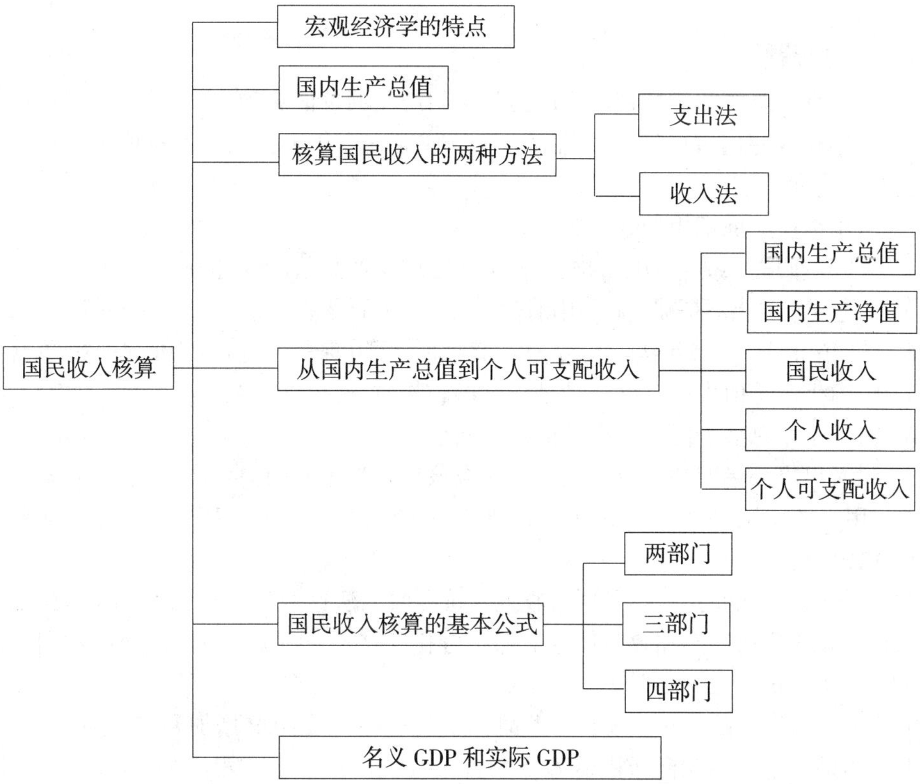

【本章习题】

一、名词解释

1. 国内生产总值
2. 国民生产总值
3. 名义 GDP
4. 实际 GDP
5. 最终产品
6. 中间产品
7. 总投资
8. 重置投资
9. 净投资
10. 政府购买
11. 净出口
12. 存量
13. 流量
14. 宏观经济学
15. GDP 折算指数

二、判断题

1. 国内生产总值等于各种最终产品和中间产品的价值总和。(　)

2. 今年建成并出售的房屋价值和去年建成而在今年出售的房屋价值都应计入今年的国内生产总值。(　)

3. 用作钢铁厂炼钢用的煤和居民烧火用的煤都应计入国内生产总值。(　)

4. 家庭主妇提供劳务应得的收入，构成国内生产总值的一部分。(　)

5. 住宅建筑支出不是被看做耐用消费品消费支出而是被看做投资支出的一部分。(　)

6. 从理论上讲，按支出法、收入法和生产法所计算出来的国内生产总值是一致的。(　)

7. 国内生产总值中的最终产品是指有形的物质产品。(　)

8. 国民生产总值和国内生产总值是一回事。(　)

9. 某人出售一幅旧油画所得到的收入应该计入当年的国内生产总值。(　)

10. 甲、乙两国并成一个国家，即便两国产出不变，其 GDP 亦不能与原来两国 GDP 之和相等。(　)

11. 既然折旧和间接税不是要素收入，按照收入法这两项不应计入 GDP。(　)

12. 个人从公司债券和政府债券上都获得利息收入，则按照收入法，两种利息都应计入 GDP。(　)

13. 某公司生产的汽车多卖掉一些时比少卖掉一些时 GDP 增加要多一些。(　)

14. 如果一企业用 5 台新机器替换 5 台报废的旧机器，它没有使 GDP 增加，因为

机器数量不变。(　)

15. 总投资增加时，资本存量就增加。(　)

16. 总投资不可能为负数。(　)

17. 净投资不可能为负数。(　)

18. 政府转移支付不计入 GDP。(　)

19. 不论是商品数量还是商品价格的变化都会引起实际国内生产总值的变化。(　)

20. 个人收入等于消费与储蓄之和。(　)

三、单项选择题

1. 用支出法核算 GDP 时，投资包括（　）。
   A. 政府部门提供的诸如公路、桥梁等设施
   B. 购买一种新发行的普通股
   C. 年终比年初相比增加的存货量
   D. 消费者购买当年未消费完的产品

2. 使用收入法核算 GDP 时，下面哪一项是不必要的（　）。
   A. 工资、利息和租金
   B. 净出口
   C. 企业转移支付及企业间接税
   D. 资本折旧

3. 下列各项可被计入 GDP 的是（　）。
   A. 家庭主妇的家务劳动
   B. 拍卖毕加索画稿的收入
   C. 晚上帮邻居照看孩子的收入
   D. 从政府那里获得的困难补助收入

4. 一国的国内生产总值大于国民生产总值，说明该国公民从外国取得的收入（　）外国公民从该国取得的收入。
   A. 大于　　B. 小于
   C. 等于　　D. 可能大于也可能小于

5. 假如一套住宅于 2000 年上半年建造并以 9 000 美元出售，下半年出租，租金为 600 美元，同期折旧 90 美元，则该年度与此经济活动有关的总投资、消费和 GDP 分别为（　）。
   A. 9 000 美元、600 美元和 9 600 美元
   B. 0 美元、9 600 美元和 9 600 美元
   C. 8 910 美元、600 美元和 9 510 美元
   D. 9 000 美元、1 200 美元和 9 600 美元

6. 在公司税前利润中，与个人收入有关的是（　）。
   A. 公司所得税　　B. 社会保险税

C. 股东红利　　D. 公司未分配利润

7. 下列哪个指标可由现期要素成本加总得到（　）。

A. GDP　　B. NDP　　C. NI　　D. DPI

8. 要从国民收入获得个人收入，不用减去下列哪一项（　）。

A. 公司所得税　　B. 间接税

C. 社会保险税　　D. 公司未分配利润

9. 按百分比计算，如果名义 GDP 上升（　）价格上升的幅度，则实际 GDP 将（　）。

A. 小于，下降　　B. 超过，不变

C. 小于，不变　　D. 超过，下降

10. 为使不同年份的 GDP 具有可比性，需要对 GDP 进行调整，原因是(　)。

A. GDP 是一个现行市场价值的概念

B. 不同年份 GDP 的实物内容不同

C. 不同年份的 GDP 所含的折旧和间接税不同

D. GDP 包含了非物质生产部门的成果

11. 下列指标中哪一个是存量指标（　）。

A. 收入　　B. 投资　　C. 资本　　D. 进出口

12. 在一个四部门的经济中，GDP 是（　）的总和。

A. 消费、总投资、政府购买和净出口

B. 消费、净投资、政府购买和净出口

C. 消费、总投资、政府购买和总出口

D. 工资、地租、利息、利润和折旧

13. “面粉是中间产品”这一命题（　）。

A. 一定不对　　B. 一定对

C. 可能对也可能不对　　D. 以上说法全对

14. 今年的名义国内生产总值大于去年的名义国内生产总值，说明了(　)。

A. 今年实际产出一定比去年高了

B. 今年生产的物品和劳务的总量一定比去年增加了

C. 今年的物价水平和实物产量水平都比去年提高了

D. 以上三种说法都不一定正确

15. 国内生产总值的最大构成部分为（　）。

A. 投资　　B. 出口　　C. 消费　　D. 政府支出

16. GDP 与 NDP 之间的差为（　）。

A. 折旧　　B. 间接税　　C. 净出口　　D. 直接税

17. 如果个人收入为 1 000 美元，消费为 500 美元，储蓄为 400 美元，个人所得税为 100 美元，则个人可支配收入为（　）美元。

A. 600　　B. 500　　C. 300　　D. 900

18. 下列选项属于政府转移支付的是（　）。

A. 政府投资兴建体育场　　B. 政府对福利院的拨款

C. 政府用于研制机器人的费用　　D. 政府发给教师的工资

19. 通过核算在一定时期内整个社会购买最终产品的总支出来计量 GDP 属于（　）。

A. 收入法　　B. 支出法

C. 价值增值法　　D. 个人收入法

20. 在下列项目中，（　）不属于政府购买。

A. 政府投资兴办了一所大学　　B. 政府给公务人员增加薪水

C. 政府订购一批军事武器　　D. 政府给贫困家庭的生活补贴

21. 下列属于流量的是（　）。

A. 失业人数　B. 政府债务　C. 资本量　D. 政府预算赤字

22. 下列属于经济学上的投资的是（　）。

A. 企业增加一笔存货　　B. 建造一座住宅

C. 企业购买一台计算机　　D. 以上都是

23. 净出口是指（　）。

A. 进口减出口　　B. 出口加进口

C. 出口加政府转移支付　　D. 出口减进口

24. 在国民收入核算体系中，计入 GDP 的政府支出是指（　）。

A. 政府购买物品的支出

B. 政府购买物品和劳务的支出

C. 政府购买物品和劳务的支出加上政府的转移支付之和

D. 政府工作人员的薪金和政府转移支付

25. 下列说法错误的是（　）。

A. GDP 和 GNP 都是流量概念

B. GDP 是地域概念，GNP 是国民概念

C. GDP 和 GNP 都是以市场交换为基础

D. GDP 和 GNP 是同一概念，没有区别

四、多项选择题

1. 在理解国内生产总值时要注意（　　）。

A. 国内生产总值是一年内生产出来的产品的总值

B. 国内生产总值是指最终产品的总值

C. 国内生产总值中最终产品只包括有形的产品

D. 国内生产总值是指最终产品市场价值总和

E. 国内生产总值是指一年内在本国领土所生产的最终产品的价值总和

2. 在国民收入核算中，除了国内生产总值之外还有另外四个重要总量，它们是（　　）。

A. 国内生产净值　　B. 国民收入
C. 个人收入　　D. 政府收入
E. 个人可支配收入

3. 在下列等式中正确的关系式是（　　）。
A. GDP－折旧＝NDP　　B. NDP－间接税＝NI
C. NI－间接税＝GDP　　D. PI－个人所得税＝PDI
E. PDI＝消费＋储蓄

4. 在考察国民收入核算中的恒等关系时，通常把经济由简单到复杂地分成（　　）。
A. 一部门经济　　B. 两部门经济
C. 三部门经济　　D. 四部门经济
E. 五部门经济

5. 下列各项中，不计入 GDP 的是（　　）。
A. 私人建造的住宅
B. 从事二手货交易的经纪人提取的佣金
C. 政府向失业者提供的救济金
D. 保险公司收取的保险金
E. 国库券利息

6. 下列行为中，属于经济学上的投资的是（　　）。
A. 企业增加一笔存货
B. 建造一座住宅
C. 个人购买计算机
D. 个人在二级市场上购买股票
E. 个人购买文物

7. 按支出法计算 GDP 的主要项目有（　　）。
A. 消费支出　　B. 投资支出
C. 政府购买　　D. 政府转移支付
E. 净出口

8. 按收入法计算 GDP 的主要项目有（　　）。
A. 雇员报酬　　B. 业主收入
C. 租金收入　　D. 折旧费
E. 家庭与政府支付的利息

9. 在 PI 中需要从 NI 中减去的三项是（　　）。
A. 公司所得税　　B. 转移支付
C. 社会保险税　　D. 公司未分配利润
E. 红利

10. 国民生产总值的计算方法主要有（　　）。

A. 支出法　　B. 收入法
C. 均衡法　　D. 动态法
E. 部门法

11. 煤炭具有多种用途，作为最终产品的是（　　）。

A. 家庭用于做饭　　B. 餐馆用于做饭
C. 供热公司用于供应暖气　　D. 化工厂作为化工原料
E. 居民用于取暖

12. 最终产品法是将以下各项加总起来计算 GDP 的，只有（　　）除外。

A. 消费和投资　　B. 储蓄
C. 进口　　D. 政府购买
E. 净出口

13. 下列说法中，不是 GDP 的特征的有（　　）。

A. 它是用价值量测度的
B. 它测度的是最终产品和劳务的价值
C. 它只适用于给定的时点
D. 它测度的是销售的产品价值
E. 它是从地域角度衡量的

14. 今年的名义 GDP 大于去年的名义 GDP，说明（　　）。

A. 今年物价水平比去年高了
B. 今年生产的商品和劳务的数量比去年多了
C. 今年物价水平和实物产量水平都比去年提高了
D. A、B、C 三种情况都有可能，但无法确定到底是哪一项
E. 若今年与去年相比，物价水平没变，则表明今年的实物产量水平比去年提高了

15. 下列属于经济学上的投资的是（　　）。

A. 企业增加一批库存商品
B. 建造一批商品房
C. 企业购买一辆轿车
D. 居民购买一套新建商品房
E. 家庭购买公司债券

16. GDP 核算不反映以下交易（　　）。

A. 购买一幢别人以前拥有的住房，支付给中介机构 6% 的中介费
B. 新建但未销售的住房
C. 与朋友打赌赢得 100 元
D. 大学生每月获得的生活补贴
E. 银行存款的利息

17. 下列项目中，(　　) 不是要素收入。
A. 公务员的工资
B. 股息
C. 公司对福利院的捐款
D. 房屋所有者收取的房租
E. 购买公债应得的利息

18. 下列项目中，(　　) 不属于政府购买。
A. 地方政府投资兴建一所小学
B. 政府购买电脑和轿车
C. 政府给公务员加薪
D. 政府给低收入者提供一笔住房补贴
E. 政府支付的公债利息

五、计算题

1. 假定某国某年发生了以下活动：(a) 一银矿开采了 50 千克银，公司支付 7.5 万美元给矿工，产品卖给一银器制造商，售价 10 万美元；(b) 银器制造商支付 5 万美元工资给工人造了一批项链卖给消费者，售价 40 万美元。

(1) 用最终产品生产法计算 GDP。

(2) 每个生产阶段生产多少价值？用增值法计算 GDP。

(3) 在生产活动中赚得的工资和利润各为多少？用收入法计算 GDP。

2. 一经济社会生产三种产品：书本、面包和菜豆。它们在 1998 和 1999 年的产量和价格如下表所示：

	1998 年		1999 年	
	数量	价格	数量	价格
书本	100	10 美元	110	10 美元
面包（条）	200	1 美元	200	1.5 美元
菜豆（千克）	500	0.5 美元	450	1 美元

试求：(1) 1998 年名义 GDP。

(2) 1999 年名义 GDP。

(3) 以 1998 年为基期，1998 年和 1999 年的实际 GDP 是多少？这两年实际 GDP 变化多少百分比？

(4) 以 1999 年为基期，1998 年和 1999 年实际 GDP 是多少？这两年实际 GDP 变化多少百分比？

(5) “GDP 的变化取决于我们用哪一年的价格作为衡量实际 GDP 的基期的价格”

这话对否？

（6）用1998年作为基年，计算1998年和1999年的GDP折算指数。

3. 假定一国有下列国民收入统计资料（单位：亿美元）：

国内生产总值	4 800
总投资	800
净投资	300
消费	3 000
政府购买	960
政府预算盈余	30

试计算：（1）国内生产净值；（2）净出口；（3）政府税收减去转移支付后的收入；（4）个人可支配收入；（5）个人储蓄。

4. 假设国内生产总值是5 000，个人可支配收入是4 100，政府预算赤字是200，消费是3 800，贸易赤字是100（单位都是亿元）。

试计算：（1）个人储蓄；（2）投资；（3）政府购买。

六、简答题

1. 宏观经济学研究的主要对象是什么？
2. 阐述国内生产总值的含义。
3. 我们为什么要核算国民收入？
4. 怎样理解国民收入核算中的净存货？
5. 国内生产总值的统计口径中是否进行了中间产品的核算？
6. 为什么计入CDP的只能是净出口而不是出口？
7. 下列项目是否计入GDP，为什么？

（1）政府转移支付；（2）购买一辆用过的卡车；（3）购买普通股票；（4）购买一块地产。

8. 在统计中，社会保险税增加对GDP、NDP、NI、PI和DPI这五个总量指标中哪个总量有影响？为什么？
9. 如果甲乙两国合并成一个国家，对GDP会有什么影响（假定两国产出不变）？
10. 举例说明最终产品和中间产品不是根据产品的物质属性而是根据产品是否进入最终使用者手中来区分的。
11. 为什么人们从公司债券中得到的利息应计入GDP，而从政府公债中得到的利息不计入GDP？
12. 为什么人们购买债券和股票对个人来说是投资，而在经济学上不算是投资？
13. 举例说明经济活动中流量和存量的联系和区别。财富和收入是流量还是存量？

14. 为什么政府给公务员发工资要计入 GDP，而给灾区或困难人群发放的救济金不计入 GDP？

15. 为什么企业向政府缴纳的间接税（如营业税）也计入 GDP？

七、论述题

1. 说明 GNP 与 GDP 之间的关系。

2. 阐述国民收入核算中统计国内生产总值的支出法。

3. 为什么要计算实际 GDP？名义 GDP 和实际 GDP 有什么联系和区别？

4. 试述 GDP、NDP、NI、PI 和 DPI 之间的关系。

5. 请说明 GDP 平减指数与 CPI 之间的异同。

6. 储蓄—投资恒等式为什么不意味着计划的储蓄总等于计划的投资？

7. 微观经济学和宏观经济学有何联系和区别？为什么有些经济活动从微观看是合理的、有效的，而从宏观看却是不合理的、无效的？

第二章　简单国民收入决定理论

【教学目的】

通过学习本章内容，学生应掌握凯恩斯消费理论、简单的国民收入决定理论和乘数效应，并建立均衡分析的基本思想。

【本章重点】

1. 与总需求相等的产出称为均衡产出。在均衡产出的水平上，计划或意愿的投资一定等于计划或意愿的储蓄。

2. 消费与收入的关系称为消费函数或消费倾向，消费倾向有边际消费倾向和平均消费倾向之分。相应地，储蓄倾向也有边际储蓄倾向和平均储蓄倾向之分。

3. 相对收入消费理论、生命周期理论和永久收入消费理论是凯恩斯消费理论的补充和发展。

4. 在两部门经济中，均衡国民收入决定的公式是 $y=\frac{\alpha+i}{1-\beta}$，投资乘数是$k=\frac{1}{1-\beta}$。

5. 在三部门经济中，若用 t 表示定量税，用 t_r 表示政府转移支付，则均衡收入决定的公式是 $y=\frac{\alpha+i+g+\beta t_r-\beta t}{1-\beta}$；相应地，在定量税情况下，三部门经济中各项乘数分别为：政府购买支出乘数 $k_g=\frac{1}{1-\beta}$，税收乘数 $k_t=\frac{-\beta}{1-\beta}$，政府转移支付乘数 $k_{t_r}=\frac{1}{1-\beta}$，平衡预算乘数 $k_b=1$。

6. 在四部门经济中，若用 x_0-m_0 表示净出口函数，则均衡收入决定的公式是 $y=\frac{1}{1-\beta+\gamma}(\alpha+i+g+\beta t_r-\beta t+x_0-m_0)$，对外贸易乘数是$\frac{\mathrm{d}y}{\mathrm{d}x}=\frac{1}{1-\beta+\gamma}$。

【本章难点】

1. 产出和支出是相互作用的：支出决定产出和收入，同时产出和收入决定支出。收入与支出的相互作用及其变动决定了 GDP 水平及其波动。在国民收入决定的凯恩斯模型中，假设供给曲线是水平的，当总需求变化时，只会导致价格的变化，所以本章涉及的变量值都是实际值。

2. 两部门经济的假设是：①只存在家庭和企业部门，而不存在政府和国外部门；②企业投资是自发的，即投资为外生变量；③折旧和企业未分配利润为零。意愿的或计划的总需求 AD 由意愿的或计划的家庭消费 c 和企业投资 i 构成。当总产出（或总收入）y 与该总需求（或总支出）均衡时，有 $y=c+i$。同时，均衡产出等于意愿的或计划的消费与储蓄之和，即 $y=c+s$。由此得 $i=s$，即经济要达到均衡时，意愿投资必须等于意愿储蓄。这里要注意与上一章的国民收入核算等式 $I=S$ 的区别，那里指的是实际发生或事后的投资和储蓄始终相等，其原因在于非意愿存货投资已包含于事后的投资中。假设消费函数为 $c=\alpha+\beta y$，α 为自发消费部分，自发投资为 i，可由消费函数来推导均衡的国民收入水平为 $y=\frac{\alpha+i}{1-\beta}$。储蓄函数为 $s=y-c=-\alpha+(1-\beta)y$。从 $i=s$ 也可推导出同样的结果。

3. 三部门经济是在两部门经济的基础上加进了政府部门，也就是在经济中考虑了税收和政府支出的因素。税收、政府支出（包括政府购买和政府转移支付）都是财政政策工具。在三部门经济中，我们假设税收为定量税，即不随收入变化而变化。假设 $t=t_0-t_r$，其中 t_0 为全部税收，t_r 为政府给居民的转移支付，故 $y=c+i+g=\alpha+\beta(y-t)+i+g$，可推出均衡收入为：$y=\frac{\alpha+i+g-\beta t}{1-\beta}$。由均衡收入的表达式可知：政府购买支出乘数 $k_g=\frac{1}{1-\beta}$，税收乘数 $k_t=\frac{-\beta}{1-\beta}$。

4. 四部门经济是在三部门经济的基础上加上国外部门。在开放经济中，一国均衡的国民收入不仅取决于国内消费、投资和政府支出，还取决于净出口 $x-m$，在净出口中，出口 x 由国外购买力决定，因此可视为一个外生变量，而进口 m 被认为受本国收入的影响，即 $m=m_0+\gamma y$。有了净出口以后，国民收入决定的模型可表示如下：

$$y=c+i+g+x-m$$
$$c=\alpha+\beta y_d$$
$$y_d=y-t+t_r$$
$$m=m_0+\gamma y$$

得四部门经济中的均衡收入为：

$$y=\frac{1}{1-\beta+\gamma}(\alpha+i+g-\beta t+\beta t_r+x-m_0)$$

由上述四部门经济中均衡收入决定的公式可以得到对外贸易乘数为 $\frac{1}{1-\beta+r}$。

【理论线索】

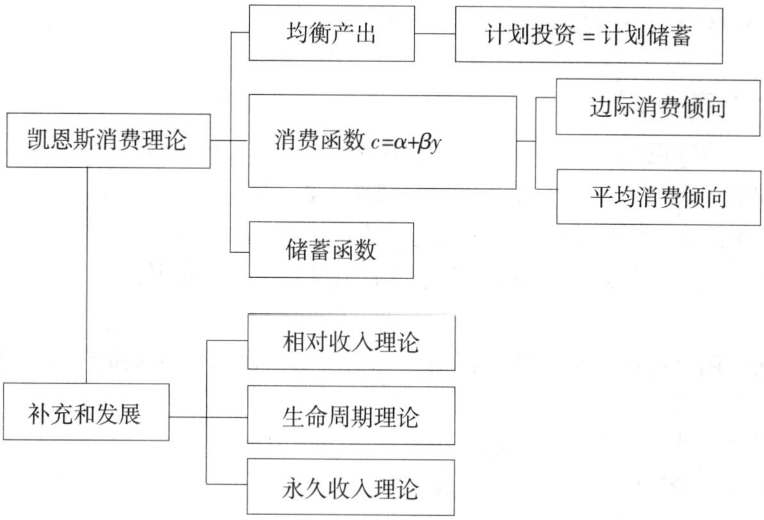

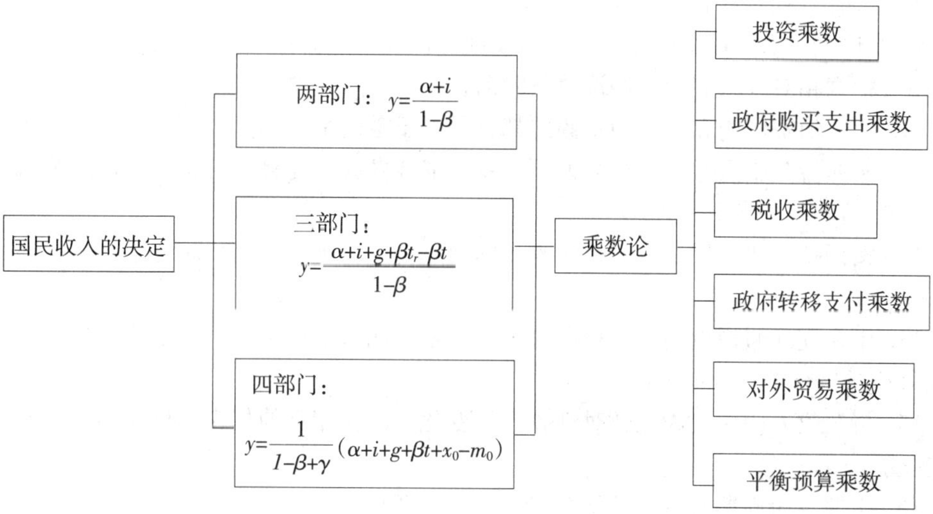

【本章习题】

一、名词解释

1. 均衡产出
2. 消费函数
3. 边际消费倾向
4. 平均消费倾向
5. 投资乘数
6. 平衡预算乘数
7. 自发性投资

8. 棘轮效应

9. 生命周期理论

10. 永久收入消费理论

二、判断题

1. 在凯恩斯理论的消费函数中一定存在 $APC > MPC$。( )

2. 在均衡产出水平上，计划产出与计划支出相等。( )

3. 作为国民收入均衡条件的 $i = s$ 与国民收入核算中的 $I = S$ 是一致的。( )

4. 经济均衡既可表示为总需求与总产出相等，又可表示为实际投资与储蓄相等。( )

5. 若前期期末储蓄存量为零，在不考虑借贷的情况下，当期的平均消费倾向不可能大于1。( )

6. 如消费函数斜率为正，则储蓄函数斜率一定为负。( )

7. 当边际消费倾向小于平均消费倾向时，边际储蓄倾向大于平均储蓄倾向。( )

8. 由居民户消费函数进行简单加总，即可得出社会消费函数。( )

9. 政府购买和税收同时增加一定数量时，国民收入会减少。( )

10. 根据相对收入假说，经济萧条时消费需求下降较少。( )

11. 边际消费倾向和平均消费倾向都总是大于零而小于1。( )

12. 按照持久收入假说，当某人预知每年都会发放年终奖金时，他会把这笔钱用于消费。( )

13. 按照持久收入假说，若持久收入的边际消费倾向为0.7，则当年收入的边际消费倾向为0.7。( )

14. 生命周期假说得出了消费取决于一生收入或未来预期收入的结论，也说明了一生收入或未来预期收入如何决定。( )

15. 持久收入假说认为，暂时性收入的变化反映在储蓄的相应变化而不是消费的相应变化。( )

16. 按照生命周期假说，消费会出现周期性变化。( )

17. 在生命周期假说中引入了财产因素来解释消费。( )

18. 相对收入假说认为消费行为具有不可逆性，个人消费独立于其他人的消费。( )

19. 杜森贝里认为，一个人的消费不仅取决于他自己的绝对收入，而且还取决于他在收入分配中的地位。( )

20. 在弗里德曼看来，中彩票获得的奖金会增加消费。( )

21. 消费与储蓄的生命周期的含义是：工作期进行储蓄，退休期则使用过去的储蓄。( )

三、单项选择题

1. 国民收入决定理论中的“投资=储蓄”，是指（ ）。

A. 实际发生的投资等于储蓄

B. 计划的投资恒等于储蓄

C. 经济达到均衡时，计划的投资必须等于计划的储蓄

D. 事后投资等于储蓄

2. 消费函数的斜率取决于（ ）。

A. 与可支配收入无关的消费的总量

B. 边际消费倾向

C. 平均消费倾向

D. 由于收入变化而引起的投资总量

3. 如果消费函数为一条向右上方倾斜的直线，则边际消费倾向（ ），平均消费倾向（ ）。

A. 递减；递减　　B. 递减；不变

C. 不变；不变　　D. 不变；递减

4. 边际消费倾向小于 1，意味着当前可支配收入的增加将使意愿的消费支出（ ）。

A. 保持不变，这是因为边际储蓄倾向同样小于 1

B. 有所下降，这是因为收入的增加会增加储蓄

C. 增加，其幅度等于可支配收入的增加幅度

D. 增加，但幅度小于可支配收入的增加幅度

5. 在一个两部门经济中，如与收入水平无关的消费为 50 亿美元，投资为 30 亿美元，边际储蓄倾向为 0.2，则均衡收入为（ ）。

A. 80 亿美元　　B. 400 亿美元

C. 150 亿美元　　D. 120 亿美元

6. 在三部门经济中，与均衡的国民收入反方向变化的是（ ）。

A. 税收　　B. 转移支付

C. 政府购买　　D. 投资

7. 以下关于乘数的说法中，正确的是（ ）。

A. 边际消费倾向与乘数成反比

B. 乘数的作用是双向的

C. 乘数反映了收入变化如何引起投资的变化

D. 乘数的作用可无条件地实现

8. 在投资乘数 k_i，政府购买乘数 k_g，税收乘数 k_t 和政府转移支付乘数 k_{t_r} 之间，下列关系中一定成立的是（ ）。

A. $k_{t_r} + k_t = 1$　　B. $k_t = k_{t_r}$

C. $k_t < 0 < k_{t_r} < k_g = k_i$　　D. $k_i + k_g = 1$

9. 已知边际消费倾向为0.75，则（　）。

A. $k_t = 3$　　B. $k_{t_r} = 4$

C. $k_i = 3$　　D. $k_g = 4$

10. 当税收由定量税改为比例税时，（　）。

A. 投资乘数增加　　B. 政府购买乘数减小

C. 投资乘数不变　　D. 税收乘数减小

11. 当一国经济面临过热时，下列政府调控措施中力度最大的是（　）。

A. 增税　　B. 减少转移支付

C. 减税　　D. 减少政府购买

12. 已知 $MPC = 0.8$，税收为定量税，则以下措施中使收入水平降低最多的是（　）。

A. 增加税收100

B. 减少政府购买100

C. 增加税收100，同时设法使 MPC 上升到0.85

D. 减少转移支付50，同时设法使 MPC 上升到0.9

13. 已知税收为定量税，$MPC = 0.6$，如收入水平增加150亿美元，则其可能的原因是（　）。

A. 投资增加100亿美元

B. 政府购买增加100亿美元

C. 转移支付增加100亿美元

D. 政府购买和税收同时增加100亿美元

14. 已知 $MPC = 2/3$，如投资与储蓄同时增加25亿美元，则收入水平（　）。

A. 上升75亿美元　　B. 无变化

C. 降低25亿美元　　D. 上升25亿美元

15. 当实际收入水平高于均衡的收入水平时，下列说法中正确的是（　）。

A. 存在非计划存货投资　　B. 计划投资超过储蓄

C. 总需求超过实际产出　　D. 不存在非计划存货投资

16. 如果总产出为275亿美元，消费为250亿美元，计划投资为30亿美元，在一个两部门经济中，总产出会（　）。

A. 保持稳定　　B. 增加

C. 减少　　D. 不能确定

17. 下列关于消费函数与储蓄函数的关系错误的是（　）。

A. 消费函数和储蓄函数之和等于总收入

B. 平均消费倾向 APC 与平均储蓄倾向 APS 之和恒等于1

C. 边际消费倾向 MPC 和边际储蓄倾向 MPS 之和恒等于1

D. 消费函数和储蓄函数中一个已确定时，另一个还不能随之确定

18. 下列各项中不会导致收入水平下降的是（　）。

A. 自发性支出降低　　B. 自发性税收增加

C. 自发性转移支付降低　　D. 净税收降低

19. 引入国际市场的四部门模型与三部门模型相比，乘数效应将（　）。

A. 变小　　B. 变大

C. 不变　　D. 不能确定

20. 三部门经济的均衡国民收入决定条件是（　）。

A. $y=c+i+g$　　B. $y=c+i+t$

C. $c=y+g+i$　　D. $g=y-c+i$

21. 如果边际储蓄倾向为0.3，投资支出增加60亿元，可以预期，这将导致均衡收入增加（　）。

A. 20亿元　　B. 60亿元

C. 180亿元　　D. 200亿元

22. 在以下四种情况中，投资乘数最大的是（　）。

A. 边际消费倾向为0.6　　B. 边际储蓄倾向为0.1

C. 边际消费倾向为0.4　　D. 边际储蓄倾向为0.3

23. 三部门经济中的平衡预算乘数是指（　）。

A. 政府预算平衡时的乘数

B. 政府支出和税收同方向等量变化时，国民收入与政府支出或税收间变化量之比

C. 政府转移支付和税收同方向等量变化时，国民收入与政府支出或税收间变化量之比

D. 政府购买和税收同方向等量变化时，国民收入与政府购买或税收间变化量之比

24. 在四部门经济中，若投资、储蓄、政府购买、税收、出口和进口同时增加，则均衡收入（　）。

A. 不变　　B. 趋于增加

C. 趋于减少　　D. 变化趋势不能确定

25. 相对收入假说主要来自于（　）。

A. 米尔顿·弗里德曼　　B. 詹姆斯·杜森贝里

C. 詹姆斯·托宾　　D. 亚当·斯密

26. 在两部门经济中，均衡发生于（　）之时。

A. 实际储蓄等于实际投资　　B. 实际消费加实际投资等于产出值

C. 计划储蓄等于计划投资　　D. 总投资等于企业部门的收入

27. 当消费函数为$c=a+by$（$a>0$，$0<b<1$），这表明，平均消费倾向（　）。

A. 大于边际消费倾向　　B. 小于边际消费倾向

C. 等于边际消费倾向　　D. 以上三种情况都可能

28. 如果边际储蓄倾向为0.3，投资支出增加60亿元，这将导致均衡收入GDP增加（ ）。

A. 20亿元　　B. 60亿元

C. 180亿元　　D. 200亿元

四、多项选择题

1. 根据凯恩斯消费函数，下列（　　）因素会引起消费的增加。

A. 价格水平下降　　B. 收入增加

C. 储蓄增加　　D. 利率提高

E. 边际消费倾向增大

2. 凯恩斯消费函数的斜率取决于（　　）。

A. 边际消费倾向　　B. 平均消费倾向

C. 由收入变化引起的投资总量　　D. 自发消费

E. 消费增量与可支配收入增量的比值

3. 两部门模型的投资乘数等于（　　）。

A. 收入变化除以投资变化　　B. 投资变化除以收入变化

C. 边际储蓄倾向的倒数　　D. $(1-MPC)$ 的倒数

E. 边际消费倾向的倒数

4. 政府购买乘数（　　）。

A. 等于投资乘数　　B. 等于投资乘数的相反数

C. 比投资乘数小1　　D. 大于转移支付乘数

E. 等于转移支付乘数

5. 在均衡产出水平上，（　　）。

A. 计划支出和实际产出相等　　B. 非计划存货投资等于零

C. 计划投资等于计划储蓄　　D. 计划存货投资等于零

E. 实际投资等于实际储蓄

6. 两部门模型中当计划投资大于计划储蓄时，（　　）。

A. 计划产量大于均衡收入水平

B. 计划产量小于均衡收入水平

C. 产品供不应求，企业会扩大生产

D. 产品供过于求，企业会减少生产

E. 产品供过于求，企业会扩大生产

7. 消费和收入之间如存在线性关系，那么（　　）。

A. 边际消费倾向不变　　B. 边际消费倾向为一常数

C. 边际储蓄倾向不变　　D. 边际储蓄倾向为一常数

E. 平均消费倾向等于边际消费倾向

8. 在四部门经济中，哪几项变动使国民收入下降（　　）。

A. 税收增加　　B. 净出口提高

C. 边际进口倾向上升　　D. 边际进口倾向下降

E. 居民消费增加

9. 对于消费的内容，正确的有（　　）。

A. 消费水平的高低会随着收入的变动而变动，收入越多，消费水平越高

B. 消费水平的高低与收入的变动无关

C. 随着人们收入的增加，消费数量的增加赶不上收入的增加

D. 随着人们收入的增加，消费数量的增加赶不上投资的增加

E. 随着收入差距的增大，总消费会增大

10. 对于平均消费倾向，说法正确的是（　　）。

A. 说明了家庭既定收入在消费和储蓄之间分配的状况

B. 平均消费倾向总是为正数

C. 收入很低时，平均消费倾向可能大于 1

D. 随着收入的增加，平均消费倾向的数值也不断增加

E. 平均消费倾向等于偏好

11. 下列乘数导致产出同方向变动的有（　　）。

A. 投资乘数　　B. 政府购买乘数

C. 税收乘数　　D. 平衡预算乘数

E. 转移支付乘数

12. 简单国民收入决定模型中，下列说法正确的有（　　）。

A. 两部门经济均衡的条件是在利息既定的条件下得出的

B. 若利息率发生变动，均衡国民收入也会相应地变动

C. 均衡的国民收入与利息率无关

D. 二部门经济均衡条件也是在利息率既定的条件下得出的

E. 在简单国民收入模型中投资是一个外生变量

13. 下列属于经济学所讲的投资的是（　　）。

A. 人们购买证券　　B. 新厂房的建设

C. 存货的增加　　D. 机器设备的增加

E. 购买二手房

14. 两部门模型中，投资乘数等于（　　）。

A. 收入变化除以投资变化　　B. 投资变化除以收入变化

C. 边际储蓄倾向的倒数　　D. （$1-MPS$）的倒数

E. （$1-MPC$）的倒数

15. 关于均衡国民收入，下列哪些说法是正确的（　　）。

A. 均衡国民收入不一定等于充分就业的国民收入

B. 均衡国民收入通常是可以持续下去的国民收入

C. 均衡国民收入的大小在两部门模型中取决于计划储蓄等于计划投资时的水平

D. 均衡国民收入取决于计划支出等于计划产出时的水平

E. 均衡国民收入不一定是理想的国民收入

16. 当消费函数为 $c=100+0.8y$ 时，下列哪些结论一定是正确的（　　）。

A. 边际消费倾向为0.8　　B. 边际储蓄倾向为0.2

C. 投资乘数为5　　D. 当 $y=1\ 000$ 时，消费支出为900

E. 当消费支出为900时，储蓄为100

五、计算题

1. 若边际消费倾向为0.75，投资增加多少才能使国民收入增加30亿美元？

2. 政府决定征税，其税额使可支配收入减少500亿美元。若边际储蓄倾向为0.25，试计算它对国民生产净值的影响。

3. 假设经济模型为 $c=20+0.75(y-t)$，$i=380$，$g=400$，$t=0.20y$，$y=c+i+g$。

（1）计算边际消费倾向。

（2）税收的公式表明当收入增加100时，税收增加20，所以可支配收入增加80，消费增加60（0.75×80）。画出作为收入 y 的消费函数及意愿支出曲线，标明其斜率及纵轴截距。

（3）计算均衡的收入水平。

（4）在均衡的收入水平下，政府预算盈余为多少？

（5）若 g 从400增加到410，计算政府支出乘数，并解释它不等于 $1/(1-MPC)$ 的原因（MPC 为边际消费倾向）。

4. 假定某人的消费函数为 $c=200+0.9y_p$，y_p 是永久收入，而永久收入为当前收入 y_d 和过去收入 y_{d-1} 的如下加权平均值：$y_p=0.7y_d+0.3y_{d-1}$。

（1）假定第1年和第2年的可支配收入为6 000美元，则第2年的消费是多少？

（2）假定第3年的可支配收入增加到7 000美元并且以后年份保持在7 000美元，则第3年和第4年及以后各年的消费是多少？

（3）求短期边际消费倾向和长期边际消费倾向。

5. 假设某经济的消费函数为 $c=100+0.8y_d$，投资为 $i=50$，政府购买性支出为 $g=200$，政府转移支付为 $t_r=62.5$，税收为 $t=250$（单位都为10亿美元）。

（1）求均衡收入。

（2）试求投资乘数、政府支出乘数、税收乘数、转移支付乘数、平衡预算乘数。

（3）假定该社会达到充分就业所需要的国民收入为1 200，试问：①增加政府购买；②减少税收；③以同一数额增加政府购买和税收后（以便预算平衡）实现充分就业，各需要多少数额？

6. 假定某经济社会的消费函数 $c=30+0.8y_d$，净税收即总税收减去政府转移支付后的金额 $t_n=50$，投资 $i=60$，政府购买性支出 $g=50$，净出口即出口减进口以后的余

额为 $nx = 50 - 0.05y$，求：（1）均衡收入；（2）在均衡收入水平上净出口余额；（3）投资乘数；（4）投资从 60 增至 70 时的均衡收入和净出口余额；（5）当净出口从 $nx = 50 - 0.05y$ 变为 $nx = 40 - 0.05y$ 时的均衡收入和净出口余额。

六、简答题

1. 凯恩斯收入决定理论的假设条件是什么？

2. 乘数原理的作用条件有哪些？

3. 在均衡产出水平上，是否计划存货投资和非计划存货投资都必然为零？

4. 能否说边际消费倾向和平均消费倾向都总是大于 0 小于 1 的？

5. 预期收入的变化与当年收入变化对消费的影响是否相同？

6. 依据哪种消费理论，一个暂时性减税对消费影响最大？依据哪种消费理论，社会保障金的一个永久性上升对消费影响最大？依据哪种理论，持续较高的失业保险金对消费影响最大？

7. 哪种消费理论预言总储蓄将依赖于总人口中退休人员和年轻人的比例？这种关系是什么？哪种理论预言消费将不会随经济的繁荣与衰退发生太大变化？为什么？

8. 假设你和你邻居的收入完全一样，不过你比他更健康从而预期有更长的寿命。那么，你的消费水平将高于还是低于他的消费水平？为什么？

9. 根据生命周期理论，社会保障系统对你的（可支配）收入的平均消费倾向有何影响？

10. 下面描述了某人一生中的收入情况：此人一生经历四个时期，在其生命周期的前三个时期先后赚取收入 30 万美元、60 万美元和 90 万美元，而在退休时期没有任何收入，假设利率为零。

（1）若此人想在生命周期中能均匀消费，试决定与其预算约束相符合的消费水平，说明此人哪个时期以什么规模进行储蓄和负储蓄。

（2）与上述（1）相反，现在假定不存在借款的可能性，信贷市场不对个人开放。在此假定下，此人在生命周期中将选择什么样的消费流？在解答该问题后试继续假设（如果可能的话）该人偏好均匀的消费流。

（3）接下来假设该消费者的财富有所增加。新增财富为 13 万美元，那么在可利用信贷市场和不可利用信贷市场这样两种情况下增加的财富将在生命周期中分别被如何配置？如果所增加的财富为 23 万美元，你的答案又将如何呢？

11. 假定在天堂里有这样一段对话：其中一个老太说，我积累了一辈子钱昨天总算买了一套房，住了一夜就来到了天堂；另一位老太说，我也很辛苦，住了一辈子的房，直到昨天才还清买房的贷款，今天就来到天堂。如果真有这样两位老太，你认为哪位老太聪明些？为什么？

12. 什么是凯恩斯定律，凯恩斯定律提出的社会经济背景是什么？

13. 政府购买和政府转移支付都属于政府支出，为什么计算构成国民收入的总需求时只计进政府购买而不包括政府转移支付，即为什么 $y = c + i + g + (x - m)$ 而不是

$y = c + i + g + t_r +\ (x - m)$?

14. 为什么一些西方经济学家认为，将一部分国民收入从富者转给贫者将提高总收入水平?

15. 为什么政府（购买）支出乘数的绝对值大于政府税收乘数和政府转移支付乘数的绝对值?

16. 平衡预算乘数作用的机理是什么?

17. 为什么有了对外贸易之后，封闭经济中的一些乘数会变小些?

七、论述题

1. 试述凯恩斯的短期消费函数的形式和特点。
2. 试述杜森贝里的短期消费函数的特点。
3. 试述弗里德曼的短期消费函数的特点。
4. 在四部门经济中，国民收入是怎样形成均衡的?
5. 试述乘数原理的内容。
6. 税收、政府购买和转移支付这三者对总需求的影响方式有何区别?

第三章　产品市场和货币市场的一般均衡

【教学目的】

上一章，我们在产品市场的背景下讨论了国民收入的决定问题。本章我们将视野扩大至货币市场，以便进一步勾画凯恩斯主义的整个思想体系。本章介绍的一个重要的宏观经济模型——*IS*—*LM* 模型，是我们用来考察产品市场和货币市场一般均衡及收入决定问题的基本框架，同时也为我们以后考察经济政策效果提供了一个基本工具。

【本章重点】

1. 掌握 *IS* 曲线、*LM* 曲线以及 *IS*—*LM* 模型的含义和性质。
2. 用公式、图形或原理进行分析、推导或进行相关的计算。

【木章难点】

1. 有关投资需求函数的分析。
2. 凯恩斯的货币需求理论。

【理论线索】

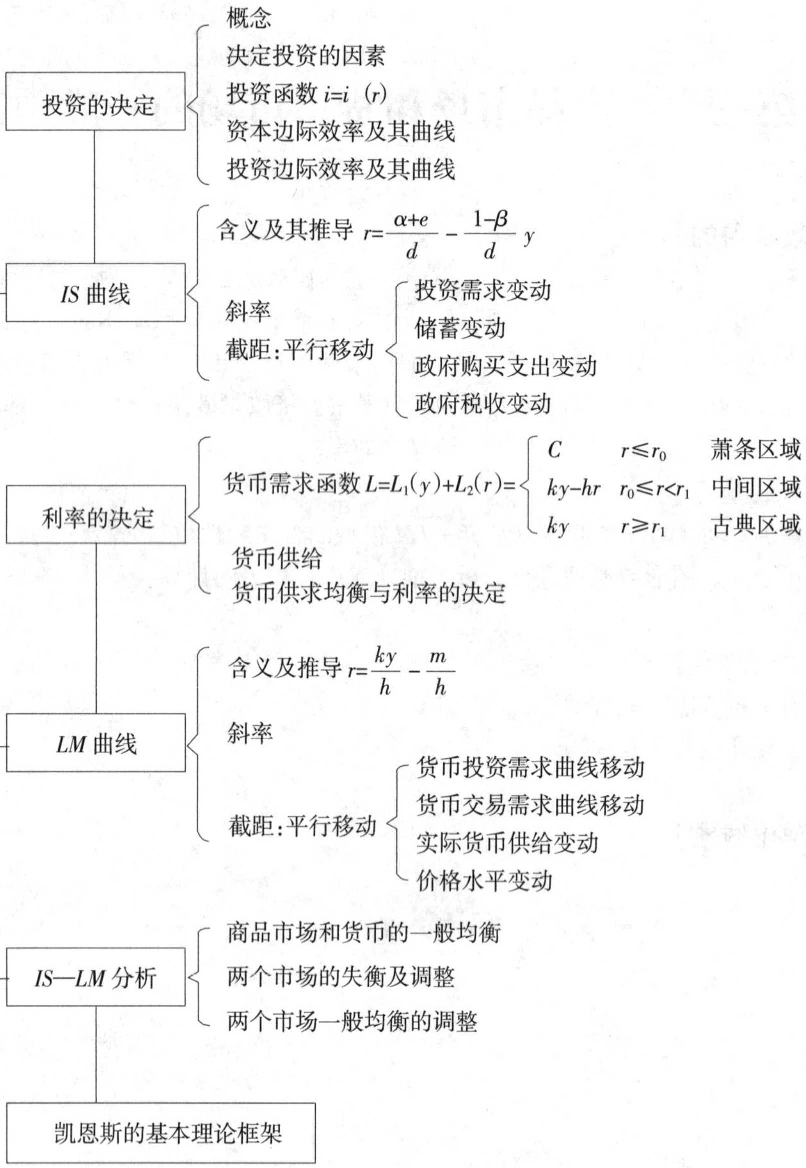

【本章习题】

一、名词解释

1. 资本的边际效率
2. 投资的边际效率
3. *IS* 曲线
4. 流动性偏好
5. 交易动机

6. 谨慎动机
7. 投机动机
8. 凯恩斯陷阱
9. *LM* 曲线
10. *LM* 曲线的凯恩斯区域
11. *LM* 曲线的古典区域和中间区域
12. *IS*—*LM* 模型
13. 产品市场和货币市场的一般均衡

二、判断题

1. 一般认为，更精确地表示投资和利率关系的曲线是投资的边际效率（*MEI*）曲线，而非资本的边际效率（*MEC*）曲线。（ ）

2. *IS* 曲线是描述产品市场达到均衡时，国民收入与价格之间关系的曲线。（ ）

3. *IS* 曲线是描述产品市场达到均衡时，国民收入与利率之间关系的曲线。（ ）

4. 投资增加，*IS* 曲线向左下方移动。（ ）

5. 消费减少，*IS* 曲线向右上方移动。（ ）

6. 既然 *IS* 曲线上任何一点对应的利率和收入都能保证产品市场的均衡，则在 *IS* 曲线上任取一点，该点对应的收入亦必为均衡收入。（ ）

7. 出于交易动机和谨慎动机的货币需求与收入有关。（ ）

8. 货币需求意指私人部门赚钱的愿望。（ ）

9. 货币供给即指一国在一定时期内所投放的新货币的数量。（ ）

10. *LM* 曲线是描述产品市场达到均衡时，国民收入与利率之间关系的曲线。（ ）

11. *LM* 曲线是描述货币市场达到均衡时，国民收入与价格之间关系的曲线。（ ）

12. 名义货币供给量的变动必将使 *LM* 曲线发生同方向变动。（ ）

13. 在价格水平不变时，货币供给增加，*LM* 曲线向右下方移动。（ ）

14. 一般来说，位于 *IS* 曲线右边的收入和利率的组合，都是投资小于储蓄的非均衡组合。（ ）

15. 在 *IS*—*LM* 模型中，在两条曲线的相交之点，产品与货币市场同时实现了均衡，此时收入与利率的组合达到了理想状态。（ ）

16. 公司提取更多的未分配利润将促使社会消费曲线向上方移动。（ ）

17. *LM* 曲线呈水平段的区域称为“古典区域”。（ ）

18. 当利率极高时，人们的流动性偏好无穷大。（ ）

19. 在“凯恩斯区域”，货币政策的效果要大于财政政策的效果。（ ）

20. *IS* 曲线不变，*LM* 曲线左移会使得利率上升，收入下降。（ ）

三、单项选择题

1. 自发投资支出增加 10 亿美元，会使 *IS* 曲线（ ）。

A. 右移 10 亿美元

B. 左移 10 亿美元

C. 右移支出乘数乘以 10 亿美元

D. 左移支出乘数乘以 10 亿美元

2. 如果净税收增加 10 亿美元，会使 *IS* 曲线（　）。

A. 右移税收乘数乘以 10 亿美元

B. 左移税收乘数乘以 10 亿美元

C. 右移支出乘数乘以 10 亿美元

D. 左移支出乘数乘以 10 亿美元

3. 假定货币供给量和价格水平不变，货币需求为收入和利率的函数，则收入增加时（　）。

A. 货币需求增加，利率上升

B. 货币需求增加，利率下降

C. 货币需求减少，利率上升

D. 货币需求减少，利率下降

4. 假定货币需求为 $L = ky - hr$，货币供给增加 10 亿美元而其他条件不变，则会使 *LM* 曲线（　）。

A. 右移 10 亿美元

B. 右移 k 乘以 10 亿美元

C. 右移 10 亿美元除以 k（即 $10 \div k$）

D. 右移 k 除以 10 亿美元（即 $k \div 10$）

5. 利率和收入的组合点出现在 *IS* 曲线右上方、*LM* 曲线左上方的区域中，则表示（　）。

A. 投资小于储蓄且货币需求小于货币供给

B. 投资小于储蓄且货币供给小于货币需求

C. 投资大于储蓄且货币需求小于货币供给

D. 投资大于储蓄且货币需求大于货币供给

6. 如果利率和收入都能按供求情况自动得到调整，则利率和收入的组合点出现在 *IS* 曲线左下方、*LM* 曲线右下方的区域中时，有可能（　）。

A. 利率上升，收入增加

B. 利率上升，收入不变

C. 利率上升，收入减少

D. 以上三种情况都可能发生

7. 投资往往是易变的，其主要原因之一是（　）。

A. 投资很大程度上取决于企业家的预期

B. 消费需求变化得如此反复无常以至于影响投资

C. 政府开支代替投资，而政府开支波动剧烈

D. 利率水平波动相当剧烈

8. 如果货币市场均衡方程为 $r=\frac{k}{h}Y-\frac{M}{hP}$，则引致 *LM* 曲线变得平坦是由于（　）。

A. k 变小，h 变大　　B. k 和 h 同比例变大

C. k 变大，h 变小　　D. k 和 h 同比例变小

9. 下面说法正确的是（　）。

A. 利率越高，货币需求的利率弹性越大

B. 利率越低，货币需求的利率弹性越小

C. 利率越高，持币在手的机会成本越大

D. 利率越低，持有债券的风险越小

10. 货币需求意指（　）。

A. 企业在确定的利率下借款的需要

B. 私人部门赚取更多收益的需要

C. 家庭或个人积累财富的需要

D. 人们对持有货币的需要

11. 按照凯恩斯的货币理论，如果利率上升，货币需求将（　）。

A. 上升

B. 下降

C. 不变

D. 受影响，但变化方向不确定

12. 在 *IS* 曲线不变的情况下，货币量减少会引起收入（　）。

A. 增加，利率下降　　B. 增加，利率上升

C. 减少，利率上升　　D. 减少，利率下降

13. 在 *LM* 曲线不变的情况下，政府支出的增加会引起收入（　）。

A. 增加，利率上升　　B. 增加，利率下降

C. 减少，利率上升　　D. 减少，利率下降

14. *IS* 曲线是描述（　）。

A. 产品市场达到均衡时，国民收入与利息率之间的关系

B. 货币市场达到均衡时，国民收入与利息率之间的关系

C. 货币市场达到均衡时，国民收入与价格之间的关系

D. 产品市场达到均衡时，国民收入与价格之间的关系

15. *LM* 曲线是描述（　）。

A. 产品市场均衡时，国民收入与利息率之间的关系

B. 货币市场均衡时，国民收入与利息率之间的关系

C. 货币市场均衡时，国民收入与价格之间的关系

D. 产品市场均衡时，国民收入与价格之间的关系

16. *IS* 曲线为 $Y=500-2\ 000r$，下列哪一个利率和收入水平的组合不在 *IS* 曲线上（　）。

A. $r=0.02$, $Y=450$　　B. $r=0.05$, $Y=400$

C. $r=0.07$, $Y=360$　　D. $r=0.10$, $Y=300$

17. 净税收和政府购买性支出的等量增加，使得 *IS* 曲线（　）。

A. 不变

B. 向右平移 $k_b \cdot \Delta G$ 单位

C. 向左平移 $k_b \cdot \Delta G$ 单位（这里 k_b 指平衡预算乘数）

D. 向右平移 k_b 单位

18. 货币供给一定，收入下降会使（　）。

A. 利率上升，因为投机需求和交易需求都下降

B. 利率上升，因为投机需求和交易需求都上升

C. 利率下降，因为交易需求会下降

D. 利率下降，因为交易需求会上升

19. 如果投资收益的现值比资产的现行价格更大，则（　）。

A. 不会有投资发生

B. 资本边际效率比利率低

C. 资本边际效率比利率高

D. 资产的供给价格将降低

20. *IS* 曲线上满足 $i=s$ 的收入和利率的组合点有（　）。

A. 无数个

B. 一个

C. 一个或无数个

D. 一个或无数个都不可能

21. 当利率水平变得很低时，购买债券的风险将会（　）。

A. 变大　　B. 变小

C. 可能变大，也可能变小　　D. 不发生变化

22. 当利率水平变得很高时，购买债券收益的可能性（　）。

A. 变大　　B. 变小

C. 可能变大，也可能变小　　D. 不发生变化

23. 货币市场和产品市场同时均衡出现于（　）。

A. 各种收入水平和利率上

B. 一种收入水平和利率上

C. 各种收入水平和一定利率水平上

D. 一种收入水平和各种利率水平上

24. 在“凯恩斯区域”内，（　）。

A. 货币政策有效

B. 财政政策有效

C. 财政政策无效

D. 货币政策与财政政策同样有效

25. 在“古典区域”内，（　）。

A. 货币政策无效

B. 财政政策有效

C. 财政政策无效

D. 货币政策与财政政策同样有效

四、多项选择题

1. *LM* 曲线是（　　）。

A. 描述产品市场达到均衡时，国民收入与价格之间关系的曲线

B. 描述货币市场达到均衡时，国民收入与利率之间关系的曲线

C. 描述产品市场达到均衡时，国民收入与利率之间关系的曲线

D. 以利率和收入为坐标的一条向右上方倾斜的曲线

E. 以利率和收入为坐标的一条向右下方倾斜的曲线

2. *IS* 曲线是（　　）。

A. 描述产品市场达到均衡时，国民收入与价格之间关系的曲线

B. 描述货币市场达到均衡时，国民收入与利率之间关系的曲线

C. 描述产品市场达到均衡时，国民收入与利率之间关系的曲线

D. 以利率和收入为坐标的一条向右下方倾斜的曲线

E. 以价格和收入为坐标的一条向右下方倾斜的曲线

3. 根据 *IS—LM* 模型，（　　）。

A. 自发总需求增加，使国民收入减少，利率上升

B. 自发总需求增加，使国民收入增加，利率上升

C. 货币量增加，使国民收入增加，利率下降

D. 货币量减少，使国民收入减少，利率上升

4. 按照凯恩斯的观点，人们需要货币是出于（　　）。

A. 交易动机　　B. 谨慎动机

C. 不想获得利息　　D. 投机动机

5. 下述说法正确的有（　　）。

A. *IS* 曲线与投资曲线同方向移动

B. *IS* 曲线与投资曲线反方向移动

C. *IS* 曲线与储蓄曲线反方向移动

D. *IS* 曲线与储蓄曲线同方向移动

6. 下述说法正确的有（　　）。

A. *LM* 曲线与货币投机需求曲线同方向移动

B. *LM* 曲线与货币投机需求曲线反方向移动

C. *LM* 曲线与货币交易需求曲线同方向移动

D. *LM*曲线与货币供给曲线同方向移动

7. 下面情况中居民倾向于减少货币需求的是（　　）。

A. 债券价格预期上升　　B. 债券价格预期下降

C. 利率预期上升　　D. 利率预期下降

8. 下列能使*IS*曲线向右方移动的有（　　）。

A. 增加私人投资　　B. 增加政府投资

C. 增加税收　　D. 允许企业加速折旧

9. 影响投资决策的两个基本因素是（　　）。

A. 市场利息率　　B. 贴现率

C. 股票价格　　D. 预期收益率

E. 资本品的供应价格

10. 在*IS*曲线与*LM*曲线的交点，（　　）。

A. 产品的供给等于产品的需求

B. 实际货币供给等于实际货币需求

C. 产品市场与货币市场同时处于均衡状态

D. 产品市场处于均衡状态而货币市场处于非均衡状态

11. 同时位于*IS*曲线和*LM*曲线上方的点表示（　　）。

A. 产品市场有超额产品供给

B. 产品市场有超额产品需求

C. 货币市场有超额货币供给

D. 货币市场有超额货币需求

E. 产品市场与货币市场同时实现了均衡

12. 关于*LM*曲线，以下判断正确的是（　　）。

A. 在“凯恩斯区域”，*LM*曲线水平

B. 在“中间区域”，*LM*曲线向右上方倾斜

C. 在“中间区域”，*LM*曲线向右下方倾斜

D. 在“古典区域”，*LM*曲线垂直

13. 假定货币供给量和价格水平不变，货币需求为收入和利率的函数，则收入增加时（　　）。

A. 货币需求增加，利率不变

B. 货币需求增加，利率下降

C. 货币需求减少，利率上升

D. 货币供给量不变，利率上升

E. 货币需求减少，利率下降

14. 在其他条件不变的情况下，货币供给增加会引起（　　）。

A. 收入增加　　B. 收入下降

C. 利率上升　　D. 利率下降

E. 收入不变

15. 以下关于 *IS* 曲线斜率的判断，正确的是（　　）。

A. 投资需求对利率变化的反应程度敏感，*IS* 曲线较为平缓

B. 投资需求对利率变化的反应程度敏感，*IS* 曲线较为陡峭

C. 边际消费倾向越大，*IS* 曲线越平缓

D. 边际消费倾向越大，*IS* 曲线越陡峭

E. 边际税率越大，*IS* 曲线越平缓

16. *LM* 曲线的斜率（　　）。

A. 取决于边际消费倾向

B. 表示投资需求对利率变动的反应程度

C. 表示货币需求对收入变动的反应程度

D. 表示货币需求对利率变动的反应程度

E. 表示边际税率的大小

五、计算题

1. 一个预期长期实际利率是 3% 的厂商正在考虑一个投资项目清单，每个项目都需要花费 100 万美元，这些项目在回收期长短和回收数量上不同，第一个项目将在两年内回收 120 万美元；第二个项目将在三年内回收 125 万美元；第三个项目将在四年内回收 130 万美元。哪个项目值得投资？如果利率是 5%，答案有变化吗？（假定价格稳定）

2. 假定每年通胀率是 4%，上题中回收的资金以当时的名义美元计算，这些项目仍然值得投资吗？

3. 若一项投资的收入流量（现金流量）如下表所示（单位：万美元）。

试问：（1）若利率为 5%，企业会不会进行投资？

（2）若利率为 10%，企业会不会进行投资？

（提示：−200 表示第一年要投入 200 万美元，第二年末，可得收益 100 万美元，第三年末，可得收益 120 万美元，解答时要根据利率把未来收益折合成现值，看第二、第三年的现值总和是大于还是小于 200 万美元。）

第一年	第二年	第三年
−200	100	120

4. （1）若投资函数为 $i = 100$ 美元 $-5r$，找出利率 r 为 4%、5%、6%、7% 时的投资量。

（2）若储蓄函数为 $S = -40$ 美元 $+0.25y$，找出与上述投资相均衡的收入水平。

（3）求 *IS* 曲线并画出图形。

5. 假定：

①消费函数为 $c=50+0.8y$，投资函数为 $i=100$ 美元 $-5r$；

②消费函数为 $c=50+0.8y$，投资函数为 $i=100$ 美元 $-10r$；

③消费函数为 $c=50+0.75y$，投资函数为 $i=100$ 美元 $-10r$。

求：（1）①②③的 *IS* 曲线。

（2）比较①和②说明投资对利率更敏感时，*IS* 曲线的斜率发生什么变化。

（3）比较②和③，说明边际消费倾向变动时，*IS* 曲线斜率发生什么变化。

6. 假定货币需求为 $L=0.2y-5r$。

（1）画出利率为 10%、8% 和 6% 而收入为 800 美元、900 美元和 1 000 美元时的货币需求曲线。

（2）若名义货币供给量为 150 美元，价格水平 $P=1$，找出货币需求与供给相均衡的收入与利率。

（3）画出 *LM* 曲线，并说明什么是 *LM* 曲线。

（4）若货币供给为 200 美元，再画一条 *LM* 曲线，这条 *LM* 曲线与（3）中 *LM* 曲线相比，有何不同？

（5）对于（4）中这条 *LM* 曲线，若 $r=10$，$y=1\ 100$ 美元，货币需求与供给是否均衡？若不均衡利率会怎样变动？

7. 假定货币供给量用 M 表示，价格水平用 P 表示，货币需求用 $L=ky-hr$ 表示。

（1）求 *LM* 曲线的代数表达式，写出 *LM* 等式的斜率的表达式。

（2）计算出 $k=0.20$，$h=10$；$k=0.20$，$h=20$；$k=0.10$，$h=10$ 的 *LM* 的斜率的值。

（3）当 k 变小时，*LM* 斜率如何变化；h 增加时，*LM* 斜率如何变化，并说明变化的原因。

（4）若 $k=0.20$，$h=0$，*LM* 曲线形状如何？

8. 若货币交易需求为 $L_1=0.20y$，货币投机性需求为 $L_2=2\ 000-500r$。

（1）写出货币总需求函数。

（2）当利率 $r=6$，收入 $y=10\ 000$ 亿美元时，货币需求量为多少？

（3）若货币供给 $Ms=2\ 500$ 亿美元，收入 $y=6\ 000$ 亿美元时，可满足投机性需求的货币是多少？

（4）当收入 $y=10\ 000$ 亿美元，货币供给 $Ms=2\ 500$ 亿美元时，货币市场均衡时的利率为多少？

9. 假设一个只有家庭和企业的两部门经济，消费 $c=100+0.8y$，投资 $i=150-6r$，货币供给 $m=150$，货币需求 $L=0.2y-4r$（单位都是亿美元）。

（1）求 *IS* 和 *LM* 曲线。

（2）求商品市场和货币市场同时均衡时的利率和收入。

10. 假定某经济中消费函数为 $C=0.8(1-t)y$，税率 $t=0.25$，投资函数为 $I=900-50r$，政府购买 $G=800$，货币需求为 $L=0.25y-62.5r$，实际货币供给为

$M/P = 500$。

试求：(1) *IS* 曲线。

(2) *LM* 曲线。

(3) 两个市场同时达到均衡时的利率和收入。

六、简答题

1. 什么是资本边际效率？为什么资本边际效率递减？

2. 什么是货币需求？人们需要货币的动机有哪些？

3. 什么叫“流动性陷阱”？

4. 根据凯恩斯的观点，均衡利率是如何决定的？

5. 简述 *IS* 曲线的宏观经济含义。

6. 简述 *LM* 曲线的宏观经济含义。

7. 为什么货币的投机需求是利率的函数？

8. 简述 *IS* 曲线平行移动怎样影响收入水平和利率均衡的变动。

9. 简述 *LM* 曲线平行移动怎样影响收入水平和利率均衡的变动。

10. 为什么政府支出增加会使利率和收入上升，而中央银行增加货币供给会使收入增加而利率下降？

七、论述题

1. 评述凯恩斯的货币需求理论。

2. 评述 *IS*—*LM* 模型。

3. 在 *IS*—*LM* 模型中，保证产品市场和货币市场可以自动维持平衡的经济机制是什么？

4. 在一般情况下，即 *IS* 曲线具有负斜率和 *LM* 曲线具有正斜率时，财政政策和货币政策是如何影响均衡收入和均衡利率的？

5. 用四方图推导 *LM* 曲线的形成过程。

6. 怎样理解 *IS*—*LM* 模型是凯恩斯主义宏观经济学的核心？

7. 在 *IS* 和 *LM* 两条曲线相交时所形成的均衡收入是否就是充分就业的国民收入？为什么？

8. 如果产品市场和货币市场没有同时达到均衡而市场又往往能使其走向同时均衡或者说一般均衡，为什么还要政府干预经济生活？

第四章　宏观经济政策分析

【教学目的】

在对 *IS—LM* 模型深刻领会的基础上，进一步应用 *IS—LM* 模型来分析财政政策和货币政策的效果。通过本章的学习，一方面应该能够借助 *IS—LM* 模型，了解在什么样的条件下财政政策和货币政策的效果可能比较大或比较小；另一方面应该能够从对政策效果的分析中，学会如何用 *IS—LM* 模型分析实际的经济问题。

【本章重点】

财政政策和货币政策的含义及其应用；运用 *IS—LM* 模型的基本理论分析财政政策和货币政策的效果；影响财政政策和货币政策的因素。

【本章难点】

“挤出效应”及其影响因素；财政政策和货币政策的配合使用。

【理论线索】

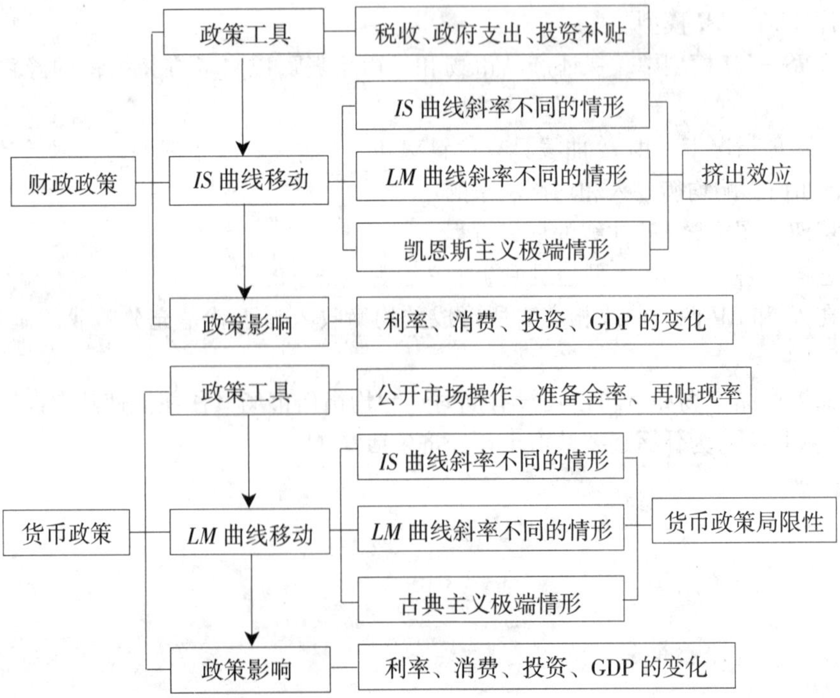

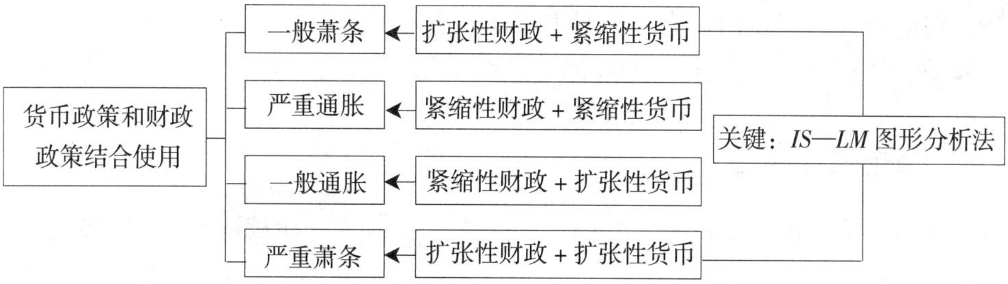

【本章习题】

一、名词解释

1. 财政政策
2. 货币政策
3. 凯恩斯主义极端
4. 古典主义极端
5. 挤出效应
6. 货币幻觉
7. 宏观经济政策
8. 财政政策和货币政策的混合使用

二、判断题

1. 紧缩的货币政策将会使利率提高，对利率敏感的私人部门支出减少。于是，“挤出效应”出现了。(　)

2. “货币幻觉”的存在隐含了这样一种可能：假如不存在其他限制，政府通过制造通货膨胀起码在短期内会增加产出和就业。(　)

3. 当 *LM* 曲线陡峭，而 *IS* 曲线平缓时，若货币供给增加使 *LM* 右移 $\Delta m \times \frac{1}{k}$，则均衡收入变动接近于 *LM* 曲线的移动量。(　)

4. 当 *LM* 曲线平缓，而 *IS* 曲线陡峭时，若政府支出增加使 *IS* 右移 $k_g \cdot \Delta G$（k_g 是政府支出乘数），则均衡收入变动接近于 *IS* 曲线的移动量。(　)

5. 若 *LM* 曲线平缓，而 *IS* 曲线垂直，则增加货币供给不会影响均衡收入。(　)

6. 若货币需求对利率不敏感，私人部门支出对利率敏感，则“挤出效应”可能最大。(　)

7. 财政政策“挤出效应”存在的最重要原因就是政府支出增加引起利率上升，而利率上升会引起私人投资与消费减少。(　)

8. 在没有实现充分就业情况下，“挤出效应”的大小主要取决于政府支出增加所引起的利率上升的高低。(　)

9．财政政策的“挤出效应”一般大于0而小于1。（　）

10．宏观经济政策应该达到的目标是实现经济增长。（　）

三、单项选择题

1．货币供给增加使 *LM* 右移 $\Delta m \times \frac{1}{k}$，若要均衡收入变动接近于 *LM* 的移动量，则必须是（　）。

A．*LM* 陡峭，*IS* 也陡峭　　B．*LM* 和 *IS* 一样平缓

C．*LM* 陡峭而 *IS* 平缓　　D．*LM* 平缓而 *IS* 陡峭

2．下列哪种情况中，增加货币供给不会影响均衡收入（　）。

A．*LM* 陡峭而 *IS* 平缓　　B．*LM* 垂直而 *IS* 陡峭

C．*LM* 平缓而 *IS* 垂直　　D．*LM* 和 *IS* 一样平缓

3．政府支出增加使 *IS* 右移 $k_g \cdot \Delta G$（k_g 是政府支出乘数），若要均衡收入变动接近于 *IS* 的移动量，则必须是（　）。

A．*LM* 平缓而 *IS* 陡峭　　B．*LM* 垂直而 *IS* 陡峭

C．*LM* 和 *IS* 一样平缓　　D．*LM* 陡峭而 *IS* 平缓

4．下列哪种情况“挤出效应”可能最大（　）。

A．货币需求对利率敏感，私人部门支出对利率不敏感

B．货币需求对利率敏感，私人部门支出对利率也敏感

C．货币需求对利率不敏感，私人部门支出对利率不敏感

D．货币需求对利率不敏感，私人部门支出对利率敏感

5．“挤出效应”发生于（　）。

A．货币供给减少使利率提高，挤出了对利率敏感的私人部门支出

B．私人部门增税，减少了私人部门的可支配收入和支出

C．所得税的减少，提高了利率，挤出了对利率敏感的私人部门支出

D．政府支出减少，引起消费支出下降

6．假定 *IS* 曲线和 *LM* 曲线的交点所表示的均衡国民收入低于充分就业的国民收入。根据 *IS*—*LM* 模型，如果不让利率上升，政府应该（　）。

A．增加投资

B．在增加投资的同时增加货币供给

C．减少货币供给量

D．在减少投资的同时减少货币供给

7．当处于古典主义极端时，有（　）。

A．$d=\infty$，$h=0$　　B．$d=0$，$h=\infty$

C．$d=0$，$h=0$　　D．$d=\infty$，$h=\infty$

8．若同时使用紧缩性的财政政策和紧缩性的货币政策，其经济后果可能是（　）。

A．利率上升，产出变化不确定

B. 利率下降，产出变化不确定

C. 产出减少，利率变化不确定

D. 产出增加，利率变化不确定

9. 如果投资对利率是完全无弹性的，货币供给的增加将会（　）。

A. 收入不变，但利率降低

B. 没有挤出，利率降低的同时收入亦会增加很多

C. 利率不变，但收入增加很多

D. 利率和收入水平均有提高

10. 当处于凯恩斯主义极端时，有（　）。

A. 货币需求处于“流动性陷阱”中

B. 增加货币供给将使 *LM* 降低

C. $h=0$，货币政策乘数等于 $1/k$

D. $d=\infty$，财政政策乘数等于政府支出乘数

11. 当货币需求的利率弹性为零时，（　）。

A. 财政政策效果最大，财政政策乘数等于政府支出乘数

B. 货币政策效果不明显，因为货币供给变动不会改变利率

C. 增加货币供给不能够使 *LM* 改变位置，投资将不会增加

D. 货币需求只与产出有关，货币政策乘数达到最大

12. 货币供给的变动如果对均衡收入有更大的影响，是因为（　）。

A. 私人部门的支出对利率更敏感

B. 私人部门的支出对利率不敏感

C. 支出乘数较小

D. 货币需求对利率更敏感

13. 以下因素中，与“挤出效应”具有反向作用的是（　）。

A. 政府支出乘数

B. 货币需求对产出的敏感程度

C. 货币需求对利率的敏感程度

D. 投资需求对利率的敏感程度

14. 以下哪种财政政策对于私人投资的“挤出效应”最小（　）。

A. 减税　　　　B. 增加政府支出

C. 投资补贴　　D. 多发货币

15. 当经济出现通货膨胀，但不十分严重的时候，可以（　）。

A. 采用紧缩性的财政政策和紧缩性的货币政策组合

B. 采用扩张性的财政政策和紧缩性的货币政策组合

C. 采用紧缩性的财政政策和扩张性的货币政策组合

D. 采用扩张性的财政政策和扩张性的货币政策组合

16. 当经济出现萧条，但不十分严重的时候，可以（　）。
A. 采用紧缩性的财政政策和紧缩性的货币政策组合
B. 采用扩张性的财政政策和紧缩性的货币政策组合
C. 采用紧缩性的财政政策和扩张性的货币政策组合
D. 采用扩张性的财政政策和扩张性的货币政策组合

17. 在古典区域中，下列哪种说法是对的（　）。
A. 货币政策有效　B. 财政政策有效
C. 货币政策无效　D. 货币政策和财政政策同样有效

18. 在凯恩斯主义极端情况下，当（　）曲线水平时，则（　）政策完全无效。
A. *LM*，财政　B. *LM*，货币
C. *IS*，财政　D. *IS*，货币

19. 对利率反应最敏感的是（　）。
A. 货币交易需求　B. 货币谨慎需求
C. 货币投机需求　D. 三种货币需求的敏感程度相同

20. 扩张性财政政策的一般效应为（　）。
A. 消费需求增加　B. 投资需求增加
C. 总需求增加　D. 三者都有

四、多项选择题

1. 以下因素中，与“挤出效应”具有同向作用的是（　　）。
A. 政府支出乘数
B. 货币需求对产出的敏感程度
C. 货币需求对利率的敏感程度
D. 投资需求对利率的敏感程度

2. 财政政策和货币政策的组合方式有（　　）。
A. 采用紧缩性的财政政策和紧缩性的货币政策组合
B. 采用扩张性的财政政策和紧缩性的货币政策组合
C. 采用紧缩性的财政政策和扩张性的货币政策组合
D. 采用扩张性的财政政策和扩张性的货币政策组合

3. 以下哪种情况，财政政策效果极大（　　）。
A. 凯恩斯主义极端
B. 古典主义极端
C. *IS* 曲线垂直，*LM* 曲线水平
D. *IS* 曲线水平，*LM* 曲线垂直

4. 以下哪种情况，货币政策效果极大（　　）。
A. 凯恩斯主义极端
B. 古典主义极端

C. IS 曲线垂直，LM 曲线水平

D. IS 曲线水平，LM 曲线垂直

5. 以下哪种情况，财政政策的“挤出效应”为零（　　）。

A. 凯恩斯主义极端

B. 古典主义极端

C. IS 曲线垂直，LM 曲线水平

D. IS 曲线水平，LM 曲线垂直

6. 以下哪种情况，财政政策的“挤出效应”最大（　　）。

A. 凯恩斯主义极端

B. 古典主义极端

C. IS 曲线垂直，LM 曲线水平

D. IS 曲线水平，LM 曲线垂直

五、计算题

1. 假设 LM 方程为 $y=500$ 美元 $+25r$（货币需求 $L=0.20y-5r$，货币供给为 100 美元）。

（1）计算：①当 IS 为 $y=950$ 美元 $-50r$（消费 $c=40$ 美元 $+0.8y_d$，投资 $i=140$ 美元 $-10r$，税收 $t=50$ 美元，政府支出 $g=50$ 美元）；②当 IS 为 $y=800$ 美元 $-25r$（消费 $c=40$ 美元 $+0.8y_d$，投资 $i=110$ 美元 $-5r$，税收 $t=50$ 美元，政府支出 $g=50$ 美元）时的均衡收入、利率和投资。

（2）政府支出从 50 美元增加到 80 美元时，情况①和情况②中的均衡收入和利率各为多少？

（3）说明政府支出从 50 美元增加到 80 美元时，为什么情况①和情况②中收入的增加有所不同。

2. 假设货币需求为 $L=0.20y$，货币供给量为 200 美元，$c=90$ 美元 $+0.8y_d$，$t=50$ 美元，$i=140$ 美元 $-5r$，$g=50$ 美元。

（1）导出 IS 和 LM 方程，求均衡收入、利率和投资。

（2）若其他情况不变，g 增加 20 美元，均衡收入、利率和投资各为多少？

（3）是否存在“挤出效应”？

（4）用图表示上述情况。

3. 假设货币需求为 $L=0.20y-10r$，货币供给为 200 美元，$c=60$ 美元 $+0.8y_d$，$t=100$ 美元，$i=150$ 美元，$g=100$ 美元。

（1）求 IS 和 LM 方程。

（2）求均衡收入、利率和投资。

（3）政府支出从 100 美元增加到 120 美元时，均衡收入、利率和投资有何变化？

（4）是否存在“挤出效应”？

（5）用图表示上述情况。

4. 画两个 IS—LM 图形（a）和（b），LM 曲线都是 $y=750$ 美元 $+20r$（货币需求为 $L=0.20y-4r$，货币供给为 150 美元），但图（a）的 IS 曲线为 $y=1\ 250$ 美元 $-30r$，图（b）的 IS 曲线为 $y=1\ 100$ 美元 $-15r$。

（1）试求图（a）和（b）中的均衡收入和利率。

（2）若货币供给增加 20 美元，即从 150 美元增加到 170 美元，货币需求不变，据此再作一条 LM′曲线，并求图（a）和（b）中 IS 曲线与这条 LM′相交所得均衡收入和利率。

（3）说明哪一个图形中均衡收入变动更多些，利率下降更多些，为什么？

5. 假定某两部门经济中 IS 方程为 $y=1\ 250$ 美元 $-30r$。

（1）假定货币供给为 150 美元，当货币需求为 $L=0.20y-4r$ 时，LM 方程如何？两个市场同时均衡的收入和利率为多少？当货币供给不变，但货币需求为 $L'=0.25y-8.75r$ 时，LM′方程如何？均衡收入为多少？分别画出图形（a）和（b）来表示上述情况。

（2）当货币供给从 150 美元增加到 170 美元时，图形（a）和（b）中的均衡收入和利率有什么变化？这些变化说明了什么？

6. 某两部门经济中，假定货币需求为 $L=0.20\ y$，货币供给为 200 美元，消费为 $c=100$ 美元 $+0.8y_d$，投资 $i=140$ 美元 $-5r$。

（1）根据这些数据求 IS 和 LM 方程，画出 IS 曲线和 LM 曲线。

（2）若货币供给从 200 美元增加到 220 美元，LM 曲线如何移动？均衡收入、利率、消费和投资各为多少？

（3）为什么均衡收入增加量等于 LM 曲线移动量？

7. 某两部门经济中，假定货币需求为 $L=0.20\ y-4r$，货币供给为 200 美元，消费为 $c=100$ 美元 $+0.8y$，投资 $i=150$ 美元。

（1）求 IS 和 LM 方程，画出图形。

（2）求均衡收入、利率、消费和投资。

（3）若货币供给增加 20 美元，而货币需求不变，收入、利率、消费和投资有什么变化？

（4）为什么货币供给增加后收入不变而利率下降？

六、简答题

1. 财政政策效果与 IS 曲线和 LM 曲线的斜率有什么关系？
2. 货币政策效果与 IS 曲线和 LM 曲线的斜率有什么关系？
3. 什么是财政政策的“挤出效应”？它受哪些因素影响？
4. 财政政策何时完全无效，何时完全有效？
5. 货币政策何时完全无效，何时完全有效？
6. 什么是财政政策和货币政策的混合使用？
7. 如果经济衰退，政府打算用一种能促进长期经济增长的方法来刺激产出，那么政府更喜欢用什么政策工具来刺激经济？

8. 如果社会已是充分就业，现在政府想要改变总需求的构成，增加私人投资和减少消费，但总需求不允许超过充分就业水平，这需要什么样的政策组合？

9. 为什么货币需求对利率变动越敏感，财政政策效果越大？

10. 为什么投资需求对利率变动越敏感，财政政策效果越小？

七、论述题

1. 假定经济起初处于充分就业状态，现在政府要改变总需求构成，增加私人投资而减少消费支出，但不改变总需求水平，试问应当实行一种什么样的混合政策？并用 *IS—LM* 图形表示这一政策建议。

2. 假定政府要削减税收，试用 *IS—LM* 模型表示以下两种情况下减税的影响：

（1）用适应性货币政策保持利率不变。

（2）货币存量不变。

说明这两种情况下减税的经济后果有什么区别？

3. 用 *IS—LM* 模型说明为什么凯恩斯主义强调财政政策的作用而货币主义学派强调货币政策的作用。

4. 假定政府考虑用这种紧缩政策：一是取消投资津贴，二是增加所得税，用 *IS—LM* 曲线和投资需求曲线表示这两种政策对收入、利率和投资的影响。

5. 你认为应当怎样正确认识西方经济学家关于财政政策和货币政策效果的理论？这些理论对制定我国的宏观经济调控政策有无借鉴意义？

6. 不同的政策工具有哪些主要标准？

第五章　宏观经济政策实践

【教学目的】

本章从实践角度介绍宏观经济政策（这里主要是介绍财政政策和货币政策）的运用，可以看做是宏观经济政策分析的进一步深化。通过本章的学习，学生应该能够对宏观经济政策的目标、宏观经济政策理论和实践的演变，尤其是财政政策和货币政策在实践中发生作用的方式有一个更深入的认识。

【本章重点】

1. 宏观经济政策的含义及其目标。
2. 财政政策的工具，重点了解财政政策自动稳定器的机制和斟酌使用的规则。
3. 货币供给是如何实现的？了解主要的货币政策工具发生作用的方式。

【本章难点】

1. 财政政策自动稳定器的机制。
2. 斟酌使用财政政策的规则。
3. 货币供给的机制。

【理论线索】

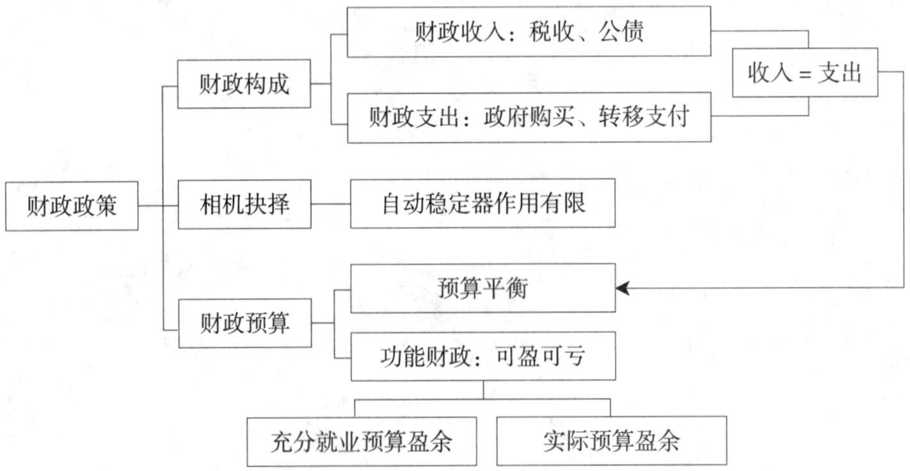

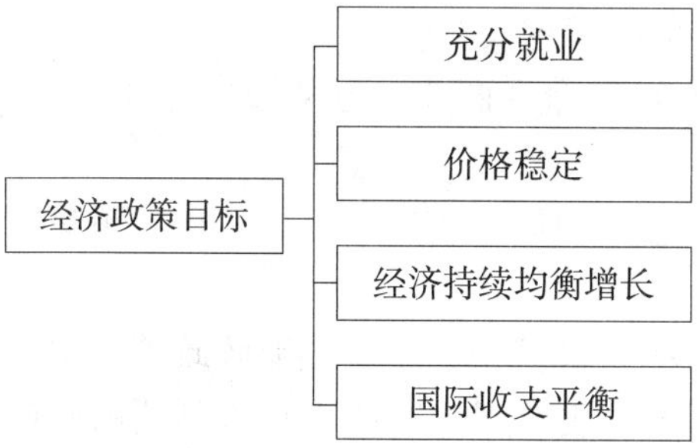

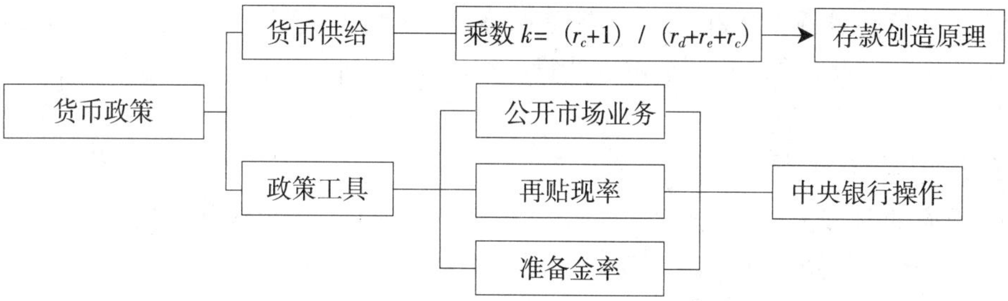

【本章习题】

一、名词解释

1. 经济政策
2. 自动稳定器
3. 斟酌使用的财政政策
4. 功能财政
5. 年度平衡预算
6. 周期平衡预算
7. 充分就业预算盈余
8. 法定准备金率
9. 货币创造乘数
10. 基础货币
11. 再贴现率
12. 公开市场业务
13. 证券
14. 相机抉择
15. 货币学派

二、判断题

1. 充分就业就是百分之百的就业。(　)
2. 政府制定财政预算时，应牢记以下原则：岁出要等于岁入，花钱要谨慎。(　)

3. 边际税率越高，税收作为自动稳定器的作用越大。(　)

4. 假如中央银行要增加货币供给量，它可以命令商业银行来增加贴现。(　)

5. 高能货币是指活期存款。(　)

6. 中医学有“热者寒之，寒者热之”的治疗原则，利用财政和货币政策进行总需求管理亦需如此。(　)

7. 扩张性财政政策会增加预算赤字或减少预算盈余，紧缩性财政政策会增加预算盈余或减少预算赤字。因此，可以根据预算盈余或预算赤字的变化来判断财政政策的方向。(　)

8. 一个银行家说：“我的银行的账面始终是平衡的。我仅仅把存款人带给我的储蓄存款转交给投资者。谁说银行能够创造货币?”他的话对吗?(　)

三、单项选择题

1. 政府的财政收入政策通过哪一个因素对国民收入产生影响(　)?

A. 政府转移支付　　B. 政府购买

C. 消费支出　　D. 出口

2. 假定政府没有实行财政政策，国民收入水平的提高可能导致(　)。

A. 政府支出增加　　B. 政府税收增加

C. 政府支出减少　　D. 政府财政赤字增加

3. 扩张性财政政策对经济的影响是(　)。

A. 缓和了经济萧条但增加了政府债务

B. 缓和了萧条也减轻了政府债务

C. 加剧了通货膨胀但减轻了政府债务

D. 缓和了通货膨胀但增加了政府债务

4. 商业银行之所以会有超额储备，是因为(　)。

A. 吸取的存款太多

B. 未找到足够的贷款对象

C. 向中央银行申请的贴现太多

D. 以上几种情况都有可能

5. 市场利率提高，银行的准备金会(　)。

A. 增加　　B. 减少

C. 不变　　D. 以上几种情况都有可能

6. 中央银行降低再贴现率，会使银行准备金(　)。

A. 增加　　B. 减少

C. 不变　　D. 以上几种情况都有可能

7. 中央银行在公开市场卖出政府债券是为了(　)。

A. 收集一笔资金帮助政府弥补财政赤字

B. 减少商业银行在中央银行的存款

C. 减少流通中基础货币以紧缩货币供给

D. 通过买卖债券获取差价利益

8. 如果所得税率既定不变，政府预算为平衡性的，那么增加自主性投资在其他条件不变时会增加均衡的收入水平，并且使政府预算（　）。

A. 保持平衡　　B. 有盈余

C. 出现赤字　　D. 以上三种情况都可能

9. 紧缩性货币政策会导致（　）。

A. 减少货币供给量，利率降低

B. 增加货币供给量，利率提高

C. 减少货币供给量，利率提高

D. 增加货币供给量，利率降低

10. 在其他条件相同的情况下，以下（　）属于一种紧缩性政策。

A. 降低贴现率　　B. 央行出售政府债券

C. 增加货币发行　　D. 降低法定准备金率

11. 下列哪种情况最能衡量目前的财政政策（　）。

A. 税率的高低　　B. 政府预算盈余的大小

C. 充分就业盈余变动的大小　　D. 转移支付的比例

12. 如果政府增加个人所得税的量与政府支出相等，其影响可能是（　）。

A. 总支出净额下降　　B. 总支出净额上升

C. 总支出净额不变　　D. 无法确定

13. 假设价格水平不变，下列（　）正确描述了货币政策影响产出的所有步骤。

A. 货币供给增加使得利率上升，投资增加，从而总支出和产出增加

B. 货币供给增加使得利率下降，投资减少，从而总支出和产出减少

C. 货币供给增加使得利率下降，投资增加，从而总支出和产出增加

D. 货币供给增加使得利率下降，投资增加，从而总支出和产出减少

14. 债券价格越高，则意味着（　）。

A. 利息率越高　　B. 人们出于投机动机持有的货币量越少

C. 利息率越低　　D. B 和 C

15. 高能货币是指（　）。

A. 商业银行准备金　　B. 活期存款

C. 非银行部门持有的通货　　D. 商业银行准备金和流通中的现金

16. 宏观经济政策的目标是（　）。

A. 充分就业和物价稳定

B. 物价稳定和经济增长

C. 同时实现充分就业、物价稳定、经济增长和国际收支平衡

D. 充分就业和公平

17. 下列属于内在稳定器的项目的是（　）。

A. 政府购买　　B. 货币供给

C. 税收　　D. 政府公共工程支出

18. 自动稳定器的功能（　）。

A. 旨在缓解周期性的波动

B. 旨在稳定收入，刺激价格波动

C. 旨在保持经济的充分稳定

D. 旨在推迟经济的衰退

19. 属于紧缩性财政工具的是（　）。

A. 减少政府支出和减少税收

B. 减少政府支出和增加税收

C. 增加政府支出和减少税收

D. 增加政府支出和增加税收

20. 如果存在通货膨胀缺口，应采取的财政政策是（　）。

A. 增加税收　　B. 减少税收

C. 增加政府支付　　D. 增加转移支付

21. 经济中存在失业时，应采取的财政政策工具是（　）。

A. 增加政府支出　　B. 提高个人所得税

C. 提高公司所得税　　D. 增加货币发行量

22. 经济过热时，政府应该采取（　）的财政政策。

A. 减少政府财政支出　　B. 增加财政支出

C. 扩大财政赤字　　D. 减少税收

四、多项选择题

1. 宏观经济政策的目标有（　）。

A. 充分就业　　B. 价格稳定

C. 经济持续均衡增长　　D. 国际收支平衡

2. 政府财政支出包括（　）。

A. 公债　　B. 社会福利支出

C. 税收　　D. 公共项目工程支出

3. 宏观财政收入的主要来源是税收，划分税收有不同标准，选出下列根据同一标准划分的税别（　）。

A. 财产税、所得税、货物税

B. 累进税、累退税、比例税

C. 直接税、间接税

D. 财产税、从量税、比例税、直接税

4. 在经济萧条时期，总需求不足，政府实施财政政策时，应（　　）。

A. 增加财政支出　　B. 减少财政支出

C. 增加税收　　D. 减少税收

5. 在经济过热时，政府应该（　　）。

A. 减少政府财政支出　　B. 增加财政支出

C. 增加税收　　D. 减少税收

6. 西方国家发行短期债券不仅是为了应付政府支出，也为了调节货币供给。国债从时间上划分，有（　　）。

A. 短期借债　　B. 中期借债

C. 长期借债　　D. 无息借债

7. 中央银行货币政策工具主要有（　　）。

A. 再贴现率　　B. 公开市场业务

C. 法定准备率　　D. 道义劝告

五、计算题

1. 假设一经济中有如下关系：

$c = 100 + 0.8y_d$　　（消费）

$i = 50$　　（投资）

$g = 200$　　（政府支出）

$t_r = 62.5$　　（政府转移支付）

（单位都是 10 亿美元）

$t = 0.25$　　（边际税率）

（1）求均衡收入。

（2）求预算盈余 BS。

（3）若投资增加到 $i = 100$ 时，预算盈余有何变化？为什么会发生这一变化？

（4）若充分就业收入 $y^* = 1\ 200$，当投资分别为 50 和 100 时，充分就业预算盈余 BS^* 为多少？

（5）若投资 $I = 50$，政府购买 $g = 250$，而充分就业收入仍为 1 200，试问：充分就业预算盈余为多少？

（6）用本题为例说明为什么要用 BS^* 而不用 BS 去衡量财政政策的方向？

2. 假定某国政府当前预算赤字为 75 亿美元，边际消费倾向 $\beta = 0.8$，边际税率 $t = 0.25$，如果政府为降低通货膨胀率要减少支出 200 亿美元，试问：支出的这种变化最终能否消灭赤字？

3. 假定现金存款比率 $r_c = \frac{C_u}{D} = 0.38$，准备率（包括法定的和超额的）$r = 0.18$，试问：货币创造乘数为多少？若增加基础货币 100 亿美元，货币供给变动多少？

4. 假定法定准备金率是 0.12，没有超额准备金，对现金的需求是 1 000 亿美元。

(1) 假定总准备金是400亿美元，货币供给是多少？

(2) 若中央银行把准备率提高到0.2，货币供给变动多少？(假定总准备金仍是400亿美元)

(3) 中央银行买进10亿美元政府债券(存款准备率仍为0.12)，货币供给变动多少？

六、简答题

1. 什么是自动稳定器？是否税率越高，税收作为自动稳定器的作用越大？

2. 何谓斟酌使用的财政政策和货币政策？

3. 平衡预算的财政思想和功能财政思想有何区别？

4. 充分就业预算赤字如何计算？与实际赤字比较如何？

5. 政府购买和转移支付这两项中哪一项对总需求变动影响更大一些？朝什么方向变动？

6. 政府发行的公债卖给中央银行和商业银行或其他私人机构对货币供给量变动会产生什么不同的影响？

7. 什么是货币创造乘数？其大小主要和哪些变量有关？

8. 政府采取扩张性财政政策和货币政策对利率的影响有何不同？

9. 简述关于“相机抉择”的争论。

10. “中国人民银行决定，从2011年6月20日起，上调存款类金融机构人民币存款准备金率0.5个百分点。这次上调存款准备金率是距上一次5月12日提高存款准备金利率后的本年第6次提高存款准备金率。本次存款准备金率调整后，大型上市银行的准备金率为21.5%。”这一政策对我国经济的影响如何？试分析为何央行采取调整法定准备金率而非上调利率的手段。

七、论述题

1. 宏观经济政策的目标是什么？为达到这些目标可采用的政策工具有哪些？

2. 中央银行的货币政策工具主要有哪些？怎样影响宏观经济活动水平？并阐述货币政策的局限性。

3. 扩张性财政政策对萧条经济会产生怎样的影响？

4. 什么是公开市场业务？这一货币政策工具有哪些优点？

第六章　总需求—总供给模型

【教学目的】

本章的主要内容是讲述 *AD—AS* 模型的构造。透过这个模型，让学生了解到宏观经济运行的各个方面和各个环节是如何紧密联结在一起的，从而能够增进学生对宏观经济实际的理解。除此以外，由于 *AD—AS* 模型是当今最流行的分析宏观经济问题的工具之一，本章还试图进一步教会学生应用这个模型来分析简单的宏观经济问题。

【本章重点】

掌握总供给曲线的推导方法，深刻领会劳动市场的有效性是如何最终决定总供给曲线形状的；在此基础上，尝试用 *AD—AS* 模型分析一些简单的宏观经济问题。

【本章难点】

用 *AD—AS* 模型分析一些简单的宏观经济问题。

【理论线索】

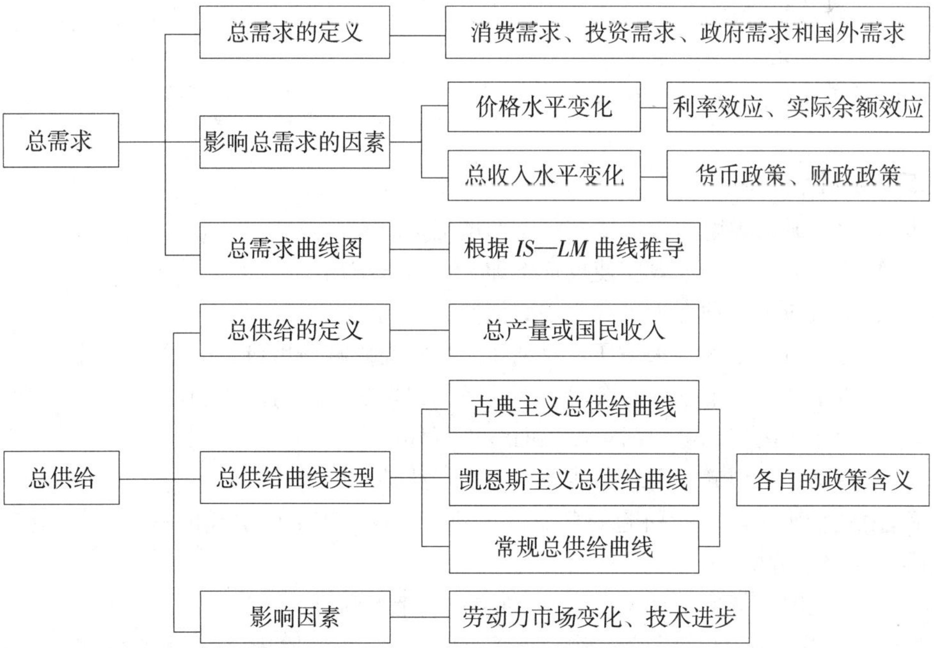

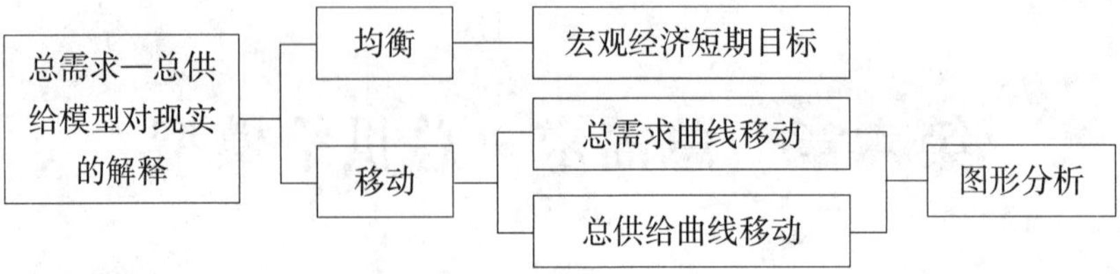

【本章习题】

一、名词解释

1. 总需求
2. 总需求函数
3. 总供给
4. 宏观生产函数
5. 利率效应
6. 汇率效应
7. 长期
8. 短期
9. 工资价格“刚性”
10. 总供给函数
11. 财产效应
12. 黏性工资理论
13. 黏性价格理论
14. 错觉理论
15. 货币中性

二、判断题

1. 物价上升时，财产效应使实际财产增加，总需求增加。( )
2. 物价上升时，利率效应使投资增加，总需求增加。( )
3. 利率效应是指利率水平的变动对消费的影响。( )
4. 利率效应是指物价水平通过对利率的影响而影响净出口。( )
5. 物价下降时，汇率效应会使一国的净出口增加，总需求增加。( )
6. 物价水平的变动会引起总需求曲线平行移动。( )
7. 投资增加会引起总需求曲线向右方平行移动。( )
8. 由物价水平移动所引起的总需求变动与由政府支出所引起的总需求变动在总需求曲线上是不同的。( )
9. 短期总供给曲线分为两部分：一部分向右上方倾斜，另一部分向上垂直。( )
10. 短期内，引起总供给与物价水平同方向变动的原因之一就是名义工资是黏性的。( )

11. 黏性工资理论是指短期中名义工资的调整慢于劳动供求关系的变化。（　）

12. 根据黏性工资理论，物价水平的上升在短期内会增加就业。（　）

13. 效率工资由劳动的供求关系决定。（　）

14. 在短期内，价格的黏性引起物价水平与总供给同方向变动。（　）

15. 价格黏性的原因在于调整价格是需要付出代价的。（　）

16. 在同一条短期总供给曲线上，物价水平与总供给之间是同方向变动的关系。（　）

17. 长期总供给曲线是一条向右上方倾斜的线。（　）

18. 长期总供给曲线的位置取决于制度、资源与技术进步。（　）

19. 均衡的国内生产总值是充分就业的国内生产总值。（　）

20. 均衡的国内生产总值大于充分就业的国内生产总值时，经济中存在通货膨胀的压力。（　）

21. 均衡的国内生产总值大于充分就业的国内生产总值时，经济中存在失业。（　）

22. 短期总供给不变时，总需求变动会引起均衡的国内生产总值与物价水平同方向变动。（　）

23. 总需求和长期总供给不变时，长期总供给曲线的移动会影响均衡的国内生产总值与物价水平。（　）

24. 总供求模型是微观供求模型的简单放大。（　）

25. 单个产品的价格变化对其供给量的长期影响要比对短期的影响大。宏观供求模型中，价格水平对总供给的影响亦如此。（　）

26. 完全竞争的一般均衡是一种十分理想的状态，总供给与总需求均衡时亦如此。（　）

27. 由于对劳动市场的不同理解，使得古典经济学与凯恩斯主义对总供给曲线的形状出现了不同的看法。（　）

28. 根据凯恩斯的观点，非自愿失业应归因于工人自身。（　）

三、单项选择题

1. 在下列哪种情况下，总需求曲线更加平坦（　）。

   A. 投资支出对利率变化较为敏感

   B. 货币需求对利率变化较不敏感

   C. 支出乘数较小

   D. 货币需求对收入变化较为敏感

2. 运用 *IS*—*LM* 模型进行总需求曲线推导过程中，下列哪个说法是正确的（　）。

   A. 价格下降，*IS* 曲线右移　　B. 价格下降，*IS* 曲线左移

   C. 价格下降，*LM* 曲线右移　　D. 价格下降，*LM* 曲线左移

3. 无论在凯恩斯或者古典供给条件下，财政扩张都会使得（　）。

   A. 总产量上升　　B. 利率上升

C. 价格上升　　D. 均有可能

4. 长期生产函数与短期生产函数的不同在于其假定的可变因素不同，下列哪一个属于短期生产函数的可变因素（　）。

A. 技术水平　　B. 资本存量

C. 人口增长　　D. 就业量

5. 给定劳动力的边际产出函数为 $703-2N$，产品价格水平为 1，每单位劳动成本等于 3 元，则劳动力需求量为（　）个单位。

A. 400　　B. 335

C. 350　　D. 375

6. 给定一个劳动需求函数，根据所画的劳动力需求曲线，有（　）。

A. 价格水平上升，名义工资不变，则劳动需求量减少

B. 价格水平上升，名义工资不变，则劳动需求量增加

C. 价格水平和名义工资同比例增加时，劳动需求量增加

D. 价格水平和名义工资同比例增加时，劳动需求量减少

7. 假定经济已经实现了充分就业且总供给曲线是垂直线，扩张性货币政策效应是（　）。

A. 提高价格水平和实际产出

B. 提高价格水平但不影响实际产出

C. 提高实际产出但不影响价格水平

D. 对价格水平和实际产出均无影响

8. 短期劳动力供给曲线（　）。

A. 斜率为正，实际工资率越高，劳动供给量越多

B. 斜率为正，名义工资率越高，劳动供给量越多

C. 斜率为负，实际工资率越高，劳动供给量越多

D. 斜率为负，名义工资率越低，劳动供给量越少

9. 古典总供给曲线存在的条件是（　）。

A. 产出水平由充分就业水平决定

B. 劳动力市场的均衡不受劳动力需求曲线移动的影响

C. 劳动力市场的均衡不受劳动力供给曲线移动的影响

D. 劳动力需求和劳动力供给立即对价格水平的变化作出调整

10. 如果经济已经实现了充分就业，在总供给曲线较为陡峭的情况下，减税会导致（　）。

A. 价格水平上升但不影响实际产出

B. 实际产出与价格等比例增加

C. 名义工资上升但实际工资不变

D. 名义工资上升，但实际工资条件恶化

11. 给定利率边际和劳动生产率不变，以下会造成供给曲线向左上方移动的有（　）。

A. 原材料实际价格上涨　　B. 石油价格上涨
C. 实际工资水平下降　　D. 名义工资水平上升

12. *AD—AS* 模型是在 *IS—LM* 模型基础上推导出来的，它改变的一个基本假设是（　）。

A. 投资由利率决定
B. 货币需求受利率和收入的影响
C. 价格不变
D. 充分就业

13. 假设长期存在“货币中性”，即货币存量的增加只会造成价格同比例增长，而不影响实际产出，那么总供给曲线的形态将类似于（　）。

A. 古典情形　　B. 凯恩斯情形
C. 向右上方倾斜　　D. 向右下方倾斜

14. 技术进步将会导致（　）。

A. 短期总供给曲线和长期总供给曲线都向右移
B. 短期总供给曲线和长期总供给曲线都向左移
C. 短期总供给曲线右移，长期总供给曲线不变
D. 短期总供给曲线不变，长期总供给曲线右移

15. 下面哪一项是潜在产出的长期决定因素（　）。

A. 政府的收入与支出水平　　B. 货币
C. 技术　　D. 对过分增长的工资罚以重税

16. 增加国防开支而无相应的增税措施，将会引起（　）。

A. 价格上涨和 GDP 上升　　B. 价格上涨和 GDP 下降
C. 价格下降和 GDP 下降　　D. 价格下降和 GDP 上升

17. 宏观经济学的传统观念可能会反对以下哪种说法（　）。

A. 工资和价格对失衡可以有迅速的反应
B. 当产出达到充分就业水平时，总供给曲线是垂直的
C. 积极地改变总需求的政策只会影响价格，但不会影响产出和就业
D. 非自愿失业是一种经常有的状态

18. 能够使总需求曲线右移的是（　）。

A. 实际货币供给的增加　　B. 价格水平的下降
C. 政府税收的增加　　D. 政府支出的增加

19. 古典总供给曲线垂直是因为（　）。

A. 总供给中单个产品的供给弹性都为零
B. 总供给中单个产品的供给曲线都垂直
C. 宏观生产函数是稳定的
D. 劳动市场是出清的

20. 总供给曲线倾斜的原因可能是（　）。

A. 劳动力供给立即对劳动力需求的变化作出调整

B. 劳动力需求立即对劳动力供给的变化作出调整

C. 劳动力需求立即对价格水平的变化作出调整，但劳动力供给却不受影响

D. 劳动力供给立即对价格水平的变化作出调整，但劳动力需求却不受影响

21. 非自愿失业的存在（　）。

A. 是由于工资面对劳动市场过量的需求时没有提高

B. 是由于工资面临劳动市场过量的供给时没有降低

C. 也被古典经济学家所承认

D. 对整个经济的影响无足轻重

22. 假定经济实现充分就业，总供给曲线是垂直线，减税将（　）。

A. 提高价格水平和实际产出

B. 提高价格水平但不影响实际产出

C. 提高实际产出但不影响价格水平

D. 对价格水平和实际产出水平均无影响

23. 长期总供给曲线的“长期”（　）。

A. 是就资本存量是否可变而言的

B. 是就技术水平是否可变而言的

C. 是就劳动力市场能否对价格水平变化作出适应性调整而言的

D. 是就日历时间的长短而言的

24. 潜在产量就是（　）。

A. 不受价格水平变化影响的产量

B. 是潜在的但不可能实现的产量

C. 是确定的而非可以改变的产量

D. 可以被财政或货币政策改变的产量

25. 古典主义将会同意以下哪种说法（　）。

A. 财政政策和货币政策都有用

B. 财政政策和货币政策都无用

C. 财政政策有用，货币政策无用

D. 财政政策无用，货币政策有用

26. 在常规总供给曲线的情形下，实际产出接近充分就业的水平，总需求的增加将会使（　）。

A. 产出和价格都有明显的提高

B. 产出和价格都无明显的变化

C. 产出增加较多，价格无太大变化

D. 价格提高较多，产出无太大变化

27. 严重依赖国际市场的某种原材料价格的上涨，将会使（　）。

A. 产出增加，价格下降　　B. 产出增加，价格提高

C. 产出减少，价格下降　　D. 产出减少，价格提高

28. 其他条件不变，突破性的技术进步最终将会使（　）。

A. 产出增加，价格提高　　B. 产出增加，价格下降

C. 产出减少，价格提高　　D. 产出减少，价格下降

四、多项选择题

1. 下列表述正确的是（　　）。

A. 总需求曲线是反映总需求与利率之间关系的曲线

B. 总需求曲线上的点表明市场和货币市场同时达到均衡

C. 总需求曲线是表明总需求与价格水平之间关系的曲线

D. 在以价格和收入为坐标的坐标系内，总需求曲线是向右下方倾斜的

E. 在以利率和收入为坐标的坐标系内，总需求曲线是向右上方倾斜的

2. 在价格为纵坐标，收入为横坐标的坐标系中（　　）。

A. 水平的直线被称为长期总供给曲线

B. 水平的直线被称为短期总供给曲线

C. 垂直的直线被称为长期总供给曲线

D. 垂直的直线被称为短期总供给曲线

E. 向右上方倾斜的曲线被称为短期总供给曲线

3. 用总需求—总供给曲线模型可以直接决定（　　）。

A. 国民收入　　B. 投资

C. 价格水平　　D. 利息率

E. 储蓄

4. 按照总需求—总供给曲线模型，总供给减少会使国民收入减少，这种情形的总供给曲线应是（　　）。

A. 短期总供给曲线

B. 长期总供给曲线

C. 向右上方倾斜的总供给曲线

D. 垂直的总供给曲线

E. 向右下方倾斜的总供给曲线

5. 总需求和总供给决定的均衡处，以下说法正确的是（　　）。

A. 产品市场处于均衡

B. 货币市场处于均衡

C. 劳动市场处于均衡

D. 产品市场和货币市场处于均衡而劳动市场处于非均衡

E. 劳动市场处于均衡而产品市场和货币市场处于非均衡

6. 其他条件不变时，价格水平上升导致（　　）。

A. 实际货币供给下降，*LM* 曲线左移

B. 实际货币供给下降，*LM* 曲线右移

C. 均衡利率水平上升，投资需求下降

D. 均衡利率水平下降，投资需求上升

E. 产品市场和货币市场的均衡均被打破

7. 其他条件不变时，可能引起 *AD* 曲线右移的是（　　）。

A. 价格水平下降

B. 政府支出减少

C. 税收增加

D. 名义货币供给增加

E. 实际货币供给减少

8. 总需求的构成有（　　）。

A. 居民的消费

B. 企业的投资

C. 政府的支出

D. 净出口

E. 居民的收入

9. 下列说法中，正确的是（　　）。

A. 一般而言，在长期生产函数中，所有投入要素的数量均可以变动；在短期生产函数中，所有投入要素的数量均不可变动

B. 在有关总需求和总供给的研究中，常使用资本量不变的生产函数

C. 充分就业量即所有劳动力都得到工作时的总就业量

D. 潜在产量受价格水平变动的影响

E. 价格水平变化时，潜在就业量会发生变动

10. 关于长期总供给曲线，下列说法中正确的是（　　）。

A. 长期来看，货币工资具有完全伸缩性

B. 劳动市场达到均衡时的就业量即充分就业量

C. 政府的宏观经济政策可以对产量产生影响

D. 货币只起价值尺度和交换媒介的作用，与商品价值的决定无关

E. 名义货币供给量的变动将影响劳动市场的均衡

11. 对主流学派的短期总供给曲线而言，下列说法中正确的是（　　）。

A. 曲线上各点的斜率相等

B. 当产出超过潜在产出水平时，斜率变大

C. 在短期中，总需求推动实际产出增加并使价格上升

D. 如短期总供给曲线与总需求曲线交于潜在产量线左侧，经济一定处于萧条状态

E. 短期总供给曲线表示社会供给方面的产量与价格水平之间的关系

12. 短期总供给曲线是一条向右上方倾斜的曲线表明（　　）。

A. 价格水平越高，投资的效率就越低

B. 价格水平越高，国民收入水平越高

C. 利率水平越高，投资的效率越高

D. 价格与国民收入同方向变动

E. 价格与国民收入反方向变动

13. 按照总需求—总供给曲线模型，总供给减少会使均衡国民收入减少，这种情形的总供给曲线应是（　　）。

A. 短期总供给曲线　B. 长期总供给曲线

C. 向右上方倾斜的总供给曲线　D. 垂直的总供给曲线

E. 向右下方倾斜的总供给曲

14. 古典总供给曲线的政策含义可以表述为：增加需求的政策将（　　）。

A. 能够改变产量　B. 不能改变产量

C. 造成物价上涨　D. 造成物价下跌

E. 导致通胀

15. 宏观经济学将总产出与价格水平之间的关系分为三种（　　）。

A. 古典总供给曲线

B. 凯恩斯总供给曲线

C. 常规总供给曲线

D. 向右上方倾斜的供给曲线

E. 向右下方倾斜的供给曲线

五、计算题

1. 设总供给函数为：$AS=2\ 000+P$，总需求函数为：$AD=2\ 400-P$

（1）求供求均衡点。

（2）如果总需求曲线向左平行移动10%，求新的均衡点并把该点与（1）的结果相比较。

（3）如果总需求曲线向右平行移动10%，求新的均衡点并把该点与（1）的结果相比较。

（4）如果总供给曲线向左平行移动10%，求新的均衡点并把该点与（1）的结果相比较。

（5）本题的总供给曲线具有何种形状？属于何种类型？

2. 设某一三部门的经济中，消费函数为 $C=200+0.7Y$，投资函数为 $I=200-25r$，货币需求函数为 $L=Y-100r$，名义货币供给是1 000，政府购买 $G=50$，求该经济的总需求函数。

3. 设 IS 曲线的方程为 $r=0.415-0.000\ 018\ 5y+0.000\ 05G$，$LM$ 曲线的方程为 $r=0.000\ 016\ 25y-0.000\ 1M/P$。式中，$r$ 为利率，y 为收入，G 为政府支出，P 为价格水平，M 为名义货币量。试导出总需求曲线，并说明名义货币量和政府支出对总需求曲线的影响。

4. 如果总供给曲线为 $y_S=500$，总需求曲线为 $y_D=600-50P$。

（1）求供求均衡点。

（2）如果总需求水平上升10%，求新的供求均衡点。

5. 设经济的总供给函数为 $AS = 2\ 350 + 400P$，总需求函数为 $AD = 2\ 000 + 750P$。求总供给和总需求均衡时的收入和价格水平。

6. 假定某经济社会为不含政府和国外的两部门经济，且存在以下经济关系：$y = c + i$，$L = (0.9y - 900r)P$，$c = 90 + 0.9y$，$M = 900$，$i = 900 - 900r$，$P = 1$。其中，y、c、i、r、M、P 分别代表产量、消费、投资、利率、货币供给和价格水平。

求：（1）均衡利率和收入。

（2）若货币供给增加超过900，收入和利率会有什么变化？

（3）写出总需求曲线的表达式。

六、简答题

1. 总需求曲线的理论来源是什么？为什么在 *IS—LM* 模型中，由 P（价格）自由变动，即可得到总需求曲线？

2. 为什么进行宏观调控的财政政策和货币政策一般被称为需求管理的政策？

3. 总供给曲线的理论来源是什么？

4. 为什么总供给曲线可以被区分为古典、凯恩斯和常规这三种类型？

5. 说明总需求曲线为什么向右下方倾斜。

6. 试说明主流学派经济学家是怎样用总供求分析法说明经济的“滞胀”状态的。

7. 试比较 *IS—LM* 模型和 *AD—AS* 模型。

8. 总需求曲线与单个商品的需求曲线有何不同？

9. 简析古典总供给—总需求模型与凯恩斯主义总供给—总需求模型的区别。

10. 解释短期和长期中货币供给增加的影响。

11. 举出一个短期中价格黏性和长期价格伸缩性的例子。

12. 在不同的经济部门中，短期和长期的时间长度会发生变化。对于下面的行业来说，判断时间是否为“长期”的标准在于你所知道的，在这个行业内对给定的变动，价格的变化速度有多迅速。描述你所估计的潜在合理性。

a. OPEC 发布了一项有关减少石油生产的公告之后的汽油价格。

b. 专门供制衣使用的棉花价格上涨之后，制衣公司的目录价格。

c. 在一次严重霜害破坏了佛罗里达的庄稼之后的橙汁价格。

d. 汽车工人加薪之后的通用汽车价格。

13. 假设美国一场严重的干旱使农业产出减半。

a. 总需求和总供给曲线会发生什么变化？

b. 短期和长期中的产出和价格会发生怎样的变化？

c. 短期中，这种情况会怎样影响净出口？

d. 假如干旱要持续好几年，那么你预计净出口和实际汇率会发生什么变化？

七、论述题

1. 用总需求和总供给曲线的互动，说明宏观经济中的萧条、高涨（或过热）和滞胀的状态。

2. 对微观经济学的供求模型和宏观经济学中的 *AD—AS* 模型加以比较，并说明二者的异同。

3. 导致总需求曲线和总供给曲线变动的因素主要有哪些？

4. 假设由于 ATM 机使用的增多，货币流通速度变快。

a. 短期中的物价和产出会受到什么影响？

b. 假如美联储的短期目标是保持物价稳定，那么它将做出什么反应？

c. 长期中，物价和产出会发生什么变化？假如美联储的长期目标是保持物价稳定，那么它又将做出什么反应？什么时候它的反应会生效——立即还是要通过长期的努力？

d. 根据（c）中的答案，你会如何应对那些声称美联储应等待到通货膨胀出现才采取行动的人们？

5. 假设政府管制的变动允许银行开始为支票账户支付利息，回想一下，货币存量是通货和包括支票在内的活期存款，因此，管制的改变会使持有货币更有吸引力。

a. 这种变动如何影响货币需求？

b. 货币流通速度会发生什么变化？

c. 如果美联储使货币供给保持不变，短期和长期产出与价格将发生什么变动？

d. 对这种管制变动，美联储的反应应该是保持货币供给不变吗？为什么？

第七章　失业与通货膨胀

【教学目的】

本章介绍了西方经济学关于失业和通货膨胀的基本理论知识。通过对本章的学习，学生可以对失业的类型及其对通货膨胀的发生、通货膨胀的影响以及如何治理通货膨胀等问题有个初步的认识，进一步提高对经济现象的理解和分析水平。

【本章重点】

失业的种类及其原因，通货膨胀的分类、成因及其经济效应，菲利普斯曲线的含义。

【本章难点】

短期菲利普斯曲线与长期菲利普斯曲线及其政策含义。

【理论线索】

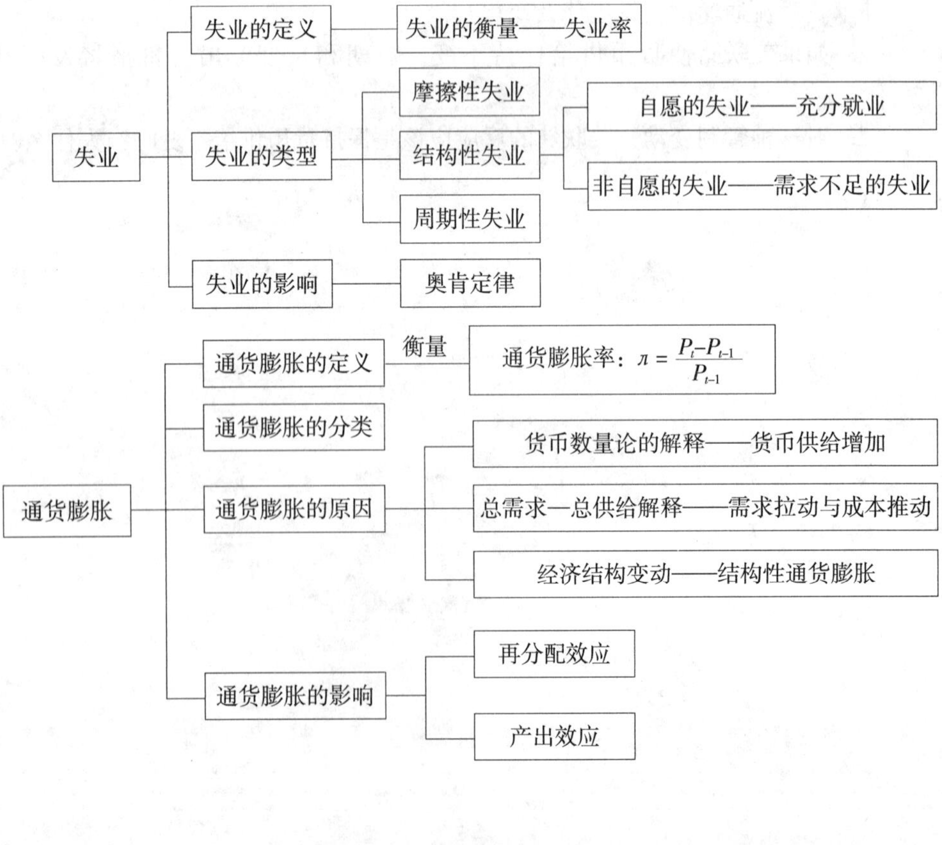

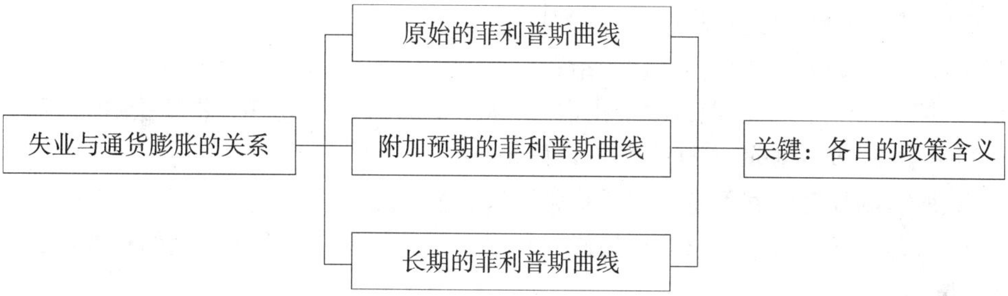

【本章习题】

一、名词解释

1. 结构性失业
2. 摩擦性失业
3. 周期性失业
4. 自然失业率
5. 充分就业
6. 通货膨胀
7. 消费价格指数
8. 生产者价格指数
9. 需求拉动通货膨胀
10. 成本推动通货膨胀
11. 结构性通货膨胀
12. 奔腾的通货膨胀
13. 菲利普斯曲线

二、判断题

1. 工人不愿接受现行工资水平而形成的失业，称为自愿失业。(　)
2. 充分就业意味着失业率为零。(　)
3. 某人在失业以后因就业信息不灵而暂时找不到工作，这种失业是自愿失业。(　)
4. 通货膨胀有利于利润获得者，而不利于固定工资领取者。(　)
5. 只要存在失业工人，就不可能有工作空位。(　)
6. 周期性失业就是由总需求不足而引起的失业。(　)
7. 摩擦性失业是一种自愿失业。(　)
8. 摩擦性失业与劳动力供求状态无关，与市场制度本身相关。(　)。
9. 结构性失业的最大特点是劳动力供求总量大体相当，但却存在着结构性的供求矛盾。(　)
10. 凯恩斯认为，引起总需求不足的根本原因是货币的发行太少。(　)
11. 奥肯定律适用于所有国家。(　)

12. 物价上涨就是通货膨胀。( )

13. 衡量通货膨胀的指标是物价指数。( )

14. 把1999年作为基期，物价指数为100；2009年作为现期，物价指数为120，则从1999年到2009年期间的通货膨胀率为20%。( )

15. 所有的经济学家都主张用通货膨胀来刺激经济。( )

16. 货币主义在解释需求拉动的通货膨胀时，认为引起总需求过度的根本原因是货币的过量发行。( )

17. 经济学家认为，引起工资推动的通货膨胀和利润推动的通货膨胀的根源在于经济中的垄断。( )

18. 如果你的房东说："工资、公用事业及别的费用都涨了，我也只能提高你的房租。"这属于需求拉动的通货膨胀。( )

19. 如果店主说："可以提价，别愁卖不了，店门口排队争购的多着呢!"这属于需求拉动的通货膨胀。( )

20. 需求拉动通货膨胀形成的原因是"太多的货币追逐较少的产品"。( )

21. 围绕菲利普斯曲线的争论，不同的经济学派表明了他们对宏观经济政策的不同态度。( )

22. 根据短期菲利普斯曲线，失业率和通货膨胀率之间的关系是正相关。( )

23. 长期菲利普斯曲线向右下方倾斜。( )

三、单项选择题

1. 失业率的计算是用（ ）。

A. 失业工人的数量除以工人的数量

B. 劳动力总量除以失业工人的数量

C. 失业工人的数量除以劳动力的总量

D. 就业工人的数量除以失业工人的数量

2. 自然失业率（ ）。

A. 恒为零

B. 是历史上最低限度水平的失业率

C. 恒定不变

D. 是经济处于潜在产出水平时的失业率

3. （ ）不属于失业者。

A. 工假在家休养者

B. 调动工作的间歇在家休养者

C. 正在等待某项工作者

D. 刚进入劳动队伍未找到工作的工作者

4. 由于经济萧条而形成的失业，属于（ ）。

A. 永久性失业

B. 摩擦性失业

C. 周期性失业

D. 结构性失业

5. 某人由于钢铁行业不景气而失去工作，这种失业属于（　）。

A. 摩擦性失业　　B. 结构性失业

C. 周期性失业　　D. 永久性失业

6. （　）会增加失业。

A. 退休工人的数量增加

B. 退休劳动力队伍的人数增加

C. 离开学校找工作的人数增加

D. 离开工作上学的人数增加

7. 以下对通货膨胀的描述正确的是（　）。

A. 货币发行量过多而引起的一般物价水平普遍持续地上涨是通货膨胀

B. 房屋价格的不断上涨，就是通货膨胀

C. 通货膨胀是价格水平的偶然上涨

D. 货币发行过多导致的股票价格上涨就是通货膨胀

8. 如果经济已形成通货膨胀压力，但因价格管制没有物价的上涨，则此时经济（　）。

A. 不存在通货膨胀　　B. 存在抑制的通货膨胀

C. 存在恶性的通货膨胀　　D. 存在温和的通货膨胀

9. 某一经济在3年中，货币增长速度为8%，而实际国民收入增长速度为10%，货币流通速度不变，这3年期间价格水平（　）。

A. 上升　　B. 下降

C. 不变　　D. 上下波动

10. 通货膨胀对收入和财富进行再分配的影响是指（　）。

A. 造成收入结构的变化　　B. 使收入普遍上升

C. 使债权人收入上升　　D. 使收入普遍下降

11. （　）两种情况不会同时产生。

A. 结构性失业和成本推动型通货膨胀

B. 结构性失业和结构型通货膨胀

C. 摩擦性失业和需求拉动型通货膨胀

D. 需求不足的失业和需求拉动型通货膨胀

12. 假定充分就业时的国民收入为1 000亿美元，实际的国民收入为950亿美元，增加20亿美元的投资（$MPC=0.8$），经济将发生（　）。

A. 成本推动型通货膨胀　　B. 充分就业状况

C. 需求不足的失业　　D. 需求拉动型通货膨胀

13. 假定上题中的国民收入为900亿美元，$MPC=0.75$，增加20亿美元的投资，经济又将发生（　）。

A. 成本推动型通货膨胀　　B. 充分就业状况

C. 需求不足的失业　　D. 需求拉动型通货膨胀

14. 菲利普斯曲线的基本含义是（ ）。

A. 失业率和通货膨胀率同时上升

B. 失业率与通货膨胀率同时下降

C. 失业率上升，通货膨胀率下降

D. 失业率与通货膨胀率无关

15. 在下列引起通货膨胀的原因中，哪一个最可能是成本推动型通货膨胀的原因（ ）。

A. 银行贷款的扩张　　B. 预算赤字

C. 世界性商品价格的上涨　　D. 投资率下降

16. 经济处于充分就业和通货膨胀的状态时，下面说法正确的是（ ）。

A. 在短期内降低政府支出会使经济的通货膨胀率一直持续下去

B. 在短期内降低名义货币供给的增长会降低通货膨胀率但不会影响产量水平

C. 在短期内降低名义货币供给的增长会降低通货膨胀率和产量水平

D. 在短期内降低政府支出会降低通货膨胀率但不影响产量水平

17. 长期菲利普斯曲线（ ）。

A. 向右下方倾斜　　B. 向右上方倾斜

C. 平行于横轴　　D. 垂直于横轴

18. 长期菲利普斯曲线说明（ ）。

A. 通货膨胀和失业之间长期中不存在相互替代关系，政府需求管理政策无效

B. 传统菲利普斯曲线在长期仍然有效

C. 在预期通货膨胀很高的情况下通货膨胀与失业之间仍有替代关系，政府需求管理政策有效

D. 对通货膨胀的预期不变，所以通货膨胀与失业不存在替代关系

19. 根据（ ）的观点，传统菲利普斯曲线所阐明的通货膨胀率和失业率之间的替代关系是不存在的。

A. 凯恩斯主义　　B. 货币主义

C. 供给学派　　D. 理性预期学派

20. 理性预期是指（ ）。

A. 经济学家的预期

B. 理性人的预期

C. 在充分利用一切信息后对经济变量作的符合经济模型推断的预期

D. 在充分利用一切信息后进行的预期，但也会犯系统的错误

21. 在充分就业的情况下，下列哪一因素不可能导致通货膨胀（ ）。

A. 进口价格上升

B. 劳动生产率不变但工资提高

C. 出口减少

D. 政府支出不变但税收减少

22. 由于工会垄断力量要求提高工资，导致雇主提高商品售价，最终引发整个社会物价水平上涨，这就是（ ）。

A. 需求拉动型通货膨胀　B. 成本推动型通货膨胀

C. 结构性通货膨胀　D. 利润推动型通货膨胀

23. 需求拉动型通货膨胀认为，导致通货膨胀的主要原因是（ ）。

A. 总需求大于总供给　B. 总需求小于总供给

C. 消费支出增加　D. 商品、劳务供给过多

24. 以下哪种现象不伴随通货紧缩发生（ ）。

A. 有效需求不足　B. 经济衰退

C. 失业率下降　D. 物价下跌

25. 关于菲利普斯曲线的形状，货币主义认为是（ ）。

A. 向右下方倾斜

B. 一条水平线

C. 一条垂直线

D. 短期内右下方倾斜，长期内为一垂直线

26. 关于治理通货膨胀的对策，不可以采取（ ）的办法。

A. 冻结工资水平　B. 增税

C. 降低法定准备金率　D. 增加有效供给

27. 奥肯定律是说明（ ）。

A. 失业率与通货膨胀率关系的经验统计规律

B. 通货膨胀与国内生产总值之间关系的规律

C. 失业率与实际国民收入增长率之间关系的经验统计规律

D. 人口增长率与失业率之间关系的统计规律

28. 失业率和通货膨胀率在社会临界点的范围内时，政府（ ）。

A. 应该采取扩张性的政策

B. 应该采取紧缩性的政策

C. 或者采取扩张性的政策，或者采取紧缩性的政策

D. 不用采用任何政策措施

四、多项选择题

1. 根据失业发生的原因，宏观经济学通常将失业划分为（ ）。

A. 摩擦性失业　B. 结构性失业

C. 周期性失业　D. 自愿失业

E. 非自愿失业

2. 失业的影响涉及哪几个方面（ ）。

A. 社会稳定　B. 经济产出

C. 家庭收入　D. 人力资源闲置

E. 收入分配

3. 按照价格上升的速度，西方学者将通货膨胀分为（ ）。

A. 温和的通货膨胀　B. 奔腾的通货膨胀

C. 超级通货膨胀　D. 预期通货膨胀

E. 惯性通货膨胀

4. 以下对“滞胀”的不正确表达是（ ）。

A. 产出和物价水平同时上涨

B. 产出和物价水平同时下降

C. 物价水平上涨，但产出和就业下降

D. 存在摩擦性失业和自愿失业

E. 产出和物价水平都不变

5. 经济处于自然失业率水平表示（ ）。

A. 进入和退出劳动市场的劳动力数量处于均衡

B. 实际 GDP 等于潜在 GDP

C. 经济实现了充分就业

D. 存在摩擦性失业和结构性失业

E. 经济处于衰退的过程中

6. 结构性通货膨胀的原因是（ ）。

A. 各经济部门生产率提高的快慢不同

B. 生产率提高慢的部门要求工资增长向生产率提高快的部门看齐

C. 生产率提高快的部门要求工资增长向生产率提高慢的部门看齐

D. 全社会工资增长速度超过生产率增长速度

E. 总需求的过度增长

7. 通货膨胀的再分配效应表现在（ ）。

A. 通货膨胀不利于名义收入固定者，有利于持有浮动收益债券者

B. 通货膨胀不利于储蓄者，有利于持有实物资产者

C. 通货膨胀不利于债权人，有利于债务人

D. 通货膨胀不利于公众，有利于政府

E. 通货膨胀不利于所有人

8. 宏观经济学常用来衡量价格水平变动的价格指数主要有（ ）。

A. 消费价格指数　B. 生产价格指数

C. GDP 折算指数　D. 通货膨胀率

E. 股价指数

9. 按照对不同商品的价格影响的大小的不同，通货膨胀可以分为（ ）。

A. 平衡的通货膨胀　B. 非平衡的通货膨胀

C. 惯性通货膨胀　D. 奔腾的通货膨胀

E. 需求拉动型通货膨胀

10. 以下哪种情况不属于滞胀（　　）。

A. 通货膨胀上升时，失业率下降

B. 通货膨胀上升时，失业率也上升

C. 通货膨胀下降时，失业率下降

D. 通货膨胀下降时，失业率上升

E. 失业率上升时，通货膨胀维持不变

11. 以下可能导致通货膨胀产生的有（　　）。

A. 货币供给量过少　　B. 货币供给量过多

C. 社会总需求过量　　D. 社会总供给过量

E. 政府对农产品实行保护价收购

12. 下列表述中，错误的有（　　）。

A. 在任何情况下，通货膨胀对经济的影响都很小

B. 在通货膨胀可以预期的情况下，通货膨胀对经济的影响也很大

C. 在通货膨胀不能预期的情况下，通货膨胀有利于雇主不利于工人

D. 在任何情况下，通货膨胀对经济的影响都很大

E. 较低水平的稳定的通货膨胀可能是经济增长的润滑剂

13. 以下哪些属于抑制通货膨胀的措施（　　）。

A. 控制货币供应量　　B. 降低工资

C. 实行物价控制　　D. 减税

E. 增加货币供给量

14. 关于菲利普斯曲线，以下说法正确的有（　　）。

A. 短期菲利普斯曲线说明失业与通货膨胀之间存在替代关系

B. 长期菲利普斯曲线说明失业与通货膨胀之间存在替代关系

C. 长期菲利普斯曲线说明失业与通货膨胀之间不存在替代关系

D. 长期菲利普斯曲线是一条向右下方倾斜的曲线

E. 短期菲利普斯曲线是一条向右下方倾斜的曲线

15. 以下关于失业的解释，正确的有（　　）。

A. 凯恩斯学派认为经济中存在非自愿失业

B. 凯恩斯学派认为经济中不存在非自愿失业

C. 古典学派认为经济中存在非自愿失业

D. 古典学派认为经济中不存在非自愿失业

E. 凯恩斯学派认为工资是刚性的，而古典学派认为工资是弹性的

五、计算题

1. 若价格水平在 1984 年为 107.9，1985 年为 111.5，1986 年为 114.5。试问 1985 年和 1986 年通货膨胀率各是多少？若人们对 1987 年的通货膨胀率预期是按前两年通货膨胀率的算术平均来形成，设 1987 年的利率为 6%，问该年的实际利率是多少？

2. 假设统计部门选用A、B、C三种商品来计算消费价格指数，所获数据如下表：

品种	数量	基期价格（元）	本期价格（元）
A	2	1.00	1.50
B	1	3.00	4.00
C	3	2.00	4.00

试计算CPI及通货膨胀率。

3. 设某一经济某一时期有1.9亿成年人，其中1.2亿人有工作，0.1亿人在寻找工作，0.45亿人没工作也没在找工作。

试求：（1）劳动力人数；（2）劳动力参与率；（3）失业率。

4. 设一经济有以下菲利普斯曲线：$\pi=\pi_{-1}-0.5\ (u-0.06)$

问：（1）该经济的自然失业率为多少？

（2）为使通货膨胀减少5个百分点，必须有多少周期性失业？

5. 设某一经济的菲利普斯曲线为：$\pi=\pi_{-1}-0.4\ (u-0.06)$

试求：（1）该经济的自然失业率是多少？

（2）画出该经济的短期和长期菲利普斯曲线。

6. 如果失业率与GDP之间满足奥肯定律：$(y-y_f)/y_f=-3\ (u-u^*)$，其中u是失业率，u^*是自然失业率，y是GDP。又假定2001、2002、2003、2004年的失业率分别为8%、4%、5%、6%。

求：（1）当自然失业率为6%时，2001—2004年各年失业率所对应的GDP缺口。

（2）比较四年中实际GDP和潜在GDP的关系。

（3）若2003年的实际GDP为2 500万亿元，计算当年的潜在GDP。

六、简答题

1. 摩擦性失业与结构性失业相比，哪一种失业问题更严重些？
2. 能否说有劳动能力的人都有工作才是充分就业？
3. 什么是自然失业率？哪些因素影响自然失业率的高低？
4. 说明短期菲利普斯曲线与长期菲利普斯曲线的关系。
5. 通货膨胀的经济效应有哪些？
6. 说明什么是需求拉动的通货膨胀。
7. 假如货币供给量不变，通货膨胀能长久持续下去吗？
8. 西方学者所认为的造成通货膨胀的原因是什么？
9. 在西方，有哪些对付通货膨胀的方法？
10. 说明什么是通货膨胀的持续。
11. 简述失业的概念及类型。

12. 试用图形分析成本推动型通货膨胀的形成过程。
13. 简述造成成本推动型通货膨胀的原因。
14. 简要说明衡量通货膨胀的指标及通货膨胀的分类。
15. 简要说明菲利普斯曲线的含义和特征。

七、论述题

1. 针对通货膨胀产生的各种成因，试分析如何治理通货膨胀。

2. 通过比较短期菲利普斯曲线和长期菲利普斯曲线，分析菲利普斯曲线的政策含义。

3. 试比较摩擦性失业、结构性失业和周期性失业的特征，并说明哪种失业对经济的负面影响较大。

4. 试说明菲利普斯曲线和总供给曲线的关系。

5. 试根据常规的短期总供给曲线推导出菲利普斯曲线。

第八章　开放经济下的短期经济模型

【教学目的】

前述各章讨论的是封闭经济，但在现实世界中，任何一国经济都是或多或少对外开放的，即所谓的开放经济。因此西方宏观经济学必须分析开放条件下宏观经济的运行和调节。本章主要介绍汇率及其相关概念，资本完全流动的小型开放经济下的均衡也就是蒙代尔—弗莱明模型及应用，此外，还有南—北关系的一种经济分析。目的是分析开放经济条件下宏观经济的运行和调节。

【本章重点】

汇率、汇率制度、名义汇率、实际汇率、汇率的决定、净出口函数、蒙代尔—弗莱明模型、不同汇率制度下财政政策与货币政策的应用、南—北关系的经济分析。在本章的学习中，读者应重点掌握：

一、汇率理论

汇率是一个国家的货币折算成另一个国家货币的比率，它表示的是两个国家货币之间的互换关系。汇率的标价方法有两种：直接标价法和间接标价法。直接标价法，它是用一单位的外国货币作为标准，折算为一定数额的本国货币来表示的汇率。间接标价法，它是用一单位的本国货币作为标准，折算为一定数额的外国货币来表示的汇率。

汇率有名义汇率与实际汇率之分。名义汇率是指两个国家通货的相对价格。实际汇率是两国产品的相对价格，它告诉我们，能按什么比率用一国的产品交换另一国的产品。

汇率制度有两种，固定汇率制与浮动汇率制。固定汇率制是指一国货币同他国货币的汇率基本固定，其波动限于一定的幅度之内。浮动汇率制是指一国不规定本国货币与他国货币的官方汇率，听任汇率由外汇市场的供求关系自发地决定。浮动汇率又可分为自由浮动和管理浮动。

二、蒙代尔—弗莱明模型

蒙代尔—弗莱明模型与 *IS*—*LM* 模型的异同：共同之处在于两个模型都强调了产品市场与货币市场之间的相互作用。都假定物价水平是固定的，并说明是什么因素引起总产出的短期波动。主要差异在于 *IS*—*LM* 模型假设一个封闭经济；而蒙代尔—弗莱明模型假设一个开放经济。

蒙代尔—弗莱明模型的一个关键假设：所考察的经济是资本能够完全流动的小型开放经济。在开放宏观经济学中，小国是指所考察的经济只是世界市场的一小部分，其本身对世界某些方面，特别是金融市场的影响微不足道。资本完全流动是指该国居民可以完全进入世界金融市场。特别是，该国政府不阻止国际借贷。得到的推论：小型开放经济中的利率 r 必定等于世界利率 r_w，即 $r = r_w$。

蒙代尔—弗莱明模型：

IS^*：$y = c(y) + i(r_w) + g + nx(e)$

LM^*：$\frac{M}{P} = L(r_w, y)$

第一个方程式描述了产品市场的均衡，第二个方程式描述了货币市场的均衡。外生变量是财政变量 g、货币变量 M、物价水平 P 以及世界利率 r_w。内生变量是收入 y 和汇率 e。

三、蒙代尔—弗莱明模型的应用

浮动汇率下财政政策变动的影响：增加政府购买或减税的扩张性财政政策使 IS^* 曲线右移，结果汇率上升，而收入保持不变；浮动汇率下货币政策变动的影响：假定中央银行增加了货币供给。由于物价水平假定是固定的，货币供给增加意味着实际货币供给余额的增加，LM^* 右移，结果是提高了收入并降低了汇率。

固定汇率下财政政策的影响：假定政府通过增加政府购买或减税刺激国内支出。使 IS^* 右移。汇率有上升压力，中央银行按固定汇率进行外币与本币交换，套利者卖出外汇自动引起货币扩张，使 LM^* 右移，在固定汇率制下财政扩张增加了总收入。在固定汇率下货币政策的影响：假定通过购买证券增加货币供给使 LM^* 右移，降低了汇率，中央银行要维持固定汇率，导致 LM^* 曲线回到其初始位置。在固定汇率之下，名义货币政策无效。

四、南—北关系的经济分析

“南—北”这一术语产生于20世纪70年代贫困国家的领导人呼吁建立“新的世界经济秩序”的运动中。指发达国家与发展中国家。世界上较富裕的国家大多位于北半球，较贫穷的国家位于南半球。

南—北关系模型化的两种思路。一是把两个区域视为在同一个基本结构中按同一个模型运行，但两种区域的具体参数有区别。两区域的经济是对称的，相应的分析称为对称方法（模型）。二是将两区域视为各自具有根本性区别的结构。为非对称性，相应的分析被称为非对称模型。

假定：南北双方之间互相进行贸易。每一个地区生产另一地区需求并可以进口的商品，它们或者作为消费品，或者作为中间产品。两个地区均存在失业，所以产出的增加是可能的。据此建立模型，根据模型的假定，可以得出结论，北方所具有的持久收入优势很可能是由于北方比南方有着较小的进口倾向；因南方比北方更加依赖进口从而使南北方之间产生收入差距。

【本章难点】

资本完全流动的小型开放经济下蒙代尔—弗莱明模型，运用 IS^*—LM^* 模型分析开放经济条件下的财政和货币政策，南—北关系的对称经济分析模型。

【理论线索】

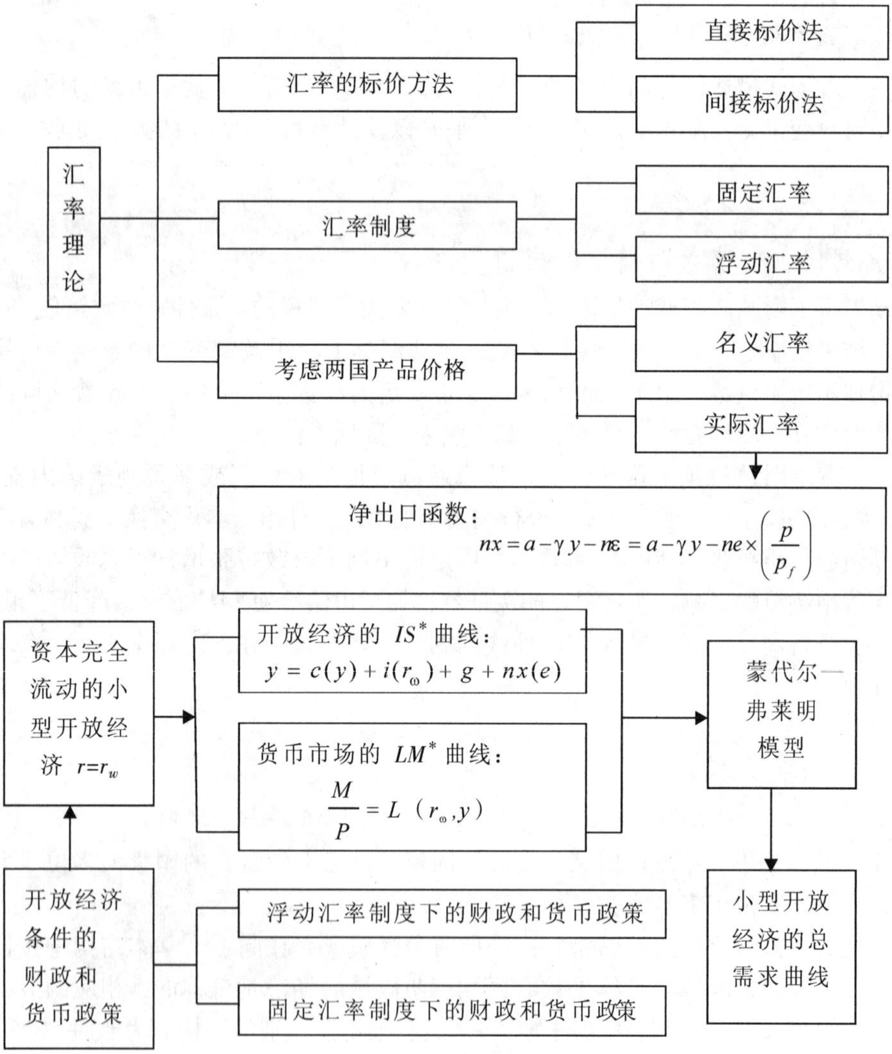

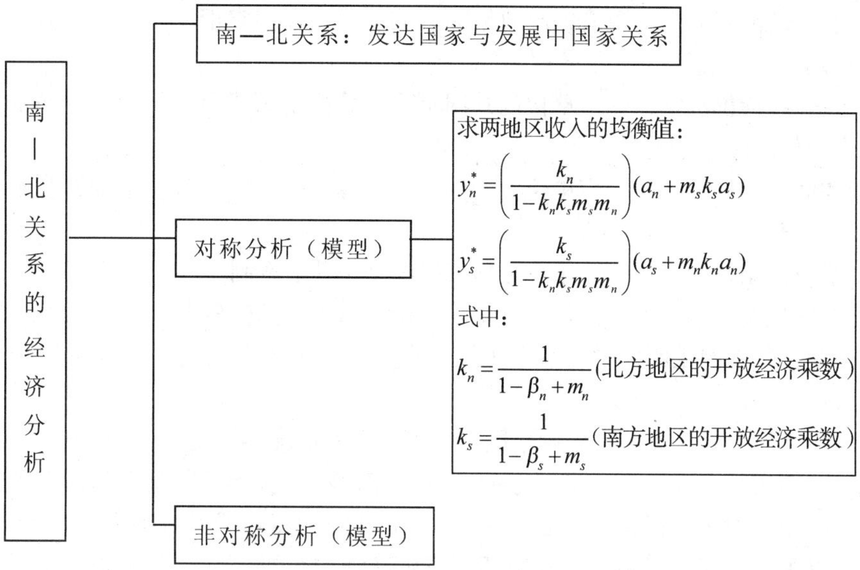

【本章习题】

一、名词解释

1. 直接标价法
2. 间接标价法
3. 汇率
4. 固定汇率制
5. 浮动汇率制
6. 名义汇率
7. 实际汇率
8. “南—北”关系
9. 货币贬值
10. 货币升值

二、判断题

1. 本币如果贬值，本国出口货品用外币表示的价格降低，本国进口货品用本币表示的价格升高。(　)

2. 本币如果升值，本国出口货品用外币表示的价格降低，本国进口货品用本币表示的价格升高。(　)

3. 在浮动汇率制下，国内的财政扩张政策会导致本币贬值，外币升值。(　)

4. 在浮动汇率制下，只有货币政策能影响收入；在固定汇率制下，只有财政政策能影响收入。(　)

5．在浮动汇率制下，只有财政政策能影响收入；在固定汇率制下，只有货币政策能影响收入。(　)

6．在直接标价法下，一定单位的外国货币折算的本国货币数量增加，表示本币贬值或外币升值。(　)

7．在间接标价法下，一定单位的本国货币折算的外国货币数量增加，表示本币升值或外币贬值。(　)

8．西方国家在20世纪70年代之前实行的是浮动汇率制。(　)

9．一般地说，固定汇率的运行是影响一国货币供给的。(　)

10．蒙代尔—弗莱明模型的一个关键假设是所考察的经济是资本能够完全流动的大型开放经济。(　)

11．名义汇率并没有考虑到两个国家价格水平的情况。(　)

12．一国实行固定汇率，当制定的官方汇率使本币被低估，低于均衡汇率时，套利者会将本币向中央银行购买外汇，然后在外汇市场上将外汇卖出换回本币。(　)

13．一国实行固定汇率，当制定的官方汇率使本币被高估，高于均衡汇率时，套利者就会在外汇市场上用本币购买外汇，然后将外汇卖给中央银行换回本币。(　)

14．根据蒙代尔—弗莱明模型的关键假设，所考察的小型开放经济中的利率 r 必定等于世界利率 r_w。(　)

三、单项选择题

1．下列因素中可能会促使美元升值的是（　）。

A．日本提高其国内利率　　B．美国国内出现严重的通货膨胀

C．美国国内采取紧缩性货币政策　　D．美国国内采取紧缩性财政政策

2．固定汇率制且资本完全流动时，(　)。

A．货币政策无效而财政政策完全有效

B．货币政策完全有效而财政政策无效

C．货币政策和财政政策都完全无效

D．货币政策和财政政策都完全有效

3．浮动汇率制且资本完全流动时，(　)。

A．货币政策无效而财政政策完全有效

B．货币政策完全有效而财政政策无效

C．货币政策和财政政策都完全无效

D．货币政策和财政政策都完全有效

4．如果一小国开放经济下的政府增加个人所得税，那么该国（　）。

A．净出口增加　　B．投资增加

C．均衡实际汇率上升　　D．消费增加

5．在美国一杯热可可卖5美元。在澳大利亚同样的热可可卖10澳大利亚元，如果汇率是2澳大利亚元兑1美元，则实际汇率是（　）。

A. 1/2 杯澳大利亚热可可换 1 杯美国热可可

B. 1 杯澳大利亚热可可换 1 杯美国热可可

C. 2 杯澳大利亚热可可换 1 杯美国热可可

D. 以上答案都不正确

6. 下列哪一种有关固定汇率制和浮动汇率制的描述是不正确的？（　）

A. 在浮动汇率制下，汇率是由外汇市场上的供求关系决定的，而固定汇率制下，汇率是由官方确定并通过官方的干预来维持的。

B. 在固定汇率制下，一国若独立采取货币扩张政策来提高产出、增加就业，就必须面对汇率低估问题，或立即宣布货币对外升值。

C. 在固定汇率制下，一国为了维持官方汇价和汇率基础价值相等的水平，往往会牺牲国内经济增长和充分就业。

D. 相对于固定汇率制，浮动汇率制下汇率的频繁波动带来的不确定性不利于经济和贸易发展。

7. 固定汇率的运行影响一国（　）。

A. 货币需求　　B. 货币供给

C. 出口　　D. 进口

8. 在浮动汇率制下，财政扩张会使（　）。

A. 本国货币汇率上涨　　B. 本国货币汇率下跌

C. 不会影响汇率变化　　D. 以上答案都不正确

9. 在浮动汇率制下，货币政策扩张会使（　）。

A. 本国货币汇率上涨　　B. 本国货币汇率下跌

C. 不会影响汇率变化　　D. 以上答案都不正确

10. 布雷顿森林体系汇率制度实行的是（　）。

A. 浮动汇率制　　B. 固定汇率制

C. 联合浮动汇率制　　D. 有管理的浮动汇率制

11. 中央银行干预外汇市场，旨在影响（　）。

A. 货币供应量　　B. 汇率

C. 基础货币　　D. 利率

四、多项选择题

1. 下列哪些不会使人民币贬值？（　　）

A. 对人民币需求的增加　　B. 对人民币供给的增加

C. 对中国出口品需求的增加　　D. 外国人在中国旅游的增加

E. 以上都不是

2. 下列哪些不会使人民币升值？（　　）

A. 对人民币需求的减少　　B. 对人民币供给的减少

C. 对中国出口品需求的减少　　D. 外国人在中国旅游的减少

E. 以上都不是

3. 当货币贬值时，为了维持固定的汇率，下列哪些是政府需要采取的措施？(　　)

A. 购买本国货币　　B. 卖出贸易伙伴的货币

C. 卖出其他国家的货币　　D. 买入部分黄金储备

E. 卖出本国货币

4. 当货币升值时，为了维持固定的汇率，下列哪些是政府需要采取的措施？(　　)

A. 购买本国货币　　B. 买入贸易伙伴的货币

C. 买入其他国家的货币　　D. 买入部分黄金储备

E. 卖出本国货币

5. 采用直接标价法条件下，汇率下降会使该国（　　）

A. 出口下降进口上升　　B. 出口下降进口不变

C. 进口下降出口上升　　D. 净出口减少

E. 净出口增加

6. 间接标价的汇率上升和国内价格上升，会使（　　）

A. 出口下降进口上升　　B. 出口下降进口不变

C. 进口下降出口上升　　D. 净出口减少

E. 净出口增加

7. 在宏观经济学中，影响一国净出口的最重要的因素是。(　　)

A. 失业率　　B. 汇率

C. 国内收入水平　　D. 市场化率

E. 对外开放度

8. 在浮动汇率制下，扩张性的货币政策可以（　　）。

A. 增加国民收入　　B. 减少国民收入

C. 降低本币汇率　　D. 增加净出口

E. 减少净出口

9. 在浮动汇率制下，扩张性财政政策可以（　　）。

A. 增加国民收入　　B. 升高本币汇率

C. 降低本币汇率　　D. 增加净出口

E. 减少净出口

五、简答题

1. 均衡汇率是如何决定的？影响汇率变化的因素有哪些？

2. 说明固定汇率制度的运行。

3. 假设一国的出口方程为 $X = A - my$。当 m 变大时，经济的 IS 曲线将发生什么变化？当 A 增加时，IS 曲线又发生什么变化？

4. 结合（教材）第十三章的有关内容推导开放经济条件下政府购买乘数的表达式。

5. 在资本完全流动的小国开放经济中，为什么国内的利率水平与国际利率水平总能保持一致？

六、论述题

1. 完全资本流动的含义是什么？在小国和大国模型中，资本完全流动带来的结果有什么不同？

2. 用蒙代尔—弗莱明模型考察固定汇率下紧缩性货币政策的影响。

3. 用蒙代尔—弗莱明模型考察浮动汇率下紧缩性财政政策的影响。

4. 试从（教材）本章式 $y_n = \beta_n y_n + \alpha_n + m_s y_s - m_n y_n$（1）和式 $y_s = \beta_s y_s + \alpha_s + m_n y_n - m_s y_s$（2）和推导出式 $y_n^* = \frac{k_n}{1 - k_n k_s m_s m_n}(\alpha_n + m_s k_s \alpha_s)$（7）和式 $y_s^* = \frac{k_s}{1 - k_n k_s m_s m_n}(\alpha_s + m_n k_n \alpha_n)$（8）。

第九章　经济增长和经济周期理论

【教学目的】

通过本章的学习，掌握经济增长的含义与源泉，理解新古典经济增长模型和乘数—加速数模型，了解其他经济增长理论和经济周期理论。

【本章重点】

经济增长源泉、新古典经济增长理论、乘数—加速数模型。

【本章难点】

新古典经济增长理论。

【理论线索】

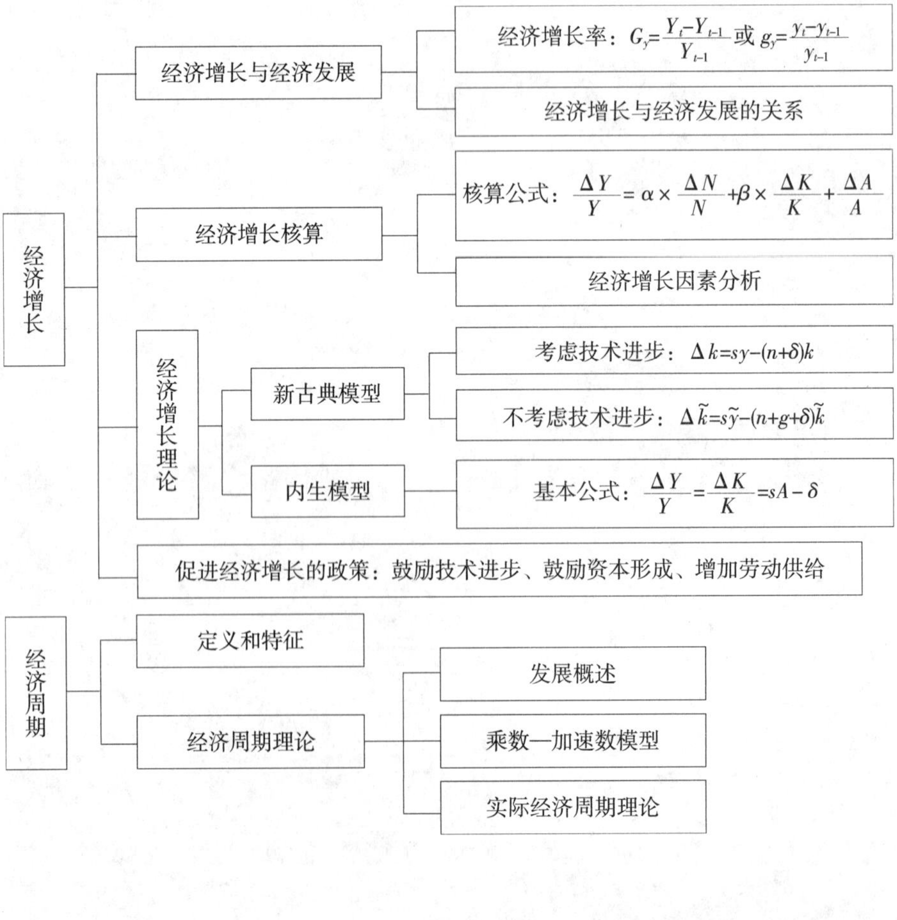

【本章习题】

一、名词解释

1. 经济增长
2. 经济发展
3. 稳定状态
4. 资本的黄金律水平
5. 经济周期
6. 外生经济周期理论
7. 内生经济周期理论
8. 乘数
9. 加速数
10. 乘数—加速数模型

二、判断题

1. 经济增长和经济发展是同样的概念。(　)

2. 某一时期大批新工人涌入劳动队伍，会提高生产率。(　)

3. 新古典增长模型表明，决定经济增长的因素是资本的增加、劳动的增加和技术进步。(　)

4. 从图形上来看，经济增长表现为生产可能性曲线上的某一点沿曲线向上方移动。(　)

5. 在经济增长中投资之所以重要，是因为投资可以为现有工人提供更多的机器设备，从而提高他们的生产率。(　)

6. 在新古典增长模型中，在稳态之下，人均资本和人均产量达到一个持久性的水平。(　)

7. 根据新古典增长模型，人口增长率较高的国家要比人口增长率较低的国家贫穷。(　)

8. 在新古典增长模型中，总产量的稳态增长率取决于人口增长率，因此储蓄率的增加不能提高收入的稳态水平。(　)

9. 根据新古典增长理论，只有技术进步才能解释生活水平的长期上升。(　)

10. 内生增长理论认为，储蓄和投资可能会引起长期增长。(　)

11. 经济增长从谷底水平扩张到正常水平称为繁荣阶段。(　)

12. 经济增长从谷顶水平收缩到正常水平称为萧条阶段。(　)

13. 繁荣阶段的主要特征是投资减少、产品积压。(　)

14. 在库兹涅茨周期中，与之紧密相关的行业是建筑业。(　)

15. 熊彼特第二个长周期的标志为电气和化工产业。(　)

16. 英国经济学家杰文斯的太阳黑子周期学说认为，太阳黑子周期性爆发导致气候变化，使得农业出现丰歉之年，从而使得经济相应地出现繁荣与萧条的波动。(　)

17. 在一定时期内，经济周期是围绕着长期的经济增长趋势而上下波动的。(　)

18. 加速原理断言，投资的增加导致 GDP 数倍增加。(　)

19. 如果国民收入在某个时期增加，则净投资肯定是大于零。(　)

20. 乘数原理和加速原理都是说明投资的决定的。(　)

三、单项选择题

1. 经济增长的标志是（　）。

A. 失业率的下降　　B. 先进技术的广泛推广

C. 社会生产能力的不断提高　　D. 城市化速度的加快

2. 我们通常用（　）来研究人们生活水平的变化。

A. 实际国民生产总值　　B. 名义国民生产总值

C. 人均实际消费额　　D. 人均实际国民生产总值

3. 经济增长在图形上表现为（　）。

A. 生产可能性曲线内的某一点向曲线上方移动

B. 生产可能性曲线向外移动

C. 生产可能性曲线外的某一点向曲线上方移动

D. 生产可能性曲线上的某一点沿曲线移动

4. 在新古典增长模型中，均衡点是指（　）。

A. 产量正好用来满足新增加的人口

B. 人口的增长率为零

C. 人口的增长率不变

D. 整个社会的积累正好用于装备新增加的人口

5. 根据新古典增长模型，在没有技术进步的情况下，人均产出增长的条件是人均资本占有（　）。

A. 增长　　B. 负增长

C. 不变　　D. 不确定

6. 根据新古典增长模型，在技术进步的情况下，人均产出增长的条件是人均资本占有（　）。

A. 增长　　B. 负增长

C. 不变　　D. 不确定

7. 经济周期的四个阶段依次是（　）。

A. 繁荣、萧条、衰退、复苏　　B. 繁荣、衰退、萧条、复苏

C. 复苏、衰退、萧条、繁荣　　D. 衰退、萧条、复苏、繁荣

8. 经济增长从正常水平扩张到谷顶称为（　）。

A. 繁荣　　B. 衰退

C. 萧条　　D. 复苏

9. 经济增长从正常水平收缩到谷底称为（　）。

A. 繁荣　　B. 衰退

C. 萧条　　D. 复苏

10. 一国在一段时期内 GDP 的增长率在不断降低，但是总量却在不断提高，从经济周期的角度看，该国处于（　）阶段。

A. 复苏　　B. 繁荣

C. 衰退　　D. 萧条

11. 经济周期的中心是围绕（　）波动。

A. 利率　　B. 通货膨胀率

C. 国民收入　　D. 就业率

12. 当某一社会处于经济周期的萧条阶段时（　）。

A. 经济的生产能力增加，因而存货增加

B. 总需求逐渐增长

C. 总需求小于总供给

D. 总需求超过总供给

13. 9~10 年循环一次的经济周期被称为（　）。

A. 基钦周期　　B. 朱格拉周期

C. 康德拉季耶夫周期　　D. 库兹涅茨周期

14. 3~4 年循环一次的经济周期被称为（　）。

A. 基钦周期　　B. 朱格拉周期

C. 康德拉季耶夫周期　　D. 库兹涅茨周期

15. 15~25 年循环一次的经济周期被称为（　）。

A. 基钦周期　　B. 朱格拉周期

C. 康德拉季耶夫周期　　D. 库兹涅茨周期

16. 50~60 年循环一次的经济周期被称为（　）。

A. 基钦周期　　B. 朱格拉周期

C. 康德拉季耶夫周期　　D. 库兹涅茨周期

17. 中周期的每一个周期为（　）。

A. 5~6 年　　B. 9~10 年

C. 15~25 年　　D. 50 年左右

18. 与库兹涅茨周期紧密相关的行业是（　）。

A. 建筑　　B. 汽车

C. 农业　　D. 纺织

19. 下列属于熊彼特第一个长周期的标志创新产业为（　）。

A. 化学工业　　B. 钢铁

C. 汽车　　D. 纺织

20. 经济之所以会发生周期性波动，是因为（　）。

A. 乘数作用　　B. 加速数作用

C. 乘数和加速数的交织作用　　D. 外部经济因素的变动

21. 当国民收入在乘数和加速数的作用下趋于扩张时，其增加将因（　）而放慢。
A. 加速系数下降　　B. 边际消费倾向提高
C. 失业的存在　　D. 充分就业
22. 当国民收入在乘数和加速数的作用下趋于下降时，其减少将因（　）而放慢。
A. 失业增加　　B. 边际消费倾向下降
C. 加速系数上升　　D. 总投资降为零
23. 熊彼特提出了一个外因理论，他认为经济周期产生于（　）。
A. 战争和收成不好　　B. 乘数和加速数的相互作用
C. 技术革新　　D. 太阳黑子
24. 解释经济周期的消费不足理论把繁荣和衰退归因于（　）。
A. 消费者的支出跟不上生产的发展，所以导致普遍的供过于求
B. 投资比消费增长快，所以没有足够的物品供消费者购买
C. 储蓄和投资减少
D. 政府税收太高，以至于消费者没有足够的资金购买商品和劳务
25. 杰文斯提出的“太阳黑子理论”是（　）。
A. 关于经济周期形成的内部原因的一种解释
B. 关于经济周期形成的外部原因的一种解释
C. 关于经济增长的内部原因的一种解释
D. 关于经济增长的外部原因的一种解释
26. 过度投资理论把繁荣时期的暴跌归因于（　）。
A. 过高的利率使本来就不足的投资需求进一步减少，并因此导致生产过剩
B. 过度投资导致生产过剩并由此导致普遍的供过于求
C. 在周期性扩张期间企业进行错误的投资
D. 政府对市场运行体系的干预
27. 导致经济波动的投资主要是（　）。
A. 存货投资　　B. 重置投资
C. 意愿投资　　D. 固定资产投资

四、多项选择题

1. 经济增长和经济发展的关系是（　　）。
A. 经济增长通常指产量的增加
B. 经济增长可以指总产量的增加，也可以指人均产量的增加
C. 如果说经济增长是“量”的概念，那么经济发展就是“质”的概念
D. 经济增长就是经济发展
E. 经济发展包括经济增长
2. 经济增长的源泉是（　　）。
A. 资本　　B. 劳动

C. 土地　　D. 技术进步
E. 人力资本

3. 下列各项中（　　）属于生产要素供给的增长。
A. 投资的增加　　B. 就业人口的增加
C. 人才的合理流动　　D. 发展教育事业
E. 知识进展
4. 下列各项中（　　）不属于生产要素供给的增长。
A. 劳动者教育年限的增加　　B. 实行劳动专业化
C. 劳动力从农村到城市的流动　　D. 规模经济
E. 电子计算机的迅速应用
5. 为了提高经济增长率，可以采取的措施是（　　）。
A. 加强政府的宏观调控
B. 刺激消费水平
C. 较少工作时间
D. 推广基础科学及应用科学的研究成果
E. 政府提供良好的教育、培训体系
6. 黄金分割律是（　　）。
A. 一个遥远的目标
B. 短期提高人均产出的规律
C. 投资和储蓄的最适搭配比例
D. 资本边际产出等于人口增长率的原则
E. 储蓄率等于人口增长率的原则
7. 下列（　　）是新古典经济增长模型所包含的内容。
A. 均衡的增长率取决于有效需求的大小
B. 总产量的稳态增长率取决于人口增长率
C. 人均收入增长率仅由外生的技术进步率决定
D. 储蓄率的增加能提高收入的稳态水平
E. 从长期看，由于市场作用，经济总会趋向于充分就业经济增长
8. 根据新古典经济增长模型，一个国家最终将（　　）。
A. 以一个不断增长的比例增长
B. 保持一个静止状态
C. 趋向于充分就业经济增长
D. 耗光自然资源而难以维持生存
E. 造成严重的污染使人民难以生存
9. 衰退阶段的主要特征是（　　）。
A. 企业投资下降，生产就业减少

B. 物价下降
C. 存货出人意料地增加
D. 工资和服务的价格下降
E. 利率上升

10. 扩张阶段的主要特征是（　　）。
A. 大量机器更新
B. 重置投资增加，净投资减少
C. 工资和服务的价格上升
D. 原材料价格上升
E. 利率上升

11. 下列属于熊彼特第二个长周期标志的创新产业为（　　）。
A. 化学工业　　B. 蒸汽
C. 钢铁　　D. 汽车
E. 纺织

12. 下列属于熊彼特第三个长周期标志的创新产业为（　　）。
A. 电气　　B. 蒸汽
C. 钢铁　　D. 汽车
E. 纺织

13. 下列（　　）说法正确表达了加速原理。
A. 投资的变动引起国民收入的数倍变动
B. 消费支出随着投资的变动而数倍变动
C. 投资的变动引起国民收入增长率数倍变动
D. 消费需求的变动引起投资的数倍变动
E. 国民收入的变动引起投资的数倍变动

14. 加速原理断言（　　）。
A. GDP 的增加导致投资数倍增加
B. GDP 的增加导致投资数倍减少
C. 投资的增加导致 GDP 数倍增加
D. 投资的增加导致 GDP 数倍减少
E. GDP 的减少导致投资数倍减少

15. 乘数原理和加速原理的关系是（　　）。
A. 乘数原理说明国民收入的决定，加速原理说明投资的决定
B. 两者都说明投资的决定
C. 两者相互作用说明经济周期性波动的原因
D. 乘数原理解释经济如何走向繁荣，加速原理说明经济怎样陷入萧条
E. 只有乘数作用时国民收入的变动比乘数、加速数作用相结合时的变动要更大一些

五、计算题

1. 假设国民收入中资本的份额为0.4，劳动的份额为0.6，资本供给增加了6%，而劳动供给下降了2%，对产出的影响会怎样？

2. 在新古典增长模型中，人均生产函数为

$$y=f(k)=2k-0.5k^2$$

人均储蓄率为0.3，人口增长率为0.03。

求：(1) 使经济均衡增长的 k 值。

(2) 与黄金律相对应的人均资本量。

3. 设一个经济的人均生产函数为 $y=\sqrt{k}$。如果储蓄率为28%，人口增长率为1%，技术进步速度为2%，折旧率为4%，那么，该经济的稳态产出为多少？如果储蓄率下降到10%，而人口增长率上升到4%，这时该经济的稳态产出为多少？

4. 已知资本增长率 $g_k=2\%$，劳动增长率 $g_l=0.8\%$，产出增长率 $g_y=3.1\%$，资本的国民收入份额 $\alpha=0.25$，在这些条件下，技术进步对经济增长的贡献为多少？

5. 设一个经济中的总量生产函数为

$$Y_t-A_tf(n_t,\ k_t)$$

其中 Y_t，n_t，k_t 分别为 t 时期的总产量、劳动投入量和资本投入量，A_t 为 t 时期的技术状况。试推导经济增长的分解式，并加以解释。

6. 在新古典增长模型中，总量生产函数为

$$Y=F(K,\ L)=K^{\frac{1}{3}}L^{\frac{2}{3}}$$

(1) 求稳态时的人均资本量和人均产量。

(2) 用这一模型解释“为什么我们如此富裕，而他们那么贫穷”。

(3) 求出与黄金律相对应的储蓄率。

7. 设在新古典增长模型框架下，生产函数为

$$Y=F(K,\ L)=\sqrt{KL}$$

(1) 求人均生产函数 $Y=f(k)$。

(2) 若不存在技术进步，求稳态下人均资本量，人均产量和人均消费量。

8. 在新古典增长模型中，已知生产函数为 $y=2k-0.5k^2$，y 为人均产出，k 为人均资本，储蓄率 $s=0.1$，人口增长率 $n=0.05$，资本折旧率 $\sigma=0.05$。

试求：(1) 稳态时人均资本和人均产量。

(2) 稳态时人均储蓄和人均消费。

六、简答题

1. 说明经济增长与经济发展的关系。

2. 经济增长的源泉是什么？

3. 什么是新古典增长模型的基本公式？它有什么含义？

4. 在新古典增长模型中，储蓄率的变动对经济有哪些影响?

5. 在新古典增长模型中，人口增长对经济有哪些影响?

6. 评述丹尼森关于经济增长因素的分析。

7. 推导某一时期总产量、人均产量和人口这三者的增长率之间的关系。

8. 如何考核生产要素供给的增长和生产要素生产率的增长对经济增长的影响程度?

9. 简要评述乘数和加速数意味着经济更大的不确定性。

10. 简述实际经济周期理论。

七、论述题

1. 评述新古典经济增长理论。

2. 在货币政策、刺激劳动力投入的政策、教育科研政策、财政政策、人口控制政策中，哪一项会影响长期增长率?

3. 试运用乘数—加速数模型解释经济的周期性波动。

4. 经济波动为什么会有上限和下限的界限?

5. 试述政府如何采取措施对经济波动实行控制。

第十章　宏观经济学的微观基础

【教学目的】

本章主要讲解宏观总需求的消费、投资和货币需求这三方面的微观基础问题。其目的是使学生了解为什么微观基础在当代宏观经济学中受到越来越多的关注，并能更深入地分析和理解宏观经济现象。

【本章重点】

跨期消费决策理论、消费的随机游走假说、新古典投资模型、住房投资、存货投资、资产组合理论、鲍莫尔—托宾模型。

【本章难点】

跨期消费决策理论、消费的随机游走假说、新古典投资模型、住房投资、鲍莫尔—托宾模型。

【理论线索】

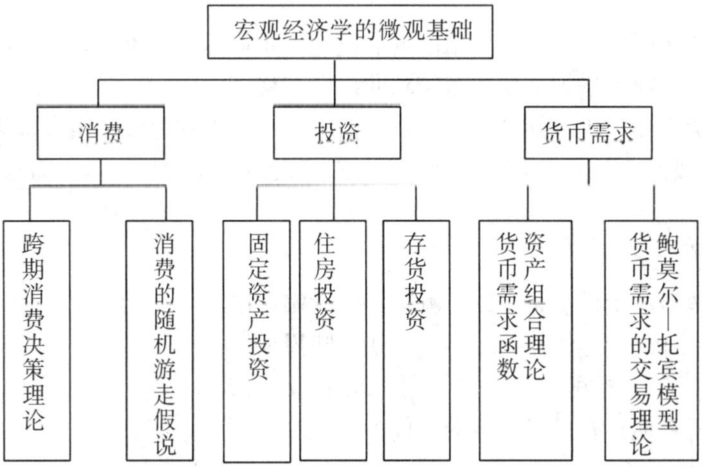

【本章习题】

一、名词解释

1. 收入效应
2. 替代效应
3. 消费平稳化
4. 消费的随机游走假说

5. 企业固定投资
6. 存货
7. 存货周期
8. 货币需求函数
9. 货币需求的交易理论
10. 鲍莫尔—托宾模型

二、判断题

1. 当实际利率上升时，消费者跨期消费的预算约束线变得更加平缓。(   )
2. 消费的随机游走假说首先由美国经济学家罗伯特·霍尔推导出。(   )
3. 在一个两期消费决策中，消费者只会把他在第二期增加的收入分摊到两个时期的消费上。(   )
4. 在利率上升的情况下，收入效应和替代效应既增加了第一期的消费，也增加了第二期的消费。(   )
5. 当消费者希望的第一期消费小于当期收入时，此时借贷约束没有约束力，并不影响消费。(   )
6. 持久收入假说与适应性预期理论结合意味着消费的变动遵循随机游走方式。(   )
7. 资本的边际收益和租赁价格的交点决定了企业的最优资本存量。(   )
8. 其他资产收益增加会使住房需求曲线向右移动。(   )
9. 强调货币作为价值储藏手段的货币需求理论，被称为资产组合理论。(   )
10. 预期股票收益的提高会增加人们的投机动机，从而增加货币需求。(   )

三、单项选择题

1. 跨期消费决策模型是由以下哪位经济学家提出的？(   )
   A. 罗伯特·卡洛斯　　B. 凯恩斯
   C. 詹姆斯·托宾　　D. 欧文·费雪
2. 消费者跨期消费最优决策的条件为(   )
   A. $MRS=(1+r)$　　B. $MRS=-(1+r)$
   C. $MRS=1/(1+r)$　　D. $MRS=-1/(1+r)$
3. 若利率为10%，一年后的100元钱的现值是多大？(   )
   A. 90　　B. 91
   C. 90.91　　D. 89.9
4. 关于资本租赁价格的决定，以下哪种说法正确？(   )
   A. 由资本的供给与需求决定　　B. 由资本的边际收益决定
   C. 由资本的预期收益率决定　　D. 由实际利率决定

5. 以下关于住房供给的说法，哪一种是正确的？（　）

A. 住房的供给是对现期住房价格作出反应

B. 住房的供给是对预期住房建成后的价格作出反应

C. 住房的供给是对现期住房存量的变动作出反应

D. 住房的供给是对预期住房存量的变动作出反应

6. 下列哪一项是平均货币持有量的准确表达（　）

A. $Y/N=(YF/2r)^{1/2}$　　B. $Y/(2N)=(YF/r)^{1/2}$

C. $Y/(2N)=(YF/2r)^{1/2}$　　D. $Y/(2N)=(YF/2r)^{2}$

7. 企业总是逐期不断地调整固定投资，其目的是实现（　）

A. 企业利润最大化　　B. 企业收益最大化

C. 企业存货投资的最优　　D. 资本存量的最优

8. 鲍莫尔—托宾模型是强调货币哪种手段的货币需求理论？（　）

A. 交换媒介　　B. 价值储藏

C. 价值尺度　　D. 支付手段

四、多项选择题

1. 以下哪些事件会影响到消费者的跨期消费决策？（　　）

A. 所在单位决定从下个月给员工加薪

B. 政府宣布提高个人所得税起征点

C. 央行宣布提高利率

D. 国家统计局公布本月 CPI 同比上涨 8.9%

E. 由于本月业绩突出，公司给予一笔额外奖金

2. 消费的变动遵循随机游走方式依赖于哪两个条件的结合？（　　）

A. 非理性预期　　B. 永久收入的消费理论

C. 凯恩斯的消费理论　　D. 适应性预期

E. 理性预期

3. 欧文·费雪的跨期消费决策模型中消费者的每期消费和每期收入可以不完全相等，原因在于假设（　　）。

A. 消费者可以储蓄　　B. 消费者可以进行住房投资

C. 消费者可以借贷　　D. 消费者可以购买股票

E. 消费者的消费偏好是可变的

4. 经济学上的企业固定资产投资是指（　　）。

A. 企业增加一批库存商品　　B. 企业建设一座办公楼

C. 企业购买一笔国库券　　D. 企业购买一辆汽车

E. 企业购买一套生产设备

5. 租赁企业需要承担的成本包括（　　）。

A. 价格波动成本　　B. 原材料价格上涨成本

C. 利息成本　　D. 资本折旧成本

E. 交通运输成本

6. 下列哪些因素的变动会影响到住房需求曲线？(　　)

A. 股票收益率　　B. 出租住房获得的租金

C. 抵押贷款　　D. 物业税和折旧

E. 人们的财富

7. 企业的存货投资包括（　　）。

A. 产成品　　B. 原材料

C. 在产品　　D. 添加购买的设备

E. 封存的设备

8. 企业持有存货的原因包括（　　）。

A. 避免脱销　　B. 保证生产的平稳化

C. 在产品　　D. 提高经营效率

E. 降低原材料的采购成本

9. 以下哪些变量会影响到货币需求（　　）。

A. 实际收入　　B. 价格水平

C. 利率　　D. 预期债券收益

E. 预期通货膨胀率

10. 在新古典投资模型中，假设市场中存在哪些类型的企业（　　）。

A. 租赁企业　　B. 投资企业

C. 零售企业　　D. 批发企业

E. 生产企业

五、计算题

1. 假设甲、乙两个消费者按照欧文·费雪的跨期消费模型来进行消费决策。甲在两期各收入 1 000 元，乙在第一期的收入为 0，第二期收入为 2 100 元，储蓄或者借贷的利率均为 r。

（1）如果两人在每一期都消费 1 000 元，利率为多少？

（2）如果利率上升，甲在两期的消费会发生什么变化？利率上升后，他的消费状况是变好还是变坏？

（3）如果利率上升，乙在两期的消费会发生什么变化？利率上升后，他的消费状况是变好还是变坏？

2. 假定在完全竞争市场中，某企业的生产函数 $Q = AK^{a}L^{1-a}$，产量 $Q = 100$，$a = 0.3$，资本的租金率 $R = 0.1$，企业产品价格 $P = 1$：

（1）计算最优资本存量；

（2）假设 Q 预期上升到 120，最优资本存量是多少？

（3）假定最优资本存量在 5 年内保持不变，现有的资本存量为 100，企业会逐步调整资本存量使其接近于最优值，设 $\lambda=0.3$。第一年的投资量是多少？第二年的资本存量是多少？

3. 假定住房存量供给函数 $S_S=100$，需求函数 $D=Y-0.5P$，住房流量供给函数 $S_F=2P$，式中，P 为住房价格，Y 为收入。当 $Y=200$ 元时，住房的均衡价格是多少？当收入增加到 300 元，并且假定住房能在瞬间造好，则短期住房价格为多少？新建住房价格为多少？

六、简答题

1. 为什么说如果消费者遵循持久收入假说且能够进行理性预期，消费的变动就是不可预测的？

2. 试画图分析消费者收入变动对消费决策的影响。

3. 试说明下列两种情况下，借贷约束是增加还是减少了财政政策对总需求的影响程度：

（1）政府宣布暂时减税；

（2）政府宣布未来减税。

4. 假定你是一个追求跨期效用最大化的消费者，正处于青年时期，下述事件的发生将如何影响你现期的消费行为：

（1）一位失散多年的亲戚突然与你取得联系，并在其遗嘱中将你列为其巨额财产的唯一继承人；

（2）你目前所从事的行业属于夕阳行业，未来几年你将面临下岗的威胁；

（3）医生根据你目前的身体状况预测你可以活到 90 岁。

5. 根据新古典投资模型，分析在什么条件下企业增加自己的固定资本存量是有盈利的？

6. 试分析利率的上升如何减少住房投资流量？

7. 20 世纪 50 年代美国经历了出生人数的大幅度增加。在 70 年代这个婴儿潮一代成为成年人并开始组织自己的家庭。用住房投资模型预测这一事件对住房的相对价格和住房投资的影响。

8. 试阐述企业持有存货的原因。

9. 用新古典投资模型解释下列每一种情况对资本租赁价格、资本成本以及企业净投资的影响：

（1）政府实施扩张的货币政策提高实际利率；

（2）一次自然灾害摧毁了部分固定资产，资本存量减少；

（3）大量国外劳动力的涌入增加了国内的劳动力供给。

七、论述题

1. 本章第一节在对欧文·费雪模型的分析中，讨论了消费者在第一期进行储蓄的情况下，利率变动对消费决策的影响。现在假设消费者在第一期进行借贷，试分析利率变动对消费决策的影响，并画图说明其收入效应和替代效应。

2. 本章分析了在消费者可以按利率 r 储蓄或借贷的情况下的欧文·费雪模型，以及消费者可以按这种利率储蓄但完全不能借贷情况下的欧文·费雪模型。现在考虑消费者可以按利率 r_s 储蓄，并按 r_b 借贷，且 $r_b < r_s$ 的中间情况。

(1) 在消费者第一期消费小于第一期收入的情况下，消费者的预算制约是什么？

(2) 在消费者第一期消费大于第一期收入的情况下，消费者的预算制约是什么？

(3) 画出两条预算制约线以及代表消费者可以选择的第一期与第二期消费组合的阴影面积。

(4) 现在加上你画的消费者无差异曲线。说明三种可能的结果：一种是消费者有储蓄，另一种是消费者有借贷，而第三种是消费者既无储蓄也无借贷。

(5) 什么决定了这三种情况中每一种情况下的第一期消费。

3. 简述货币需求的资产组合理论与交易理论之间的区别与联系。

4. 根据鲍莫尔—托宾模型，决定人们去银行频率的因素是什么？这种决策与货币需求有什么关系？

第十一章　宏观经济学在目前的争论和共识

【教学目的】

本章主要根据菲利普斯曲线推导出已经介绍的总供给曲线，一方面使学生比较深入地了解 *AD*—*AS* 曲线，另一方面又可以用推导出的总供给曲线来分析凯恩斯主义与新古典宏观经济学两大学派的争论。主要目的是要学生掌握新古典宏观经济学的理论渊源、基本假设、卢卡斯模型，以及新凯恩斯主义的理论背景、主要观点、基本假设和新凯恩斯主义的总供给曲线和对宏观经济波动的独特考察。

【本章重点】

两大学派在总供给问题上的不同。

【本章难点】

各个模型的推导过程、经济学含义以及对于现实经济波动的解释。

【理论线索】

附加预期变量的菲利普斯曲线方程：$y=y_f+\lambda(P-P^e)$

- 古典宏观经济学的理论渊源：货币主义
  - 新货币数量论
  - $M=f\left(P,\ r_B,\ r_e,\ \frac{1}{P}\cdot\frac{dP}{dt},\ w,\ Y,\ u\right)$
  - 自然率假说
- 新古典宏观经济学的基本假设
  - 个人利益最大化
  - 理性预期
  - 市场出清
- 新古典宏观经济学的 *AD*—*AS* 模型
  - 卢卡斯总供给函数 $y=y^*+\gamma(P-\bar{P})$
  - 简化的新古典宏观经济模型 $p_t=m_t^e\frac{1}{\beta}(y_n-a_t^e)+\frac{1}{\gamma+\beta}[(a_t-a_t^e)+\beta(m_t-m_t^e)]$
  - 新古典经济模型的政策含义

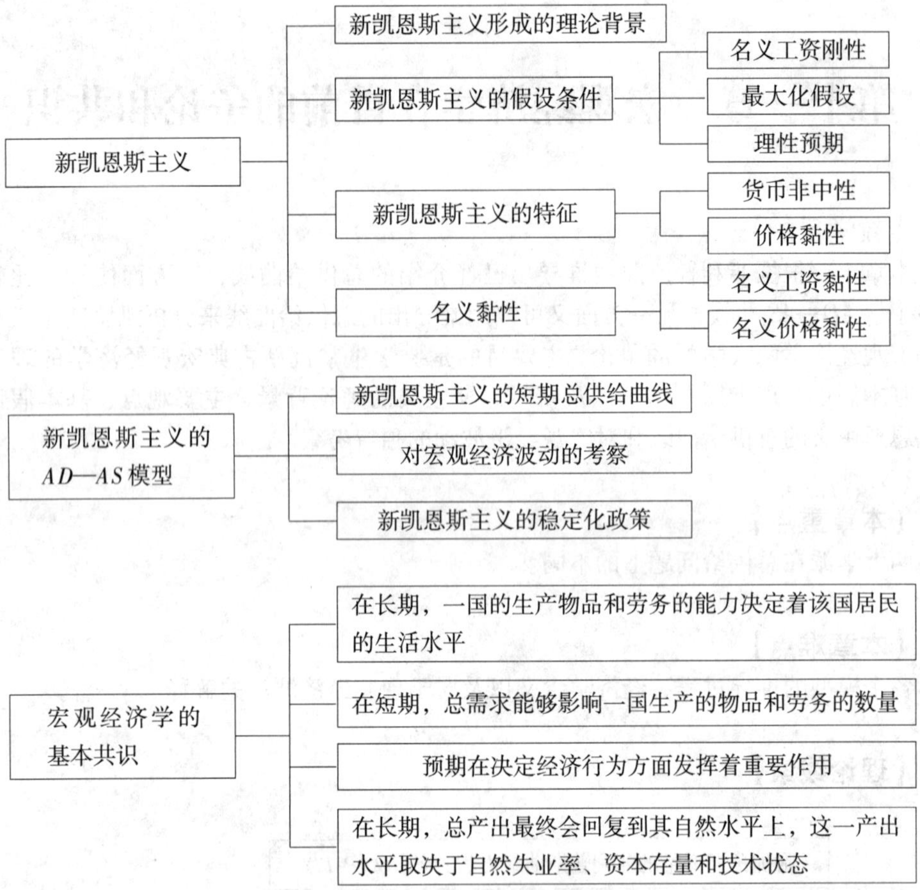

【本章习题】

一、名词解释

1. 交易方程
2. 剑桥方程
3. 新货币数量论
4. 自然率假说
5. 单一的货币政策规则
6. 理性预期
7. 卢卡斯批判
8. 传统总供给曲线
9. 附加预期变量的总供给曲线
10. 李嘉图等价定理
11. 效率工资

12. 菜单成本
13. 非市场出清假设

二、判断题

1. 根据弗里德曼提出的货币需求函数，当人力财富在总财富中所占的比例愈大，或非人力财富在总财富中所占的比例愈小，对货币的需求就愈小。(　)
2. 按照古典的自然率假说，资本主义在长期中不会存在非自愿失业的现象。(　)
3. 货币主义得名的原因是因为与凯恩斯主义不同，他们认为货币供给的变化会对经济产生实质性影响。(　)
4. 在新古典模型中，若一个国家的物价极不稳定，则当个别厂商发现其产品价格上升时，他会有增加生产的想法。(　)
5. 理性预期学派认为不可预期的货币政策具有中立性。(　)
6. 经济周期理论模型认为货币具有中立性。(　)
7. 理性预期主义假设人们不会犯错误。(　)
8. 卢卡斯批判反对人的理性预期假设。(　)
9. 与新古典经济学家不同，新凯恩斯主义者不承认理性预期，认为经济人是非理性的。(　)
10. 根据效率工资模型，如果企业是产品的价格制定者，企业调整价格的激励就比较大。(　)
11. 根据凯恩斯主义模型，在短期内由于价格黏性使经济不能迅速恢复到一般均衡，在长期，价格的灵活调整最终将使经济达到一般均衡。(　)
12. 新古典模型和凯恩斯主义模型都在理论上承认财政政策对经济的实际影响，因此关于制定并实施宏观财政政策，两者并无分歧。(　)
13. 新古典经济学家一般认为工资、价格、利率等变量的充分波动可以使宏观经济始终处于一般均衡状态。(　)
14. 货币主义者相信货币政策可以被用来对付总需求的扰动。(　)

三、单项选择题

1. 根据理性预期理论，(　)。
   A. 人们在预期通货膨胀时不会犯错误
   B. 在短期，失业率将保持在自然失业率之上
   C. 通货膨胀在短期内是不会改变的
   D. 以上都是正确的
2. 在古典模型均衡的观点下，货币流通速度（　）。
   A. 视利率而定　　B. 视就业水平而定
   C. 等于剑桥学派的 k　　D. 在短期内稳定

3. 以下哪个思想与凯恩斯有关（ ）。

A. 总需求
B. 货币市场与产品市场之间的联系
C. 黏性工资
D. 积极的政府
E. 以上各项都是

4. 货币主义者相信货币的流通速度是（ ）。

A. 不变的
B. 相当易变的
C. 短期内比长期内变动更大
D. 长期内比短期内变动更大

5. 几乎所有的经济学家都认为持续的通货膨胀是（ ）。

A. 不可能的
B. 一种纯货币现象
C. 糟糕的政府政策的结果
D. 欠发达国家才发生的

6. 以下哪种宏观经济学流派认为由于时滞的存在，政府有意识地试图刺激或紧缩经济，将会使得经济变得更加不稳定（ ）。

A. 凯恩斯主义学派
B. 货币主义学派
C. 新古典宏观经济学
D. 供给经济学派

7. 假设人们知道经济的真实模型并且以此作为行动的基础，我们称之为（ ）。

A. 货币数量理论
B. 实际经济周期理论
C. 卢卡斯供给函数
D. 理性预期假设

8. 卢卡斯供给函数认为实际产出取决于（ ）。

A. 利息率
B. 货币供应量
C. 技术
D. 实际价格水平与预期价格水平之间的差距

9. 根据实际经济周期理论，实际产出的波动（ ）。

A. 是由于 *AD* 曲线的移动引起的
B. 是由于 *AS* 曲线的移动引起的
C. 只有当 *AD* 曲线和 *AS* 曲线同时移动才引起的
D. 不能得到很好的解释

10. 削减税收以及减少政府管制的政策是与（ ）相联系的。

A. 凯恩斯主义经济学
B. 卢卡斯供给函数
C. 供给经济学
D. 实际经济周期理论

11. 新凯恩斯主义者认为劳动供给大于需求时（ ）。

A. 会产生非自愿失业
B. 工资会跌落
C. 会产生非自愿失业，工资会跌落
D. 工资不会跌落，也不会产生非自愿失业

12. 卢卡斯供给曲线表示的是（ ）。

A. GDP 和价格变动之间的正相关关系

B. GDP 和未被预期的价格变动之间的正相关关系

C. GDP 和预期的价格变动之间的正相关关系

D. GDP 和未被预期的价格变动之间的负相关关系

13. 根据卢卡斯的理性预期供给函数，一次预期的货币供给的减少将（　）。

A. 会降低价格水平，而不会减少 GDP

B. 会减少 GDP，而不会降低价格水平

C. 会降低价格水平和产量

D. 不会降低价格水平和产量

14. 根据标准的凯恩斯主义分析，在固定汇率制度下政府支出水平的一次增加将（　）。

A. 会导致对实际货币余额的需求的增加

B. 会导致对实际货币余额的需求的减少

C. 不会对实际货币余额的需求产生任何影响

D. 会导致名义货币供应的减少

15. 供给学派认为下列哪个因素具有重要的激励功效（　）。

A. 储蓄　　B. 投资

C. 扩大产出　　D. 努力工作

E. 上述答案都正确

16. 真实周期理论（　）。

A. 同样依赖于预期与竞争市场的假设

B. 将经济周期纯粹地解释为总供给的波动

C. 认为失业率是最低可持续失业率变动的结果

D. 上述答案都正确

E. 上述答案都不正确

17. 凯恩斯主义经济学认为（　）。

A. 当产出处在其潜在 GDP 水平之下时，总供给曲线是水平的或者向右上方倾斜的

B. 总供给曲线始终是水平的或向上方倾斜的

C. 总供给曲线无关紧要，起作用的只是总需求

D. 当失业率变动时，总供给曲线将出现波动

E. 当政府减税时，总供给曲线将出现波动

18. 根据前面各章的投资—储蓄模型，如果联储实施从紧的货币政策将导致（　）。

A. 储蓄和投资进而 GDP 水平降低

B. 投资水平上升，而 GDP 水平下降

C. 储蓄水平下降，而 GDP 水平上升

D. 投资进而 GDP 水平上升

E. 投资进而 GDP 水平下降

19. 根据理性预期的假设（　）。
   A. 绝大多数失业都是自愿的
   B. 在短期中货币政策是有效的，但在长期中是无效的
   C. 由于国会的耽误，财政政策在长期中是有效的，在短期中则是无效的
   D. 适当的环境下，任何政策都是有效的
   E. 上述答案都不正确
20. 货币数量论认为（　）。
   A. V 和名义 GDP 都是固定不变的
   B. V 和实际 GDP 都是固定不变的
   C. 只有 V 是固定不变的
   D. V 和价格水平是固定不变的
   E. 上述答案都是不正确的
21. 单一货币规则的内涵是（　）。
   A. 经济应该以固定的比率增长，而货币供给的增长率则是变化的
   B. 无论经济条件如何，货币供给都应以固定的比率增长
   C. 货币政策应维持一个稳定的实际利率
   D. 联储应与通货膨胀作斗争
   E. 萧条时期，货币供给的增长应该更快一些
22. 货币主义者相信（　）。
   A. 在短期内，货币供给决定名义 GDP 的规模
   B. 长期中，货币决定价格水平
   C. 财政政策基本上是无效的
   D. 在长期中，市场的力量将使产出维持在潜在的 GDP 水平上
   E. 上述答案都正确
23. 按照理性预期的观点，短期菲利普斯曲线（　）。
   A. 是水平的　　　　B. 向右上方倾斜
   C. 是垂直的　　　　D. 向右下方倾斜
   E. 根据不同的条件向不同的方向倾斜
24. 如果理性预期关于价格弹性的假设条件不存在的话，那么（　）。
   A. 阶段性的失业将不存在
   B. 短期菲利普斯曲线的斜率为负
   C. 政府将通过政策行为来追求短期的贸易平衡
   D. 预期假说的科学性将受到影响但不会被推翻
   E. 上述答案都正确

四、多项选择题

1. 新古典宏观经济学的基本假设包括（　　）。

A. 完全信息假设
B. 经济当事人的利益最大化
C. 理性预期
D. 政府是有效的
E. 市场出清

2. 理性预期假设包含以下几个方面内容（　　）。
A. 决策主体是理性经济人
B. 决策主体是有理性的
C. 决策主体力图得到一切相关信息
D. 决策主体是根据过去的经验对未来作出预期
E. 决策主体在预期时不会犯系统性的错误

3. 下列哪些人物是新古典宏观经济学的代表人物（　　）。
A. 萨缪尔森　　B. 萨金特
C. 卢卡斯　　D. 华莱士
E. 巴罗　　F. 曼昆

4. 下面哪几项不属于货币主义的货币需求函数的内容（　　）。
A. 利息率　　B. 货币的交易需求
C. 货币的投机需求　　D. 预期股票收益率
E. 古董字画

5. 20 世纪 80 年代美国里根政府与英国撒切尔夫人政府期间，所实施的供给学派的政策主张包括三个方面。第一方面就是将注意力由凯恩斯主义的短期均衡模型转向中期的经济模型，其原因在于（　　）。
A. 供给学派认为总供给曲线是接近于垂直的
B. 劳动市场的供给大于需求，价格和工资会迅速作出反应，总需求对于 GDP 产生极小的影响
C. 如果供给曲线是垂直的，那么总供给曲线的移动有效地提高国民收入，并降低价格水平
D. 如果供给曲线接近于水平，它的移动将轻微地降低实际 GDP，并提高价格水平
E. 个人所得税的下调将影响总需求

6. 下列情况中哪几种是凯恩斯主义者针对失业可能提出的政策建议（　　）。
A. 增加政府支出　　B. 减税
C. 增加货币供给　　D. 减少政府支出
E. 控制货币增长

7. 现代货币主义学派主要以下列哪三个命题为依据（　　）。
A. 货币供给的增长是名义 GDP 增长的基本决定因素
B. 价格和工资对于过度的供给或需求的反应是十分灵活的
C. 私人部门的发展是稳定的

D. 需求创造自己的供给

E. 供给创造自己的需求

8. 基于上述命题，货币主义者坚信（　　）。

A. 宏观经济政策是有效的

B. 扩大货币供应量

C. 宏观经济的波动是由货币供给的不规则增长引起的

D. 积极的政府干预应该取消

E. 持续的年 3% ~5% 的货币供给增长率将导致价格和工资的稳定且不产生任何的痛苦

五、计算题

1. 某经济生产函数为 $Y=A(100L-0.5L^2)$，其中 Y 表示总产出，A 表示生产率，L 表示工作小时数。劳动的供给函数为 $S_L=10+0.5w$，其中 w 表示实际工资。假设初始时 $A=2.0$。计算：

（1）一个有利的技术冲击使 A 增加到 2.5，求技术冲击前后均衡的总产出、工时数和实际工资水平，这说明了什么问题？

（2）一个不利的技术冲击使 A 减少到 1.5，求技术冲击前后均衡的总产出、工时数和实际工资水平，这说明了什么问题？

2. 某经济有如下关系：

卢卡斯供给曲线　$Y=2\,000(P-P^e)+Y^*$

充分就业产出　$Y^*=4\,000$

总需求曲线　$Y=1\,000+3M/P$

货币供给　$M=1\,000$

（1）假设某一时期经济已处于潜在产出水平，并在近期内预期政策不变，求价格水平。

（2）假设中央银行宣布将货币供给增加到 1 500，公众预期到货币供给增加。当货币供给量增加后，产出水平和价格水平的均衡值是多少？

（3）假设中央银行宣布将货币供给增加到 1 500，但实际上增加到 2 000，求出新的产出水平和价格水平的均衡值。

（4）以上结论验证了新古典主义的什么观点？

六、简答题

1. 简述货币主义的主要观点和政策主张。
2. 简述新古典宏观经济学的假设条件。
3. 推导卢卡斯总供给曲线。
4. 推导新凯恩斯主义的总供给曲线。
5. 说明宏观经济政策的时间不一致性。

6. 从菲利普斯曲线推导总供给曲线。
7. 理性预期和适应性预期有何不同?
8. 黏性价格假定有什么重要性?
9. 效率工资理论与工资黏性有什么关系?
10. 说明新凯恩斯主义对于经济波动的解释。

七、论述题

1. 说明宏观经济学目前的主要共识和尚未解决的问题。
2. 给出两个西方学者将微观经济学应用于宏观经济分析的例子。
3. 比较新凯恩斯学派和新古典学派，两者的主张有何基本的共识和差距?
4. 根据实际经济周期理论，持久性和暂时性的技术冲击对经济应该有完全不同的影响。用罗宾逊·克鲁索的故事来比较暂时性冲击（预期好天气只持续几天）与持久性冲击（气候的有利的变动）的影响。哪一种冲击对克鲁索的工作努力程度影响更大?对 GDP 影响更大?这些冲击中的哪一种会减少工作努力程度?

宏观经济学模拟试卷一

一、名词解释（每题3分，共15分）

1. 国内生产总值
2. 边际消费倾向
3. 挤出效应
4. 菲利普斯曲线
5. 内生经济周期理论

二、判断题（每题1分，共10分）

1. 个人从公司债券和政府债券上都获得利息收入，则按照收入法，两种利息都应计入 GDP。（　）

2. 政府购买和税收同时增加一定数量时，国民收入会减少。（　）

3. *IS* 曲线是描述产品市场达到均衡时，国民收入与价格之间关系的曲线。（　）

4. “货币幻觉”的存在隐含了这样一种可能：假如不存在其他限制，政府通过制造通货膨胀起码在短期内会增加产出和就业。（　）

5. 扩张性财政政策会增加预算赤字或减少预算盈余，紧缩性财政政策会增加预算盈余或减少预算赤字。因此，可以根据预算盈余或预算赤字的变化来判断财政政策的方向。（　）

6. 物价水平的变动会引起总需求曲线平行移动。（　）

7. 长期总供给曲线的位置取决于制度、资源与技术进步。（　）

8. 结构性失业的最大特点是劳动力供求总量大体相当，但却存在着结构性的供求矛盾。（　）

9. 一国实行固定汇率，当制定的官方汇率使本币被高估，高于均衡汇率时，套利者就会在外汇市场上用本币购买外汇，然后将外汇卖给中央银行换回本币。（　）

10. 乘数原理和加速原理都是说明投资的决定的。（　）

三、单项选择题（每题1分，共20分）

1. 假如一套住宅于2000年上半年建造并以9 000美元出售，下半年出租，租金为600美元，同期折旧90美元，则该年度与此经济活动有关的总投资、消费和GDP分别为（　）。

　A. 9 000美元、600美元和9 600美元

　B. 0美元、9 600美元和9 600美元

C. 8 910 美元、600 美元和 9 510 美元

D. 9 000 美元、1 200 美元和 9 600 美元

2. 下列指标中哪一个是存量指标（ ）。

A. 收入　　B. 投资

C. 资本　　D. 进出口

3. 如消费函数为一条向右上方倾斜的直线，则边际消费倾向（ ），平均消费倾向（ ）。

A. 递减；递减　　B. 递减；不变

C. 不变；不变　　D. 不变；递减

4. 如果净税收增加 10 亿美元，会使 *IS* 曲线（ ）。

A. 右移税收乘数乘以 10 亿美元

B. 左移税收乘数乘以 10 亿美元

C. 右移支出乘数乘以 10 亿美元

D. 左移支出乘数乘以 10 亿美元

5. 如果货币市场均衡方程为 $r=\frac{k}{h}Y-\frac{M}{hP}$，则引致 *LM* 曲线变得平坦是由于（ ）。

A. k 变小，h 变大　　B. k 和 h 同比例变大

C. k 变大，h 变小　　D. k 和 h 同比例变小

6. 在古典区域中，下列哪种说法是对的（ ）。

A. 货币政策有效

B. 财政政策有效

C. 货币政策无效

D. 货币政策和财政政策同样有效

7. 当处于凯恩斯主义极端时，有（ ）。

A. 货币需求处于“流动陷阱”中

B. 增加货币供给将使 *LM* 降低

C. $h=0$，货币政策乘数等于 $1/k$

D. $d=\infty$，财政政策乘数等于政府开支乘数

8. 紧缩性货币政策会导致（ ）。

A. 减少货币供给量，利率降低

B. 增加货币供给量，利率提高

C. 减少货币供给量，利率提高

D. 增加货币供给量，利率降低

9. 如果政府增加个人所得税的量与政府支出相等，其影响可能是（ ）。

A. 总支出净额下降　　B. 总支出净额上升

C. 总支出净额不变　　D. 无法确定

10. 给定一个劳动需求函数，根据所画的劳动力需求曲线，有（ ）。

A. 价格水平上升，名义工资不变，则劳动需求量减少

B. 价格水平上升，名义工资不变，则劳动需求量增加

C. 价格水平和名义工资同比例增加时，劳动需求量增加

D. 价格水平和名义工资同比例增加时，劳动需求量减少

11. 古典总供给曲线存在的条件是（ ）。

A. 产出水平由充分就业水平决定

B. 劳动力市场的均衡不受劳动力需求曲线移动的影响

C. 劳动力市场的均衡不受劳动力供给曲线移动的影响

D. 劳动力需求和劳动力供给立即对价格水平的变化作出调整

12. 失业率的计算是用（ ）。

A. 失业工人的数量除以工人的数量

B. 劳动力总量除以失业工人的数量

C. 失业工人的数量除以劳动力的总量

D. 就业工人的数量除以失业工人的数量

13. 经济增长在图形上表现为（ ）。

A. 生产可能性曲线内的某一点向曲线上方移动

B. 生产可能性曲线向外移动

C. 生产可能性曲线外的某一点向曲线上方移动

D. 生产可能性曲线上的某一点沿曲线移动

14. 经济周期的四个阶段依次是（ ）。

A. 繁荣、萧条、衰退、复苏　　B. 繁荣、衰退、萧条、复苏

C. 复苏、衰退、萧条、繁荣　　D. 衰退、萧条、复苏、繁荣

15. 下面有关凯恩斯主义者和新古典经济学家的观点哪个是正确的（ ）。

A. 凯恩斯主义认为失业不是一个很严重的问题；古典主义认为是

B. 凯恩斯主义认为经济总是处在不均衡状态；古典主义认为是

C. 凯恩斯主义认为大多数人出于相同的原因进行储蓄和投资；古典主义认为不是

D. 凯恩斯主义认为经济不一定总处于充分就业的状态；古典主义认为是

16. 利率和收入的组合点出现在 *IS* 曲线右上方、*LM* 曲线左上方的区域中，则表示（ ）。

A. 投资小于储蓄且货币需求小于货币供给

B. 投资小于储蓄且货币供给小于货币需求

C. 投资大于储蓄且货币需求小于货币供给

D. 投资大于储蓄且货币需求大于货币供给

17. 总供给曲线倾斜的原因可能是（ ）。

A. 劳动力供给立即对劳动力需求的变化作出调整

B. 劳动力需求立即对劳动力供给的变化作出调整

C. 劳动力需求立即对价格水平的变化作出调整，但劳动力供给却不受影响

D. 劳动力供给立即对价格水平的变化作出调整，但劳动力需求却不受影响

18. 净税收和政府购买性支出的等量增加，使得 *IS* 曲线（ ）。

A. 不变

B. 向右平移 $K_b \cdot \Delta G$ 单位

C. 向左平移 $K_b \cdot \Delta G$ 单位（这里 K_b 指平衡预算乘数）

D. 向右平移 K_b 单位

19. 在投资乘数，政府购买乘数，税收乘数和政府转移支付乘数之间，下列关系中一定成立的是（ ）。

A. $k_{t_r} + k_t = 1$　　B. $k_t = k_{t_r}$

C. $k_t < 0 < k_{t_r} < k_g = k$　　D. $k_i + k_g = 1$

20. 已知 $MPC = 2/3$，如投资与储蓄同时增加 25 亿美元，则收入水平（ ）。

A. 上升 75 亿美元　　B. 无变化

C. 降低 25 亿美元　　D. 上升 25 亿美元

四、多项选择题（每题 2 分，共 10 分）

1. 下列行为中，属于经济学上的投资的是（ ）。

A. 企业增加一笔存货

B. 建造一座住宅

C. 个人购买的计算机

D. 个人在二级市场上购买的股票

E. 个人购买的文物

2. 两部门模型的投资乘数等于（ ）。

A. 收入变化除以投资变化　　B. 投资变化除以收入变化

C. 边际储蓄倾向的倒数　　D.（$1 - MPC$）的倒数

E. 边际消费倾向的倒数

3. 以下关于 *IS* 曲线斜率的判断，正确的是（ ）。

A. 投资需求对利率变化的反应程度敏感，*IS* 曲线较为平缓

B. 投资需求对利率变化的反应程度敏感，*IS* 曲线较为陡峭

C. 边际消费倾向越大，*IS* 曲线越平缓

D. 边际消费倾向越大，*IS* 曲线越陡峭

E. 边际税率越大，*IS* 曲线越平缓

4. 财政政策和货币政策的组合方式有（ ）。

A. 采用紧缩性的财政政策和紧缩性的货币政策组合

B. 采用扩张性的财政政策和紧缩性的货币政策组合

C. 采用紧缩性的财政政策和扩张性的货币政策组合

D. 采用扩张性的财政政策和扩张性的货币政策组合

5. 下列说法中，正确的是（　　）。

A. 一般而言，在长期生产函数中，所有投入要素的数量均可以变动；在短期生产函数中，所有投入要素的数量均不可变动

B. 在有关总需求和总供给的研究中，常使用资本量不变的生产函数

C. 充分就业量即所有劳动力都得到工作时的总就业量

D. 潜在产量受价格水平变动的影响

E. 价格水平变化时，潜在就业量会发生变动

五、计算题（第1题8分，第2题7分，共15分）

1. 假设经济模型为 $c = 20 + 0.75(y - t)$，$i = 380$，$g = 400$，$t = 0.20y$，$y = c + i + g$。

（1）计算边际消费倾向。

（2）税收的公式表明当收入增加100时，税收增加20，所以可支配收入增加80，消费增加60（$=0.75 \times 80$）。画出收入 Y 的消费函数及意愿支出曲线，标明其斜率及纵轴截距。

（3）计算均衡的收入水平。

（4）在均衡的收入水平下，政府预算盈余为多少？

（5）若从400增加到410，计算政府支出乘数，并解释它不等于 $1/(1 - MPC)$ 的原因（MPC 为边际消费倾向）。

2. 若货币交易需求为 $L_1 = 0.20y$，货币投机性需求 $L_2 = 2\,000 - 500r$。

（1）写出货币总需求函数。

（2）当利率 $r = 6$，收入 $y = 10\,000$ 亿美元时，货币需求量为多少？

（3）若货币供给 $Ms = 2\,500$ 亿美元，收入 $y = 6\,000$ 亿美元时，可满足投机性需求的货币是多少？

（4）当收入 $y = 10\,000$ 亿美元，货币供给 $Ms = 2\,500$ 亿美元时，货币市场均衡时的利率为多少？

六、简答题（每题6分，共18分）

1. 试述凯恩斯的短期消费函数的形式和特点。

2. 为什么货币需求对利率变动越敏感，财政政策效果越大？

3. 假定政府考虑用这种紧缩政策：一是取消投资津贴，二是增加所得税，用 *IS*—*LM* 曲线和投资需求曲线表示这两种政策对收入、利率和投资的影响。

七、论述题（12分）

试述在四部门经济中，国民收入是怎样形成均衡的。

宏观经济学模拟试卷二

一、名词解释（每题3分，共15分）

1. 经济增长
2. *LM* 曲线
3. 充分就业
4. 通货膨胀
5. 浮动汇率制

二、判断题（每题1分，共10分）

1. 住宅建筑支出不是被看作耐用消费品消费支出而是被看作是投资支出的一部分。（ ）

2. 潜在 GDP 实际上就是实际 GDP。（ ）

3. 在每一收入水平上意愿投资额的减少会减少总需求，但总需求的减少少于投资额的减少。（ ）

4. *LM* 曲线的斜率不变时，*IS* 曲线越平坦，*IS* 曲线移动对国民收入变动的影响就越小。（ ）

5. 经济增长从谷底水平扩张到正常水平称为繁荣阶段。（ ）

6. 通货膨胀意味着不同的商品价格将按相同的比例上升。（ ）

7. 假如中央银行要增加货币供给量，它可以命令成员银行来增加贴现。（ ）

8. *IS* 曲线表示投资与储蓄怎样随国民收入的变化而变化。（ ）

9. 在 *IS* 曲线和 *LM* 曲线相交的时候所形成的均衡的国民收入一定是充分就业的国民收入。（ ）

10. 自动稳定器能够消除经济萧条和通货膨胀。（ ）

三、单项选择题（每题1分，共20分）

1. 在两部门经济中，当（ ）时，达到均衡。

A. 实际储蓄 = 实际投资　　B. 实际的消费 + 实际的投资 = 产出值

C. 计划储蓄 = 计划投资　　D. 总支出 = 企业部门的收入

2. 已知某国年初资本品存量为10 000 亿美元，它在本年度生产了2 500 亿美元的资本品，资本消耗折旧是2 000 亿美元。则该国在本年度的总投资和净投资分别为（ ）。

A. 2 500 和500　　B. 12 500 和10 500

C. 2 500 和 2 000　　D. 7 500 和 8 000

3. 在两部门经济中，如果边际消费倾向值为 0.8，那么投资乘数值为（　）。

A. 1.6　　B. 2.5

C. 5　　D. 4

4. 在两部门经济中，若现期 GDP 水平为 5 000 亿元，消费者希望从中支出 3 900 亿元消费，计划投资支出总额为 1 200 亿元，这些数据表明（　）。

A. GDP 不在均衡水平，将下降

B. GDP 不在均衡水平，将上升

C. GDP 在均衡水平

D. 不确定

5. 如果边际储蓄倾向为 0.3，投资支出增加 60 亿元，可以预期，这将使得均衡 GDP 增加（　）亿元。

A. 20　　B. 60

C. 180　　D. 200

6. 如果消费函数为 $c = 100 + 0.8(y - t)$，并且税收和政府支出同时增加 100 元，则均衡的收入水平将（　）。

A. 保持不变　　B. 增加 200 元

C. 增加 100 元　　D. 下降 200 元

7. 货币的投机需求主要取决于（　）。

A. 利率高低　　B. 未来的收入水平

C. 预防动机　　D. 物价水平

8. 自发投资支出增加 10 亿元，将使得 *IS* 曲线（　）。

A. 右移 10 亿元　　B. 左移 10 亿元

C. 右移支出乘数乘以 10 亿元　D. 左移支出乘数乘以 10 亿元

9. 假定 *IS* 曲线和 *LM* 曲线的交点所表示的均衡国民收入低于充分就业水平，那么如果要达到充分就业水平而不让利率上升，政府应该（　）。

A. 增加政府支出

B. 在增加政府支出的同时增加货币供给量

C. 减少货币供给量

D. 在减税的同时减少货币供给量

10. 如果货币市场均衡方程为 $r = \frac{k}{h}y - \frac{M}{hP}$，则引起 *LM* 曲线变得陡峭是由于（　）。

A. k 变小，h 变大　　B. k 和 h 同比例变大

C. k 变大，h 变小　　D. k 和 h 同比例变小

11. 根据现代关于经济周期的定义，经济周期是指（　）。

A. 名义 GDP 值上升和下降的交替过程

B. 人均 GDP 值上升和下降的交替过程

C. GDP 值增长率上升和下降的交替过程

D. 实际 GDP 值上升和下降的交替过程

12. 黄金分割律是（ ）。

A. 一个遥远的目标

B. 储蓄率等于人口增长率的原则

C. 资本边际产出等于人口增长率的原则

D. 短期提高人均产出的规律

13. 当国民收入水平提高，而政府又没有采用任何财政政策，下列哪种情况肯定发生（ ）。

A. 政府支出增加　　B. 政府财政赤字增加

C. 政府税收增加　　D. 政府税收减少

14. 应用 *IS—LM* 模型进行总需求曲线推导过程中，下列哪个说法是正确的（ ）。

A. 价格下降，*IS* 曲线右移　　B. 价格下降，*IS* 曲线左移

C. 价格下降，*LM* 曲线右移　　D. 价格下降，*LM* 曲线左移

15. 假定经济已经实现了充分就业且总供给曲线是垂直线，扩张性货币政策效应是（ ）。

A. 提高价格水平和实际产出

B. 提高价格水平但不影响实际产出

C. 提高实际产出但不影响价格水平

D. 对价格水平和产出均无影响

16. 某人由于钢铁行业不景气而失去工作，这种失业属于（ ）。

A. 摩擦性失业　　B. 结构性失业

C. 周期性失业　　D. 永久性失业

17. 以下对通货膨胀的描述正确的是（ ）。

A. 货币发行量过多而引起的一般物价水平普遍持续的上涨是通货膨胀

B. 房屋价格的不断上涨，就是通货膨胀

C. 通货膨胀是价格水平的偶然上涨

D. 货币发行量过多导致的股票价格上涨就是通货膨胀。

18. 菲利普斯曲线说明（ ）。

A. 通货膨胀由过程需求引起

B. 通货膨胀导致失业

C. 通货膨胀与失业率之间呈正相关

D. 通货膨胀与失业率之间呈负相关

19. 经济增长在图形上表现为（ ）。

A. 生产可能性曲线内的某一点向曲线上方移动

B. 生产可能性曲线向外移动

C. 生产可能性曲线外的某一点向曲线上方移动

D. 生产可能性曲线上某一点沿曲线移动

20. 一个家庭当其收入为零时，消费支出为3 000元；当其收入为8 000元时，其消费支出为6 000元，在图形上，消费和收入之间成一条直线，则边际消费倾向为（　）。

A. 3/8　　B. 2/3

C. 3/4　　D. 1

四、多项选择题（每题2分，共10分）

1. 根据失业发生的原因，宏观经济学通常将失业划分为（　　）。

A. 摩擦性失业　　B. 结构性失业

C. 周期性失业　　D. 自愿失业

E. 非自愿失业

2. 当货币升值时，为了维持固定的汇率，下列哪些是政府需要采取的措施？（　　）

A. 购买本国货币　　B. 买入贸易伙伴的货币

C. 买入其他国家的货币　　D. 买入部分黄金储备

E. 卖出本国货币

3. 下列哪些不会使人民币升值（　　）。

A. 对人民币需求的减少　　B. 对人民币供给的减少

C. 对中国出口品需求的减少　　D. 外国人在中国旅游的减少

E. 以上都不是

4. 为了提高经济增长率，可以采取的措施是（　　）。

A. 加强政府的宏观调控

B. 刺激消费水平

C. 较少工作时间

D. 推广基础科学及应用科学的研究成果

E. 政府提供良好的教育、培训体系

5. 理性预期假设包含以下几个方面内容（　　）。

A. 决策主体是理性经济人

B. 决策主体是有理性的

C. 决策主体力图得到一切相关信息

D. 决策主体是根据过去的经验对未来作出预期

E. 决策主体在预期时不会犯系统性的错误

五、计算题（第1题7分，第2题8分，共15分）

1. 假设有一个经济可用下面的函数描述：$c=50+0.8y_d$，$i=150$，$g=200$，$t_r=100$，税率$=0.35$，求均衡收入。

2. 已知某小国在封闭条件下的消费函数为$c=305+0.8y$，投资$i=395-200r$，货

币供给 $M=150$，货币的需求函数 $L=0.4y-100r$（单位：亿美元）。

（1）求 *IS* 和 *LM* 曲线。

（2）求产品市场和货币市场同时均衡时的利率和收入。

六、简答题（每题 6 分，共 18 分）

1. 简述国民收入核算中统计国内生产总值的支出法。
2. 何为自动稳定器？说明它对缓和经济波动的作用。
3. 中央银行的货币政策工具主要有哪些？

七、论述题（12 分）

财政政策对抵消各种对经济运行有冲击的干扰有显著的作用，请问有哪些具体的财政政策？并简要说明它们的运用。

宏观经济学模拟试卷三

一、名词解释（每题 3 分，共 15 分）

1. 均衡产出
2. *IS* 曲线
3. 经济周期
4. 凯恩斯陷阱
5. 消费函数

二、判断题（每题 1 分，共 10 分）

1. 政府的转移支付是国内生产总值构成中的一部分。（ ）

2. 在短期内，如果居民的可支配收入等于 0，则居民的消费支出也等于 0。（ ）

3. 边际消费倾向与边际储蓄倾向之和等于 1，而平均消费倾向与平均储蓄倾向之和大于 1。（ ）

4. *LM* 曲线的斜率不变时，*IS* 曲线越平坦，*IS* 曲线移动对国民收入变动的影响就越小。（ ）

5. 经济增长从谷顶水平收缩到正常水平称为萧条阶段。（ ）

6. 在达到充分就业以前，扩张性的财政政策对经济有百利而无一害。（ ）

7. *LM* 曲线反映货币需求量与货币供给量怎样随着利息率的变化而变化。（ ）

8. 只要政府支出挤出的私人支出小于 100%，政府支出的增加就能刺激国民收入的增长。（ ）

9. 某人出售一幅旧油画所得到的收入，应该构成当年国内生产总值的一部分。（ ）

10. 内在稳定器有助于缓和经济的波动。（ ）

三、单项选择题（每题 1 分，共 20 分）

1. 在一个四部门的经济中，GDP 是（ ）的总和。

   A. 消费、总投资、政府购买和净出口
   B. 消费、净投资、政府购买和净出口
   C. 消费、总投资、政府购买和总出口
   D. 工资、地租、利息、利润和折旧

2. 经济学上的投资是指（ ）。

   A. 企业增加一笔存货　　B. 建造一座住宅
   C. 企业购买一台计算机　　D. 以上都是

3. 如果消费函数为 $c=100+0.8(y-t)$，那么政府支出乘数为（　）。

A. 0.8　　B. 1.25

C. 4　　D. 5

4. GDP 的均衡水平与充分就业的 GDP 水平的关系是（　）。

A. GDP 的均衡水平不可能是充分就业的 GDP 水平

B. GDP 的均衡水平就是充分就业的 GDP 水平

C. GDP 的均衡水平可能是也可能不是充分就业的 GDP 水平

D. 除了特殊失衡状态，GDP 的均衡水平通常是充分就业的 GDP 水平

5. 给定消费函数 $c=40+0.8y_d$，净税收 $t=20$，投资 $i=70-0.5r$，净税收增加 10 单位使 *IS* 曲线（　）。

A. 右移 10 单位　　B. 左移 10 单位

C. 右移 40 单位　　D. 左移 40 单位

6. 对利率反映最敏感的是（　）。

A. 货币的交易需求　　B. 货币谨慎需求

C. 货币投机需求　　D. 三者都有

7. 自发投资支出增加 15 亿元，将使得 *IS* 曲线（　）。

A. 右移 15 亿元　　B. 左移 15 亿元

C. 右移支出乘数乘以 15 亿元　　D. 左移支出乘数乘以 15 亿元

8. 加速原理断言（　）。

A. GDP 的增加导致投资数倍增加

B. GDP 的增加导致投资数倍减少

C. 投资的增加导致 GDP 数倍增加

D. 投资的增加导致 GDP 数倍减少

9. 紧缩性货币政策会导致（　）。

A. 减少货币供给量，利率降低

B. 增加货币供给量，利率提高

C. 减少货币供给量，利率提高

D. 增加货币供给量，利率提高

10. 政府的财政收入政策通过（　）因素对国民收入产生影响。

A. 政府转移支付　　B. 政府购买

C. 消费支出　　D. 出口

11. *AD—AS* 模型是在 *IS—LM* 模型基础上推导出来的，它改变的一个基本假设是（　）。

A. 投资由利率决定　　B. 货币需求受利率和收入的影响

C. 价格不变　　D. 充分就业

12. 无论在凯恩斯或者古典供给条件下，财政扩张都会使得（　）。

A. 总产量上升　　B. 利率上升

C. 价格上升　　D. 均有可能

13. 由于经济萧条而形成的失业，属于（　）。

A. 摩擦性失业　　B. 结构性失业

C. 周期性失业　　D. 永久性失业

14. 边际消费倾向小于1意味着当前可支配收入的增加将使意愿的消费支出（　）。

A. 增加，但幅度小于可支配收入的增加幅度

B. 有所下降，这是由于收入的增加会增加储蓄

C. 增加，幅度等于可支配收入的增加幅度

D. 保持不变，这是由于边际储蓄倾向同样小于1

15. 在美国一杯热可可卖5美元。在澳大利亚同样的热可可卖10澳大利亚元，如果汇率是2澳大利亚元兑1美元，则实际汇率是（　　）。

A. 1/2杯澳大利亚热可可换1杯美国热可可

B. 1杯澳大利亚热可可换1杯美国热可可

C. 2杯澳大利亚热可可换1杯美国热可可

D. 以上都不正确

16. 美国政府在日本的支出增加（　）

A. 使美国的GDP受到与日元贬值一样的影响

B. 会使美国的GDP和日本的GDP增加一样多

C. 会使美国的GDP比日本的GDP增加得少

D. 会导致美国GDP下降

17. 长期菲利普斯曲线（　）。

A. 向右下方倾斜　　B. 向右上方倾斜

C. 平行于横轴　　D. 垂直于横轴

18. 增加国防开支而无相应的增税措施，将会引起（　）。

A. 价格上涨和GDP上升　　B. 价格上涨和GDP下降

C. 价格下降和GDP下降　　D. 价格下降和GDP上升

19. 引入国际市场的四部门模型与三部门模型相比，乘数效应将（　）。

A. 变小　　B. 变大

C. 不变　　D. 不能确定

20. *IS*曲线上满足$I = S$的收入和利率的组合点有（　）。

A. 无数个　　B. 一个

C. 一个或无数个　　D. 一个或无数个都不可能

四、多项选择题（每题2分，共10分）

1. 在理解国内生产总值时要注意（　　）。

A. 国内生产总值是一年内生产出来的产品的总值

B. 国内生产总值是指最终产品的总值

C. 国内生产总值中最终产品只包括有形的产品
D. 国内生产总值指最终产品市场价值总和
E. 国内生产值是指一年内在本国领土所生产的最终产品的价值总和

2. 根据凯恩斯消费函数，下列（　　）因素会引起消费的增加。
A. 价格水平下降　B. 收入增加
C. 储蓄增加　D. 利率提高
E. 边际消费倾向增大

3. 影响投资决策的两个基本因素是（　　）。
A. 市场利息率　B. 贴现率
C. 股票价格　D. 预期收益率
E. 资本品的供应价格

4. 两部门模型中当计划投资大于计划储蓄时（　　）。
A. 计划产量大于均衡收入水平
B. 计划产量小于均衡收入水平
C. 产品供不应求，企业会扩大生产
D. 产品供过于求，企业会减少生产
E. 产品供过于求，企业会扩大生产

5. 以下哪种情况，货币政策效果极大（　　）。
A. 凯恩斯主义极端　B. 古典主义极端
C. *IS* 曲线垂直，*LM* 曲线水平　D. *IS* 曲线水平，*LM* 曲线垂直

五、计算题（第 1 题 7 分，第 2 题 8 分，共 15 分）

1. 假设某经济的消费函数为 $c=100+0.8y_d$，投资为 50，政府购买支出为 200，政府转移支付为 62.5，税收为 250（单位：10 亿元），求均衡收入。

2. 假设一个只有家庭和企业的两部门经济中，消费 $c=100+0.8y$，投资 $i=200-500r$，货币供给 $M=150$，货币需求 $L=0.2y-4r$（单位：亿美元）。

（1）求 *IS* 和 *LM* 曲线。

（2）求产品市场和货币市场同时均衡时的利率和收入。

六、简答题（每题 6 分，共 18 分）

1. 如果甲乙两国合并成一国，对 GDP 总和会有何影响？
2. 什么是斟酌使用的财政政策？
3. 摩擦性失业与结构性失业相比，哪一种失业问题更严重？为什么？

七、论述题（12 分）

怎样运用货币政策来影响宏观经济活动水平？并阐述中央银行的作用。

宏观经济学模拟试卷四

一、名词解释（每题3分，共15分）

1. 实际GDP

2. 边际储蓄倾向

3. 财政政策

4. 非市场出清假设

5. 自然失业率

二、判断题（每题1分，共10分）

1. 总投资增加时，资本存量就增加。（　）

2. 通货膨胀使货币所有者的利益下降。（　）

3. 从图形上来看，经济增长表现为生产可能性曲线上的某一点沿曲线向上方移动。（　）

4. 政府支出的变化直接影响总需求，但税收和转移支付则是通过它们对私人消费和投资的影响间接影响总需求。（　）

5. 总需求的三个项目，消费、投资、政府开支，其中任何一个项目发生变化，由此引致的国民收入增量是一样的。（　）

6. 从微观利益出发愿意持有的货币数量称为货币需求。（　）

7. 提高存款准备金比率会增加货币供应量。（　）

8. 政府抛售公债的目的主要是减少货币需求。（　）

9. 总供给—总需求模型是决定实际GDP和物价水平之间关系的模型。（　）

10. *LM*曲线的斜率不变时，*IS*曲线越平坦，*IS*移动对国民收入变动的影响就越小。（　）

三、单项选择题（每题1分，共20分）

1. 下列哪一项不列入国内生产总值的核算（　）。

   A. 出口到国外的一笔货物

   B. 政府给贫困家庭发放的一笔救济金

   C. 经纪人为一座旧房屋买卖收取的佣金

   D. 保险公司收到的一笔家庭财产保险

2. 已知某国年初资本品存量为100亿美元，它在本年度生产了25亿美元的资本品，资本消耗折旧是20亿美元。则该国在本年度的总投资和净投资分别为（　）。

A. 25 亿美元和 5 亿美元　　B. 125 亿美元和 105 亿美元
C. 25 亿美元和 20 亿美元　　D. 75 亿美元和 80 亿美元

3. 下面哪一种情况使国民收入增加得最多（　）。
A. 政府对高速公路的护养开支增加 250 亿美元
B. 政府转移支付增加 250 亿美元
C. 个人所得税减少 250 亿美元
D. 企业储蓄减少 250 亿美元

4. GDP 的均衡水平与充分就业的 GDP 水平的关系是（　）。
A. GDP 的均衡水平不可能是充分就业的 GDP 水平
B. GDP 的均衡水平就是充分就业的 GDP 水平
C. GDP 的均衡水平可能是也可能不是充分就业的 GDP 水平
D. 除了特殊失衡状态，GDP 的均衡水平通常是充分就业的 GDP 水平

5. 假定 *IS* 曲线与 *LM* 曲线的交点所表示的均衡国民收入低于充分就业水平，那么如果要达到充分就业水平而不让利率上升，政府应该（　）。
A. 增加政府支出
B. 在增加政府支出的同时增加货币供给量
C. 减少货币供给量
D. 在减税的同时减少货币供给量

6. 自发投资支出增加 15 亿美元，会使 *IS* 曲线（　）。
A. 右移 15 亿美元
B. 左移 15 亿美元
C. 右移支出乘数乘以 15 亿美元
D. 左移支出乘数乘以 15 亿美元

7. 如果人们增加收入，则增加的将是（　）。
A. 货币的交易需求　　B. 货币的投机需求
C. A 和 B　　D. 都不变动

8. （　）的情况下 *LM* 曲线向右方移动。
A. 名义利率下降　　B. 总产量增加
C. 货币需求增加　　D. 货币供给增加

9. 按照凯恩斯货币理论，货币供给增加将（　）。
A. 降低利率，从而减少投资
B. 降低利率，从而增加投资
C. 提高利率，从而减少投资
D. 提高利率，从而增加投资

10. 货币供给的变动如果对均衡收入的影响不大，是因为（　）。
A. 私人部门的支出对利率更敏感
B. 私人部门的支出对利率不敏感

C. 支出乘数较大

D. 货币需求对利率不敏感

11. 扩张性财政政策的一般效应为（ ）。

A. 消费需求增加　　B. 投资需求增加

C. 总需求增加　　D. 三者都有

12. 当经济出现通货膨胀但不十分严重的时候，可以（ ）。

A. 采用扩张性财政政策和紧缩性货币政策组合

B. 采用扩张性货币政策和紧缩性财政政策组合

C. 采用紧缩性财政政策和紧缩性货币政策组合

D. 只采用紧缩性货币政策组合

13. 中央银行在公开市场卖出政府债券是企图（ ）。

A. 筹集一笔资金帮助政府弥补财政赤字

B. 减少商业银行在中央银行的存款

C. 减少流通中基础货币以减少货币供给

D. 通过买卖债券获取差价利益

14. 水平的 *LM* 曲线表示（ ）。

A. 利息率对货币需求的影响最大

B. 利息率对货币需求的影响最小

C. 利息率对国民收入的影响最大

D. 利息率对国民收入的影响最小

15. 长期总供给曲线是一条垂直线的原因在于（ ）。

A. 供给总是趋于过剩的

B. 需求的限制

C. 产出不取决于物价水平

D. 由价格、资本、劳动力和可获得的技术决定

16. 假定充分就业的国民收入为 1 000 亿美元，实际的国民收入为 950 亿美元，增加 20 亿美元的投资（$MPC=0.8$），经济将发生（ ）。

A. 成本推动型通货膨胀　　B. 达到充分就业状况

C. 需求不足的失业　　D. 需求拉上型通货膨胀

17. 自然失业率（ ）。

A. 恒为零

B. 恒定不变

C. 是历史上最低水平的失业率

D. 是经济处于潜在产出水平时的失业率

18. 短期菲利普斯曲线说明（ ）。

A. 通货膨胀由过度需求引起

B. 通货膨胀导致失业

C. 通货膨胀与失业率之间成正相关

D. 通货膨胀与失业率之间成负相关

19. 为了提高经济增长率，可以采取的措施是（ ）。

A. 加强政府的宏观调控

B. 刺激消费水平

C. 减少工作时间

D. 推广基础科学及应用科学的研究成果

20. 经济周期是指（ ）。

A. 名义 GDP 值上升和下降的交替过程

B. 人均 GDP 值上升和下降的交替过程

C. GDP 值增长率上升和下降的交替过程

D. 实际 GDP 值上升和下降的交替过程

四、多项选择题（每题 2 分，共 10 分）

1. 下列各项中，不计入 GDP 的是（ ）。

A. 私人建造的住宅

B. 从事二手货交易的经纪人提取的佣金

C. 政府向失业者提供的救济金

D. 保险公司收取的保险金

E. 国库券利息

2. 简单国民收入决定模型中，下列说法正确的有（ ）。

A. 两部门经济均衡的条件是在利息既定的条件下得出的

B. 若利息率发生变动，均衡国民收入也会相应地变动

C. 均衡的国民收入与利息率无关

D. 三部门经济均衡条件也是在利息率既定的条件下得出的

E. 在简单国民收入模型中投资是一个外生变量

3. 下述说法正确的有（ ）。

A. *LM* 曲线与货币投机需求曲线同方向移动

B. *LM* 曲线与货币投机需求曲线反方向移动

C. *LM* 曲线与货币交易曲线同方向移动

D. *LM* 曲线与货币供给曲线同方向移动

4. 在价格为纵坐标，收入为横坐标的坐标系中（ ）。

A. 水平的直线被称为长期总供给曲线

B. 水平的直线被称为短期总供给曲线

C. 垂直的直线被称为长期总供给曲线

D. 垂直的直线被称为短期总供给曲线

E. 向右上方倾斜的曲线被称为短期总供给曲线

5. 以下对“滞胀”的不正确表达的是（　　）。

A. 产出和物价水平同时上涨

B. 产出和物价水平同时下降

C. 物价水平上涨，但产出和就业下降

D. 物价水平下降，但产出和就业增加

E. 产出和物价水平都不变

五、计算题（第 1 题 8 分，第 2 题 7 分，共 15 分）

1. 货币需求 $L=0.2y-10r$，货币供给 $m=200$，消费 $c=60+0.8y_d$，税收 $t=100$，投资 $i=150$，政府支出 $g=100$。

求：（1）*IS* 和 *LM* 方程，均衡收入，利率和投资。

（2）政府支出增加 20 时，均衡收入、利率和投资各有什么变化？

（3）是否存在“挤出效应”？为什么？

2. 假定一国价格水平在 2001 年为 107.9，2002 年为 111.5，2003 年为 114.5。

试求：（1）2002 年和 2003 年通货膨胀率各为多少？

（2）若以前两年通货膨胀的平均值作为第三年通货膨胀预期值，计算 2004 年的预期通货膨胀率。

（3）若 2004 年的利率为 5%，计算该年的实际利率。

六、简答题（每题 6 分，共 18 分）

1. 平衡预算的财政思想和功能财政思想有何区别？

2. *LM* 曲线有哪三个区域？其经济含义是什么？分别与什么样的经济状况相对应？

3. 什么是财政政策的“挤出效应”，它受哪些因素影响？

七、论述题（12 分）

简述 *IS*—*LM* 模型的内容和意义。

宏观经济学模拟试卷五

一、名词解释（每题3分，共15分）

1. 国内生产总值
2. 消费函数
3. 货币创造乘数
4. *IS*—*LM* 模型
5. 理性预期

二、判断题（每题1分，共10分）

1. 潜在国民生产总值实际上就是实际国民生产总值。（　）
2. 净投资是不可能为负数的。（　）
3. 消费和收入如存在线性关系，那么边际消费倾向不变。（　）
4. 如果边际消费倾向随收入的增加递减，则意味着社会越富裕，收入用于消费部分将递减，从而储蓄比例递增，如没有相应的投资吸纳储蓄，则会出现有效需求不足的局面。（　）
5. 乘数效应不是无限的，是以充分就业作为最终极限。（　）
6. 投机货币需求随着利率的提高而减少，同时在各个利率水平上，投机者总是既持有一些证券又持有一些货币。（　）
7. 利率水平的变动引起投资曲线的水平移动。（　）
8. 较低的货币供应量将导致较高的利率。（　）
9. 在总供给—总需求模型中，实际假定总供给是一个外生变量，国民收入取决于总需求的大小，如果有效需求足够大，将实现充分就业。（　）
10. 潜在 GDP 不取决于物价水平，所以长期总供给曲线是潜在 GDP 的一条垂线。（　）

三、单项选择题（每题1分，共20分）

1. 假设2000年的名义国民生产总值为500亿美元，如果2005年国民生产总值的计算价格比基年翻了一番，并且实际产出比基年增加了50%，则2005年的名义国民生产总值为（　）。

A. 750亿美元　　B. 1 000亿美元

C. 1 500亿美元　　D. 2 000亿美元

2. 下列哪一项计入 GDP（ ）。

A. 家庭主妇的劳务折合价值

B. 出售股票的收入

C. 拍卖毕加索作品的收入

D. 为他人提供服务所得的收入

3. 如果消费函数为 $c=100+0.8(y-t)$，并且税收和政府支出同时增加 100 元，则均衡的收入水平将（ ）。

A. 保持不变　　B. 增加 200 元

C. 增加 100 元　　D. 下降 200 元

4. 投资决定的条件是（ ）。

A. $MEC>r$　　B. $MEC<r$

C. $MEC=r$　　D. 以上都不对

5. 国民收入均衡水平的提高往往被认为是下列何种因素的增加所引起的（ ）。

A. 私人储蓄　　B. 税率

C. 意愿的自主性支出　　D. 进口

6. 边际消费倾向小于 1 意味着当前可支配收入的增加将使意愿的消费支出（ ）。

A. 增加，但幅度小于可支配收入的增加幅度

B. 有所下降，这是由于收入的增加会增加储蓄

C. 增加，幅度等于可支配收入的增加幅度

D. 保持不变，这是由于边际储蓄倾向同样小于 1

7. 在产品市场上，当利率为 0.05 时，国民收入达到 400，当利率为 0.07 时，国民收入为 360，那么下列哪一条曲线代表 *IS* 曲线（ ）。

A. $y=500-1\,800r$　　B. $y=500-2\,000r$

C. $y=600-2\,000r$　　D. $y=600-1\,800r$

8. 灵活偏好曲线表明（ ）。

A. 利率越高，债券价格越低，人们预期债券价格越是会下降，因而不愿购买更多债券

B. 利率越高，债券价格越低，人们预期债券价格回涨可能性越大，因而越是愿意购买更多债券

C. 利率越低，债券价格越高，人们为购买债券时需要的货币就越多

D. 利率越低，债券价格越高，人们预期债券价格可能还要上升，因而希望购买更多债券

9. 人们持有货币，不是因为下列（ ）因素。

A. 交易的需求　　B. 心理的需求

C. 预防的需求　　D. 投机的需求

10. 下列（ ）情况中“挤出效应”可能很大。

A. 货币需求对利率敏感，私人部门支出对利率不敏感

B. 货币需求对利率敏感，私人部门支出对利率也敏感

C. 货币需求对利率不敏感，私人部门支出对利率不敏感

D. 货币需求对利率不敏感，私人部门支出对利率敏感

11. 在凯恩斯极端情况下，当（　）曲线水平，则（　）政策完全无效。

A. *LM*，财政　　B. *LM*，货币

C. *IS*，财政　　D. *IS*，货币

12. 经济过热时，应采取的财政政策是（　）。

A. 减少政府支出　　B. 增加财政支出

C. 扩大财政赤字　　D. 减少税收

13. 扩张性财政政策对经济的影响是（　）。

A. 缓和了经济萧条但增加了政府债务

B. 缓和了经济萧条也减轻了政府债务

C. 加剧了通货膨胀但减轻了政府债务

D. 缓和了通货膨胀但增加了政府债务

14. *IS* 曲线表示满足（　）关系。

A. 收入和支出均衡　　B. 总供给和总需求均衡

C. 储蓄和投资均衡　　D. 以上都对

15. 在垂直总供给曲线区域，决定价格的主导力量是（　）。

A. 供给　　B. 需求

C. 产出　　D. 以上均不正确

16. 某人由于钢铁行业不景气而失去工作，这种失业属于（　）。

A. 摩擦性失业　　B. 结构性失业

C. 周期性失业　　D. 永久性失业

17. 通货膨胀对收入和财富进行再分配的影响是指（　）。

A. 造成收入结构的变化　　B. 使收入普遍上升

C. 使债权人收入上升　　D. 使收入普遍下降

18. 长期菲利普斯曲线说明（　）。

A. 通货膨胀和失业在长期中不存在替代关系

B. 传统菲利普斯曲线在长期中仍然有效控制通货膨胀和失业

C. 在预期通货膨胀很高的情况下通货膨胀和失业之间仍有替代关系

D. 对通货膨胀的预期不变，所以通货膨胀和失业之间不存在替代关系

19. 经济增长的标志是（　）。

A. 失业率的下降　　B. 先进技术的广泛应用

C. 社会生产能力的不断提高　　D. 城市化速度加快

20. 经济周期的四个阶段依次是（　）。

A. 繁荣、萧条、衰退、复苏　　B. 繁荣、衰退、萧条、复苏

C. 复苏、衰退、萧条、繁荣　　D. 衰退、萧条、复苏、繁荣

四、多项选择题（每题 2 分，共 10 分）

1. 今年的名义 GDP 大于去年的名义 GDP，说明（　　）。

A. 今年物价水平比去年高了

B. 今年生产的商品和劳务的数量比去年多了

C. 今年物价水平和实物产量水平都比去年提高了

D. A、B、C 三种情况都有可能，但无法确定到底是哪一项

E. 若今年与去年相比，物价水平没变，则表明今年的实物产量水平比去年提高了

2. 在两部门经济中，投资乘数等于（　　）。

A. 收入变化除以投资变化　　B. 投资变化除以收入变化

C. 边际储蓄倾向的倒数　　D.（1 - *MPS*）的倒数

E.（1 - *MPC*）的倒数

3. 同时位于 *IS* 曲线和 *LM* 曲线上方的点表示（　　）。

A. 产品市场有超额产品供给

B. 产品市场有超额产品需求

C. 货币市场有超额货币供给

D. 货币市场有超额货币需求

E. 产品市场与货币市场同时实现了均衡

4. 关于长期总供给曲线，下列说法中正确的是（　　）。

A. 长期来看，货币工资具有完全伸缩性

B. 劳动市场达到均衡时的就业量即充分就业量

C. 政府的宏观经济政策可以对产量发生影响

D. 货币只起价值尺度和交换媒介的作用，与商品价值的决定无关

E. 名义货币供给量的变动将影响劳动市场的均衡

5. 宏观经济学常用来衡量价格水平变动的价格指数主要有（　　）。

A. 消费价格指数　　B. 生产者价格指数

C. GDP 折算指数　　D. 通货膨胀率

E. 以上都对

五、计算题（第 1 题 8 分，第 2 题 7 分，共 15 分）

1. 假设某经济的消费函数为 $c = 100 + 0.8y_d$，投资为 50，政府购买支出为 200，政府转移支付为 62.5，税收为 250（单位：10 亿美元）。

（1）求均衡收入。

（2）求投资乘数、政府支出乘数、税收乘数、转移支付乘数和平衡预算乘数。

2. 在一个两部门经济中，消费 $c = 100 + 0.8y$，投资 $i = 150 - 6r$，货币供给 $m = 150$，货币需求 $L = 0.2y - 4r$（单位：亿美元）。

(1) 求 *IS* 和 *LM* 曲线。
(2) 求产品市场和货币市场同时均衡时的利率与收入。

六、简答题（每题 6 分，共 18 分）

1. 什么是“流动性陷阱”?
2. 货币政策效果与 *IS* 和 *LM* 曲线斜率有什么关系？为什么?
3. 简述导致通货膨胀发生的原因。

七、论述题（共 12 分）

比较新凯恩斯学派和新古典学派，两者的主张有何基本的共识和差距?

参考答案

第一章　国民收入核算

一、名词解释

1. 国内生产总值：是指一个经济社会在一定时期内运用生产要素所生产的全部最终产品（物品和劳务）的市场价值。

2. 国民生产总值：指某国国民所拥有的全部生产要素所生产的最终产品的市场价值。

3. 名义 GDP：是用生产的物品和劳务的当年价格计算的全部最终产品的市场价值。

4. 实际 GDP：是用从前某一年作为基期的价格计算出来的全部最终产品的市场价值。

5. 最终产品：是指在一定时期内生产的并由其最后使用者购买的产品和劳务。

6. 中间产品：是指用于再出售而供生产别种产品用的产品。

7. 总投资：是指增加或更换资本资产（包括厂房、住宅、机械设备及存货）的支出，是一定时期内增加到资本存量中的资本流量。

8. 重置投资：总投资中用于补偿资本消耗，以重置资本设备的投资为重置投资。

9. 净投资：总投资扣除重置投资为净投资。

10. 政府购买：是指各级政府购买物品和劳务的支出。

11. 净出口：即出口减去进口的差额。

12. 存量：一定时点上存在的变量。

13. 流量：一定时期内发生的变量。

14. 宏观经济学：它所研究的是社会总体的经济行为及后果，它建立在微观经济学的基础之上，以总量分析为特征，其核心理论是国民收入决定理论。

15. GDP 折算指数：名义 GDP 和实际 GDP 之比，它衡量了和某一基年相比，报告期各产品的价格平均变化幅度。

二、判断题

1. ×

提示：国内生产总值是指一国在一年内所生产的最终产品（包括产品与劳务）的市场价值的总和，不包括中间产品的价值。

2. ×

提示：国内生产总值是指在一年内所生产出来的产品的总值，在计算时不应包括以前所生产的产品的价值。

3. ×

提示：钢铁厂炼钢用的煤属于中间产品，不能计入国内生产总值中。

4. ×

提示：国内生产总值一般仅指市场活动导致的价值。家务劳动是非市场活动，不能计入国内生产总值。

5. √

提示：住宅建筑是属于投资而不属于消费，因为住宅像别的固定资产一样是长期使用，慢慢地被消耗的。

6. √

提示：因为它们是从不同的角度来计算同一国内生产总值。但在实际上，这三种方法所得出的结果往往并不一致。国民经济核算体系以支出法为基本方法，即以支出法所计算出的国内生产总值为标准。

7. ×

提示：国内生产总值中的最终产品不仅包括有形的产品，而且包括无形的产品。

8. ×

提示：二者都是指一国在一年内所生产的最终产品的价值总和，但国民生产总值以人口为统计标准，国内生产总值以国境为统计标准。

9. ×

提示：国内生产总值是指一年内生产出来的产品的总值，在计算时不应包括以前所生产的产品的价值。

10. ×

提示：合并本身并不能创造价值。GDP 是对一国或一地区一定时期内全部最终产出的市场度量，只要合并前后两国产出不变，合并后的 GDP 亦应与原来两国 GDP 之和相等。

11. ×

提示：因为 GDP 是当年全部最终经济成果的市场价值，折旧和间接税无疑应包括在里边。如将此两项排除在外，核算得到的就将不是 GDP，而是大致相当于 *NI* 的一个指标了。

12. ×

提示：收入法之“收入”，是国民收入初次分配形成的收入而非最终收入。个人从公司债券中获得的利息被视为要素报酬之一，而政府公债利息属转移支付，是国民收入的再分配。

13. ×

提示：该公司对 GDP 创造的作用表现是看它在某年生产了多少汽车，而不是卖掉了多少汽车。多卖掉一些或是少卖掉一些，只会使存货投资多一些或是少一些，而不会使 GDP 发生变化。

14. ×

提示：购买新机器属投资行为，不管这种购买使资本存量增加还是不变。

15. ×

提示：总投资等于重置投资加净投资。总投资增加时净投资不一定增加，而只有净投资增加时，资本存量才能增加。

16. √

提示：即使本年度没有生产任何资本品，总投资也只是零而不能为负。

17. ×

提示：如果本年度生产的资本品价值不足以弥补资本消耗折旧时，净投资就为负数。

18. √

提示：因为政府转移支付只是简单地通过税收把收入从一些人或一些组织转移到另一些人或另一些组织手中，并没有相应的产品或劳务的交换发生。

19. ×

提示：只有商品数量的变化才会引起实际国内生产总值的变化。

20. ×

提示：个人可支配收入等于消费与储蓄之和。

三、单项选择题

题号	1	2	3	4	5	6	7	8	9	10
答案	C	B	C	B	A	C	C	B	A	A
题号	11	12	13	14	15	16	17	18	19	20
答案	C	A	C	D	C	A	D	B	B	D
题号	21	22	23	24	25					
答案	D	D	D	B	D					

四、多项选择题

题号	1	2	3	4	5	6	7	8	9	10
答案	ABDE	ABCE	ADE	BCD	CE	AB	ABCE	ABCD	ACD	ABE
题号	11	12	13	14	15	16	17	18		
答案	AE	BC	CD	DE	ABCD	CD	CE	DE		

五、计算题

1. （1）项链为最终产品，其售价 40 万美元即为与此两项生产活动有关的 GDP。

（2）开矿阶段创造的增加值为 10 万美元，项链制造阶段创造价值为 $40-10=30$（万美元），合计总增加值，有 $GDP=10+30=40$（万美元）

（3）在开矿阶段，工资 7.5 万美元，利润为 $10-7.5=2.5$（万美元）；在项链制造阶段，工资为 5 万美元，利润为 $40-10-5=25$（万美元）。在生产活动中，所获工资共计：$7.5+5=12.5$（万美元），在生产活动中，所获利润共计：$2.5+25=27.5$（万美元）。两项工资和两项利润合计共 40 万美元。此即用收入法计算的 GDP。

2. （1）1998 年名义 GDP 为：$100\times10+200\times1+500\times0.5=1\ 450$（美元）

（2）1999 年名义 GDP 为：$110\times10+200\times1.5+450\times1=1\ 850$（美元）

（3）以 1998 年为基期，1998 年实际 GDP 为 1 450 美元；1999 年实际 GDP 为：

$110\times10+200\times1+450\times0.5=1\ 525$（美元）

两年间实际 GDP 增加的百分比为：

(1 525 - 1 450) ÷1 450 = 0.051 7 = 5.17%

(4) 以 1999 年为基期，1999 年实际 GDP 为 1 850 美元；1998 年实际 GDP 为：

100 × 10 + 200 × 1.5 + 500 × 1 = 1 800（美元）

两年间实际 GDP 增加的百分比为：

(1 850 - 1 800) ÷1 800 = 0.027 8 = 2.78 %

(5) GDP 的变化由两个因素造成：一是所生产的物品和劳务的数量的变动，二是物品和劳务的价格水平的变动。“GDP 的变化取决于我们用哪一年的价格作衡量实际 GDP 的基期的价格”这句话只说出了后一个因素，所以是不完整的。

(6) 用 1998 年作为基年，1998 年 GDP 折算指数 = 名义 GDP/实际 GDP = 1 450/1 450 = 100%，1999 年 GDP 折算指数 = 名义 GDP/实际 GDP = 1 850/1 525 = 121.31%

3. (1) 国内生产净值 = 国内生产总值 - (总投资 - 净投资)

= 4 800 - (800 - 300) = 4 300（亿美元）

(2) 净出口 = 国内生产总值 - 总投资 - 消费 - 政府购买

= 4 800 - 800 - 3 000 - 960 = 40（亿美元）

(3) 政府税收减去转移支付后的收入 = 政府购买 + 政府预算盈余

= 960 + 30 = 990（亿美元）

(4) 个人可支配收入 = 国内生产净值 - 政府税收减去转移支付后的收入

= 4 300 - 990 = 3 310（亿美元）

(5) 个人储蓄 = 个人可支配收入 - 消费

= 3 310 - 3 000 = 310（亿美元）

4. (1) 个人储蓄 = 个人可支配收入 - 消费 = 4 100 - 3 800 = 300（亿元）

(2) 投资 = 个人储蓄 + 政府储蓄 + 国外部门的储蓄

= 300 + (-200) + 100 = 200（亿元）

(3) 政府购买 = 国内生产总值 - 消费 - 投资 - 净出口

= 5 000 - 3 800 - 200 - (-100) = 1 100（亿元）

六、简答题

1. 宏观经济学是相对于微观经济学而言的。宏观经济学研究社会总体的经济行为及其后果，它涉及经济中商品与劳务的总产量与收入、通货膨胀和失业率、国际收支和汇率，以及长期的经济增长与短期波动。由于宏观经济学研究的是国民经济中的总量及其相互关系，因而宏观经济学又称总量分析或总量经济学。具体而言，宏观经济学主要包括总需求和总供给理论、失业和通货膨胀理论、经济周期与经济增长理论、开放经济理论以及宏观经济政策等内容，其中，总需求—总供给模型是宏观经济学的核心和基础。

2. 国内生产总值是指一个国家在一定时期内所生产的全部最终产品和劳务的市场价值总和。对于国内生产总值这一概念的理解，我们应注意：第一，国内生产总值是一个市场价值的概念；第二，国内生产总值测度的是最终产品的价值；第三，国内生产总值是一定时期内所生产而不是所售卖掉的最终产品价值；第四，国内生产总值是计算期内生产的最终产品价值，因而是流量而不是存量；第五，国内生产总值是一国范围内生产的最终产品的市场总值，从而是一个地域概念；第六，国内生产总值一般仅指市场活动导致的价值。

3. 宏观经济学主要是研究一国总产出水平和一般物价水平的决定问题，它并不是个别产品市场或个别要素市场的个量经济现象，而是一国总体经济水平的总量经济现象问题。为了对这些总量经济现象进行解释，就必须找出其发生变化的原因、预测其变化的后果以及制定适当的政策对其进行宏观调控，就必须对一国总体经济水平进行把握，因此我们就有必要对一国经济总体水平进行核算，即国民收入核算。

4. 投资中的净存货项目在国民收入核算中具有非常重要的意义。所谓净存货又称净库存，是指年末存货减去年初存货的差。净存货大于零表明当年的存货在前一年存货的基础上有所增加，净存货等于零表明当年存货总量维持在前一年的水平，净存货小于零表明当年存货在前一年的基础上有所下降。净存货所具有的明显的特征是其不涉及买卖双方的市场交易行为，将其列入投资的核算中，完全是一种人为的设定。

5. 国内生产总值的核算包括了对中间产品的核算。虽然国内生产总值的统计口径是针对最终产品的产值，而没有直接统计中间产品的产值，这样做的目的是为了避免重复计算。实际上，在最终产品的产值中包含了所有中间产品生产中新创造的价值。因此，在这个意义上，中间产品的生产实际也全部计入了国内生产总值的核算中。

6. 出口是本国生产的一部分，因而也是本国 GDP 的一部分，而从外国进口的货物并不是本国生产的一部分，只是外国生产的一部分，但却被计入本国的消费支出、投资支出和政府购买的一部分。例如进口 1 台价值 10 万美元的机器，被计入本国投资，进口价值 5 万美元的香水被计入本国消费，进口价值 15 万美元的军火被计入政府购买。如果我们计算投资、消费和政府购买时不把这 30 万美元的进口减去，就会误把外国生产的 GDP 计作本国的 GDP。因此，我们计算 GDP 时，必须从出口中扣除进口即仅计算净出口，否则，我们就会犯多计算 GDP 的错误。

7. （1）政府转移支付只是收入的单方面转移，并不伴随相应的货物或劳务交换。故此项不应计入 GDP。

（2）因为购买的是用过的卡车，该卡车的价值已经计入其生产年份的 GDP 了。故此项不应计入 GDP。

（3）购买普通股票只是产权在不同个体间的转移，是个人的一种投资方式。但这和计入 GDP 的"投资支出"不是一回事，后者是指增加或更换资本资产（厂房、住宅、机械设备及存货等）的支出。故此项也不应计入 GDP。

（4）地产不是最终产品。故此项不应计入 GDP。

8. 社会保险税实质上是企业和职工为得到社会保障而支付的保险金。它由政府有关部门按一定比例以税收形式征收。社会保险税是从国民收入中扣除的，因此，社会保险税的增加并不影响 GDP、NDP 和 *NI*，但影响个人收入 *PI*。社会保险税增加会减少个人收入，但不直接影响个人可支配收入，因为一旦个人收入决定以后，只有个人所得税的变动才会影响个人可支配收入 *DPI*。

9. 如果甲乙两国合并成一个国家，对 GDP 总和不会有影响。因为甲乙两国未合并成一个国家时，双方可能有贸易往来，但这种贸易只会影响甲国或乙国的 GDP，对两国的 GDP 总和不会有影响。举例说，甲国向乙国出口 10 台机器，价值 10 万美元，乙国向甲国出口 800 套服装，价值 8 万美元，从甲国看，计入 GDP 的有净出口 2 万美元，计入乙国 GDP 的有净出口 -2 万美元；从两国 GDP 总和看，计入 GDP 的价值为零。如果这两个国家合并成一个国家，两国贸易则变成两地区间的贸易。甲地区出售给乙地区 10 台机器，从收入看，甲地区增加 10 万美元；从支出看，乙地区增加 10 万美元。相反，乙地区出售给甲地区 800 套服装，从收入看，乙地区增加 8 万美元；从支出看，甲地区增加 8 万美元。由于甲乙两地是一个国家，因此，该国共收入 18 万美元，而投资加消费的支出也是 18 万美元，因此，无论从收入还是从支出看，计入 GDP 的价值都是 18 万美元。

10. 在国民收入核算中，区分某一产品属于中间产品还是最终产品，不能根据产品的属性进行，而只能根据产品是否进入最终使用者手中加以区分。如果一件产品没有进入消费者手中进行消费，而是用于再出售供生产其他产品，则属于中间产品范畴，只有最后被使用者购买并消费的产品和劳务才能说是最终产品。例如，我们不能根据产品的物质属性来判断面粉和面包究竟是最终产品还是中间产品。乍看起来，面粉一定是中间产品，面包一定是最终产品。其实不然。如果面粉为面包商所购买，则面粉是中间产品，如果面粉为家庭主妇所购买，则是最终产品。同样，如果面包由面包商卖给消费者，则此面包是最终产品，但如果面包由生产商出售给面包商，则它属于中间产品。

11. 人们购买公司债券实际上是借钱给公司用，公司将从人们手中借到的钱用作生产经营，比如购买机器设备，这样这笔钱就提供了生产性服务，可被认为创造了价值，因而公司债券的利息可看作是资本这一要素提供生产性服务的报酬或收入，因此要计入 GDP。可是政府的公债利息被看作是转移支付，因为政府借的债不一定用于生产经营，而往往是用于弥补财政赤字。政府公债利息常常被看作是用从纳税人身上取得的收入来加以支付的，因而习惯上被看作是转移支付。

12. 经济学上所讲的投资是增加或替换资本资产的支出，即建造新厂房、购买新机器设备等行为，而人们购买债券和股票只是一种证券交易活动，并不是实际的生产经营活动。人们购买债券或股票，是一种产权转移活动，因而不属于经济学意义的投资活动，也不能计入 GDP。公司从人们手里取得了出售债券或股票的货币资金再去购买厂房或机器设备，才算投资活动。

13. 存量是指某一时点上存在的某种经济变量的数值，而流量是指一定时期内发生的某种经济变量的数值。但是两者也有联系，流量来自存量，又归于存量，存量由流量累积而成。对财富与收入来说，财富是存量，收入是流量。

14. 政府给公务员发工资要计入 GDP 是因为公务员提供了为社会工作的服务，政府给他们的工资就是购买他们的服务，因此属于政府购买，而政府给灾区或困难人群发的救济金不计入 GDP，并不是因为为灾区或困难人群提供了服务，相反，是因为他们发生了经济困难，散失了生活来源才给予其救济的，因此这部分救济金属于政府转移支付。政府转移支付只是简单的通过税收（包括社会保险金）把收入从一个人或一个组织手中转移到另一个人或另一个组织手中，并没有相应的货物或劳务的交换发生。所以政府转移支付和政府购买虽都属于政府支出，但前者不计入 GDP 而后者计入 GDP。

15. 间接税虽由出售产品的厂商缴纳，但它是加到产品价格上作为产品价格的构成部分由购买者负担的。间接税虽然不形成要素所有者收入，而是政府的收入，但毕竟是购买商品的家庭或厂商的支出，因此，为了使支出法计得的 GDP 和收入法计得的 GDP 相一致，必须把间接税加到收入方面计入 GDP。例如，某人购买一件上衣支出 100 美元，这 100 美元以支出形式计入 GDP。实际上，若这件上衣价格中含有 5 美元的营业税和 3 美元的折旧，则作为要素收入的只有 92 美元。因而，从收入法计算 GDP 时，应把这 5 美元和 3 美元一起加到 92 美元中作为收入计入 GDP。

七、论述题

1. GNP 和 GDP 都是衡量一个国家社会经济活动成就的概念。GNP 是国民生产总值，它是一个国家的常住居民在一定时期内（通常为一年）所生产的全部最终产品（物品和劳务）的市场价值的总和。GNP 强调国民原则，它是以人口为统计标准，即只要是本国国民生产的产品和劳务的价值都需要计入 GNP。GDP 是国内生产总值，它是指一个国家在一定时期内（通常为一年）所生产的全部最终产品（物品和劳务）的市场价值之和。GDP 强调地域原则，它是以领土为统计标准，即只要是在本国领土上生产的产品和劳务的价值都需要计入 GDP。

GNP 和 GDP 的关系是：

GNP = GDP +（暂住国外的本国公民的资本和劳务创造的价值 - 暂住本国的外国公民的资本和劳务创造的价值）。其中，将暂住国外的本国公民的资本和劳务创造的价值减去暂住本国的外国公民的资本和劳务创造的价值的差额定义为国外净要素收入，于是得到：

GNP = GDP + 国外净要素收入。如果国外净要素收入为正数，GNP 就大于 GDP；相反，如果国外净要素收入为负数，GNP 就小于 GDP。

2. 用支出法核算国民收入是指一个国家在一定时期内将所有经济主体单位用于最终产品和劳务的支出加总起来从而计算国内生产总值。在四部门经济中，根据经济主体划分支出主要有四种类型：家庭消费支出、企业投资支出、政府购买支出和净出口。家庭消费支出是指家庭购买产品和劳务的支出以及其他支出。企业投资支出是指企业用于机器设备、厂房和存货方面的支出。政府购买支出是指各级政府购买最终产品和劳务的支出，政府转移支付不计入国内收入核算中。净出口是指出口额与进口额的差额。因此，根据上面的分析，通过支出法核算国民收入具有这样的恒等式：国内生产总值 = 家庭消费支出 + 企业投资支出 + 政府购买支出 + 净出口。

3. 名义 GDP 是指按产品和劳务的当年销售价格计算的全部最终产品的市场价值。实际 GDP 是指按产品和劳务某一基年的价格计算的全部最终产品的市场价值。产品的价格变化是经常发生的，在这样的情况下，直接用名义 GDP 指标比较各年的总产出水平，势必包含虚假的信息，因为总产出的变化可能是由价格变化的因素引起的，因此为了准确地比较各年的总产出水平，就必须剔除 GDP 统计中价格因素的影响。一般我们用 GDP 价格矫正指数，即名义国内生产总值与实际国内生产总值之比，来进行名义国内生产总值与实际国内生产总值的换算。GDP 价格矫正指数衡量了和某一基年相比，报告期各产品的价格平均变化的幅度。

4. 国内生产总值 GDP 是指一个国家在一定时期内所生产的最终产品和劳务的市场价值总额。国内生产总值中的“总”字意指在计算各生产单位产出时，未扣除当期的资本耗费即折旧，如果扣除资本耗费，那就是国内生产净值 NDP，即 NDP = GDP - 折旧。

国民收入 *NI* 指按生产要素报酬计算的国民收入。从国内生产净值中扣除间接税和企业转移支付加政府补助金，就得到一国生产要素在一定时期内提供生产性服务所得的报酬，即工资、利息、租金和利润的总和意义上的国民收入，即 *NI* = NDP - 间接税 - 企业转移支付 + 政府补助金。

个人收入 *PI*，是指经过收入再分配后的国民收入，从 *NI* 中减去公司所分配利润、公司所得税及社会保险税（费），加上政府给个人的转移支付，大体上就得到个人收入。而个人可支配收入 *DPI*，指个人收入扣除个人所得税之后的余额。

5. GDP 平减指数是名义 GDP 与实际 GDP 之间的比率，它的计算公式为：

$$\text{GDP 平减指数} = \frac{\text{名义 GDP}}{\text{实际 GDP}} = \frac{\Sigma P_t^i Q_t^i}{\Sigma P_0^i Q_t^i}$$

CPI 是消费价格指数，它是普通消费者所购买物品和服务总费用变化情况的衡量指标。*CPI* 反映了消费者的生活费用水平的变化，衡量了居民购买的一篮子产品的价格的变动情况。用一篮子固定产品来计算物价指数的公式为：

$$CPI = \frac{\sum_{i=1}^{n} P_t^i Q_{t-1}^i}{\sum_{i=1}^{n} P_{t-1}^i Q_{t-1}^i}$$

GDP 平减指数与 *CPI* 都反映了物价总水平的变动，都可以度量通货膨胀。但它们也存在差异。具体而言，GDP 平减指数与 *CPI* 有三点不同：

第一，GDP 平减指数的计算是以一个国家所生产的全部产品为基础的。消费者、企业和政府购买的产品的价格变动都会反映在 GDP 平减指数上。*CPI* 衡量价格时所涉及的是消费者所购买的物品和服务，企业和政府购买的产品的价格变动不会反映在 *CPI* 中。

第二，计算 GDP 平减指数时所应用的商品篮子每年都有差别，这取决于经济中每年所生产的产品的种类和数量。*CPI* 衡量的是固定的一篮子商品的价格变化情况，商品篮子中的物品种类及其权数在不同时期内是固定的。

第三，计算 GDP 平减指数时仅仅涉及本国生产的商品的数量和价格，而 *CPI* 的计算则要包括进口品的数量和价格。

6. 在国民收入核算体系中，存在的储蓄—投资恒等式完全是根据储蓄和投资的定义得出的。根据定义，国内生产总值总等于消费加投资，国民总收入则等于消费加储蓄，国民生产总值又等于国民总收入，这样才有了储蓄恒等于投资的关系。这种恒等关系就是两个部门经济的总供给和总需求的恒等关系。只要遵循储蓄和投资的这些定义，储蓄和投资一定相等，而不管经济是否充分就业或通货膨胀，即是否均衡。但这一恒等式并不意味着人们意愿的或者说事前计划的储蓄总会等于企业想要有的投资。在实际经济生活中，储蓄和投资的主体及动机都是不一样的，这就会引起计划投资和计划储蓄的不一致，形成总需求和总供给不平衡，引起经济扩张和收缩。分析宏观经济均衡时所讲的投资要等于储蓄，是指只有计划投资等于计划储蓄时，才能形成经济的均衡状态。这和国民收入核算中的实际发生的投资总等于实际发生的储蓄这种恒等关系并不是一回事。

7. 宏观经济学和微观经济学之间的联系主要表现在：

（1）相互补充。经济学研究的目的是实现社会经济福利的最大化。为此，既要实现资源的最优配置，又要实现资源的充分利用。微观经济学是在假设资源得到充分利用的前提下研究资源如何实现最优配置的问题，而宏观经济学则是在假设资源已经实现最优配置的前提下研究如何充分利用这些资源。它们共同构成经济学的基本框架。

（2）微观经济学和宏观经济学都以实证分析作为主要的分析和研究方法。

（3）微观经济学是宏观经济学的基础。当代宏观经济学越来越重视微观基础的研究，即将宏观经济分析建立在微观经济主体行为分析的基础上。

宏观经济学和微观经济学之间的区别主要表现在：

（1）研究的对象不同。微观经济学研究组成整体经济的单个经济主体的最优化行为，而宏观经济学则研究一国整体经济的运行规律和宏观经济政策。

（2）解决的问题不同。微观经济学要解决的是资源最优配置问题，而宏观经济学要解决的是资源利用问题。

（3）中心理论不同。微观经济学的中心理论是价格理论，所有的分析都是围绕价格机制的运行展开的，而宏观经济学的中心理论是国民收入决定理论，所有的分析都是围绕国民收入的决定展开的。

（4）研究方法不同。微观经济学采用的是个量分析方法，而宏观经济学采用的是总量分析方法。

由于微观经济学和宏观经济学分析问题的角度不同，分析方法也不同，因此有些经济活动从微观看是合理的、有效的，而从宏观看却是不合理的、无效的。例如，在经济生活中，某个企业降低工资，从该企业的角度看，成本降低了，市场竞争力强了，但是如果所有企业都降低工资，则上面降低工资的那个企业的竞争力就不会增强，而且职工整体工资收入降低以后，这个社会的消费以及有效需求也会降低。同样，一个人或一个家庭实行节约，可以增加家庭财富，但是如果大家都节约，社会需求就会降低，生产和就业就会受到影响。

第二章　简单国民收入决定理论

一、名词解释

1. 均衡产出：与计划总需求相等的产出为均衡产出，也就是经济社会的收入正好等于全体经济主体想要的支出。

2. 消费函数：根据凯恩斯理论，随着收入的增加，消费也会增加，但消费的增加小于收入的增加，收入和消费之间存在的这种关系叫做消费函数。若假定二者呈线性关系，消费函数可写成 $c = \alpha + \beta y$ 的方程形式。

3. 边际消费倾向：指收入每增加一个单位所引起的消费的增加，可记为 $MPC = \Delta c / \Delta y$。

4. 平均消费倾向：指人们的消费支出在其收入中所占的比例，可记为 $APC = c/y$。

5. 投资乘数：收入的变化与带来这种变化的投资支出变化的比率，用公式表示为 $k_i = \Delta y / \Delta i$。

6. 平衡预算乘数：政府收入和支出同时以相同的数量增加或减少时，国民收入变动对政府收支变动的比率，$k_b = 1$，即政府依然预算平衡，但国民收入增加。

7. 自发性投资：不受国民收入或者消费的影响而进行的投资，它是一种独立的非经济因素引起的投资。

8. 棘轮效应：由美国经济学家杜森贝里在相对收入消费理论中提出，指长期平均消费倾向与边际消费倾向的稳定性对短期消费减少具有抑制作用。

9. 生命周期理论：由美国经济学家莫里迪安尼提出，其核心理论在于，消费不单纯取决于现期收入，人们根据自己一生所能得到的劳动收入和财产，在整个生命周期内平均安排消费，偏重对储蓄动机的分析。

10. 永久收入消费理论：由美国经济学家弗里德曼提出，其核心理论在于，消费取决于永久收入，偏重对未来收入的预测。

二、判断题

题号	1	2	3	4	5	6	7	8	9	10
答案	×	√	×	×	√	×	√	×	×	√
题号	11	12	13	14	15	16	17	18	19	20
答案	×	√	×	×	√	×	√	×	√	×
题号	21									
答案	√									

三、单项选择题

题号	1	2	3	4	5	6	7	8	9	10
答案	C	B	D	D	B	A	B	C	D	B
题号	11	12	13	14	15	16	17	18	19	20
答案	D	C	C	B	A	B	D	D	A	A
题号	21	22	23	24	25	26	27	28		
答案	D	B	D	D	B	C	A	D		

四、多项选择题

题号	1	2	3	4	5	6	7	8	9	10
答案	BE	AE	CD	AD	BC	BC	ABCD	AC	AC	ABC
题号	11	12	13	14	15	16				
答案	ABE	CE	BCD	CE	ACDE	ABCDE				

五、计算题

1. $k_i=4$，$\Delta I=30/4=7.5$（亿美元）

2. 题目中未涉及税率问题，所以可知实行的是定量税。

$k_t=-\beta/(1-\beta)=-0.75/0.25=-3$，所以政府增税500亿美元可以使国民生产净值减少1 500亿美元。

3.（1）由题意可知，税率为0.2，所以$c=\alpha+\beta(1-0.2)y=20+0.75\times0.8y=20+0.6y$，而边际消费倾向依然为$\beta=0.75$。

（2）$c=\alpha+\beta(1-0.2)y=20+0.75\times0.8y=20+0.6y$，斜率为0.6，截距为20。

（3）$y=(\alpha+i+g)/[1-\beta(1-0.2)]=2\ 000$

（4）政府盈余为$t-g=400-400=0$

（5）$k_g=1/[1-\beta(1-0.2)]=2.5$而不等于$1/(1-0.75)=4$的原因是随着国民收入的增加上交的税收也增加。

4.（1）由于消费者连续两年的可支配收入都是6 000美元，根据题中持久收入的公式，第2年的持久收入6 000美元，则消费为美元$c_2=200+0.9y_{p,2}=200+0.9\times6\ 000=5\ 600$（美元）

（2）第3年的持久收入为：$y_{p,3}=0.7\times7\ 000+0.3\times6\ 000=6\ 700$（美元）

第3年的消费为：$c_3=200+0.9y_{p,3}=200+0.9\times6\ 700=6\ 230$（美元）

第4年的持久收入为：$y_{p,4}=0.7\times7\ 000+0.3\times7\ 000=7\ 000$（美元）

第4年的消费为：$c_4=200+0.9y_{p,4}=200+0.9\times7\ 000=6\ 500$（美元）

由于以后一直持续在7 000美元，第4年以后的持久收入也一直保持在7 000美元，因而消费也一直保持在6 500美元这一水平。

（3）短期边际消费倾向表明的是消费和当年收入之间的关系，将持久收入公式代入消费函数，有：$c=200+0.9\times(0.7y_d+0.3y_{d}-1)$

短期边际消费倾向为：$\frac{\partial c}{\partial y_p}=0.63$

长期边际消费倾向表明的是消费和长期收入（持久收入）之间的关系，直接由消费函数可得到长期边际消费倾向为：$\frac{\partial c}{\partial y_p}=0.9$

5.（1）方程组

$$\begin{cases}c=100+0.8y_d\\ y_d=y-t+t_r\\ y=c+i+g\end{cases}$$

得 $y=100+0.8(y-t+t_r)+i+g=100+0.8(y-250+62.5)+50+200$，故均衡收入水平为1 000。

（2）我们可直接根据三部门经济中有关乘法的公式，得到乘数：

投资乘数 $k_i=1/(1-\beta)=1/(1-0.8)=5$

政府购买乘数 $k_g=5$（与投资乘数相等）

税收乘数 $k_t=-\beta/(1-\beta)=-0.8/(1-0.8)=-4$

转移支付乘数 $k_{t_r}=\beta/(1-\beta)=0.8/(1-0.8)=4$

平衡预算乘数等于政府支出（购买）乘数和税收乘数之和，即 $k_b=k_g+k_t=1$。

（3）本小题显然要用到各种乘数，原来均衡收入为1 000，现在需要达到1 200，则：

①增加政府购买 $\Delta g=\Delta y/k_g=200/5=40$

②减少税收 $\Delta t=200/k_t=200/4=50$

③由题意：

$1\,200=100+0.8[1\,200-(t+\Delta t)+t_r]+i+(g+\Delta g)$，解得 $\Delta g=\Delta t=200$

即同时增加政府购买200和税收200就能实现充分就业。

6. 解：

（1）可支配收入：$y_d=y-t_n=y-50$

消费：$c=30+0.8(y-50)$

$=30+0.8y-40$

$=0.8y-10$

均衡收入：$y=c+i+g+nx$

$=0.8y-10+60+50+50-0.05y$

$=0.75y+150$

解得 $y=\dfrac{150}{0.25}=600$，即均衡收入为600。

（2）净出口余额：

$nx=50-0.05y=50-0.05\times600=20$

（3）投资乘数 $k_i=\dfrac{1}{1-0.8+0.05}=4$。

（4）投资从60增加到70时，有

$y=c+i+g+nx$

$=0.8y-10+70+50+50-0.05y$

$=0.75y+160$

解得 $y=\dfrac{160}{0.25}=640$，即均衡收入为640。

净出口余额：

$nx=50-0.05y=50-0.05\times640=50-32=18$

（5）净出口函数从 $nx=50-0.05y$ 变为 $nx=40-0.05y$ 时的均衡收入：

$y=c+i+g+nx$

$=0.8y-10+60+50+40-0.05y$

$=0.75y+140$

解得 $y=\dfrac{140}{0.25}=560$，即均衡收入为560。

净出口余额：

$nx = 40 - 0.05y = 40 - 0.05 \times 560 = 40 - 28 = 12$

六、简答题

1. 凯恩斯的收入决定理论的核心在于需求决定供给，支出决定收入。这种收入决定理论的假设是：①潜在的国民收入水平不变，即生产能力不变、资源数量不变、技术水平不变；②各种资源没有充分利用，即总供给可以适应总需求的增加而增加；③价格水平不变，或者说价格黏性，经济能以不变的价格提供需求的供给量。

2. 乘数作用，即在消费函数确定的条件下，一定的投资增加可以导致国民收入以初始投资的倍数增加。其乘数作用能够发挥作用的条件是：①要有可利用的劳动力用于增加生产；②要有一定量的存货用于增加生产。换言之，必须是在资源没有充分利用的情况下，乘数作用才能体现。

3. 在均衡产出水平上，计划存货投资一般不为零，而非计划存货投资必然为零。计划存货投资是计划投资的一部分，一般不为零。当经济体没达到均衡时，实际投资和计划投资不等，存在非计划存货投资，而当经济体达到均衡时，产出等于需求，非计划存货投资为零。

4. 消费支出和收入的关系可以从两个方面加以考察，一是考察消费支出变动量和收入变动量关系，这就是边际消费倾向（$MPC = \frac{\Delta c}{\Delta y}$或$MPC = \frac{\partial c}{\partial y}$），二是考察一定收入水平上消费支出量和该收入量的关系，这就是平均消费倾向（$APC = \frac{c}{y}$）。边际消费倾向总大于0而小于1。因为一般来说，消费者增加收入后，既不会不增加分文消费（$MPC = 0$），也不会把增加的收入全用于增加消费（$MPC = 1$），一般情况是一部分用于增加消费，另一部分用于增加储蓄，就有$0 < MPC < 1$。可是，平均消费倾向不一定总是大于0而小于1。当人们收入很低甚至是零时，也必须消费，哪怕借钱也要消费，这时，平均消费倾向就会大于1。

5. 预期收入变化与当年收入变化对消费的影响是不同的：前者影响大而后者影响小。以收入提高为例，预期收入提高是指以后各年收入都提高，这对消费的影响非常大。当年收入提高是指仅当年收入提高，而预期以后各年收入都不变。这样，当年提高的收入必须分配于以后各年的消费支出，对当年消费的影响自然很小。

6. 依据凯恩斯消费理论，一个暂时性减税会增加人们当前收入，因而对消费影响最大；依据生命周期理论，社会保障金的一个永久性上升可以减少老年时代的后顾之忧，减少当前为退休后生活准备的储蓄，因而会增加消费；依据持久收入消费理论，持续较高的失业保险金等于增加了持久收入，因而可增加消费。

7. 生命周期理论认为，年轻人要为自己年老生活作储蓄准备，因此，年轻人对退休人员比例提高时，总储蓄会增加。反之，退休人员对年轻人比例上升时，总储蓄会下降，因为退休人员不储蓄，而是消耗已有储蓄。持久收入假说认为，消费行为与持久收入紧密相关，而与当期收入关联较少，即消费不会随经济的繁荣与衰退作太大变化。

8. 可以根据生命周期假说来分析此题。分两种情况讨论：①当你和你的邻居预期寿命小于工作年限 WL，即未到退休就已结束生命时，尽管你比邻居长寿些，但两人年年都可能把年收入 YL 消费完，两人的消费会一样多；②当你预计在退休后寿命才结束，这样无论你邻居是在退休前还是退休后结束生命，你的消费都应比他小，因为你每年的消费为 $C_1 = WL/NL_1 \times YL$；而你的邻居的消费如下：a. 当你的邻居在退休前死去，他每年消费 YL，显然他比你多消费。b. 当邻居在退休后死去，他的消费为 $C_2 = WL/NL_2 \times YL$。而据题意，$NL_1 > NL_2$，显然就有 $C_1 < C_2$，即你比邻居少消费。

9. 生命周期理论认为，消费者总是追求整个生命周期的消费效用最大化。人们会在一生内计划他们的生活消费开支，以达到整个生命周期内消费的最佳配置。社会保障系统等因素会影响居民的消费和储蓄。当一个社会建立起健全的社会保障制度从而有更多人享受养老金待遇时，储蓄就会减少，消费就会增加，即居民可支配收入的平均消费倾向就会增大。

10.（1）由于该人想要在其一生中平稳地消费，所以其一生的收入应等于各个时期的平均消费之和。其收入为 30 + 60 + 90 = 180（万美元）。消费则分为四个时期，由于不受预算约束，则每期消费为 180 / 4 = 45（万美元）。将其与各期对照得：

第一期：负储蓄 15 万美元

第二期：储蓄 15 万美元

第三期：储蓄 45 万美元

第四期：负储蓄 45 万美元

（2）当没有受到流动性约束时，平稳消费水平为每期 45 万美元，比第一期收入要大。现在假设该人受到流动性约束，则该人第一期只能消费其全部收入的 30 万美元。

从第二期开始，假设没有受到流动性约束时，平稳消费水平为每期（60 + 90）/ 3 = 50 万美元，小于第二、三期的收入。故流动性的假设对这几期的消费不产生影响，第 二、三、四期的消费为每期 50 万美元。

（3）在期初接受外来财富 13 万美元，加上其收入 30 万美元后，显然还是小于其平稳消费水平（注意，此时平稳消费水平为 45 + 13/4 = 48.25 万美元），故该人将在第一期消费完全部外来财富 13 万美元，其消费为 30 + 13 = 43（万美元）。

第二、三、四期的消费如同第（2）小题的 50 万美元。

如果利用信贷市场，那么消费者每期消费 48.25 万美元。此时新增财富 13 万美元仍完全用于第一期消费。

当外来财富为 23 万美元时，在第一期，此时加上其收入 30 万美元，大于其平稳消费水平 45 + 23 / 4 = 50.75；第二、三期的收入均大于此值，故在这里，流动性约束的假设实际上对消费不产生任何实际的影响，消费者将平稳地消费其全部收入和外来财富，其消费为每期 50.75 万美元，外来财富 23 万美元是这样被消费掉的：第一期 50.75 − 30 = 20.75（万美元）；第二、三期为 0；第四期为23 − 20.75 = 2.25（万美元）。

11. 显然，后一个老太聪明些。根据持久收入假说和生命周期假说，单个消费者并不是简单地根据当前的绝对收入来作消费决策，而是根据终生的或持久的收入来作决策。也就是说，消费者不单单考虑本年度可支配收入，还把他们在将来可能获得的可支配收入考虑进去，当他们购买住宅或汽车之类需要大量资金，而他们目前的收入和已经累积起来的货币又不足以支付如此巨大的金额时，就可以凭借信用的手段用贷款来完成购买行为，用以后逐年逐月获得的收入来归还贷款。这样，消费者就可以提前获得消费品的享受，所以我们说后一位老太更聪明些。

12. 所谓凯恩斯定律是指，不论需求量为多少，经济制度都能以不变的价格提供相应的供给量，就是说社会总需求变动时，只会引起产量和收入的变动，直到供求相等，而不会引起价格变动。这条定律提出的背景是，凯恩斯写作《就业、利息和货币通论》一书时，面对的是 1929—1933 年西方世界的经济大萧条，工人大批失业，资源大量闲置。在这种情况下，社会总需求增加时，只会使闲置的资源得到利用从而使生产增加，而不会使资源价格上升，从而使产品成本和价格大体上能保持不变。这条凯恩斯定律被认为适用于短期分析。在短期中，价格不易变动，社会需求变动时，企业首先是考虑调整产量而不是变动价格。

13. 政府增加转移支付，虽然对总需求也有影响，但这种影响是通过增加人们的可支配收入进而增加消费支出实现的。如果把转移支付也计入总需求，就会形成总需求计算中的重复计算。例如，政府增加10亿元的转移支付，假定边际消费倾向为0.8，则会使消费增加8亿元。在此，首轮总需求增加是8亿元，而不是18亿元。但是如果把10亿元转移支付也看作是增加的总需求，那就是重复计算，即一次是10亿元，一次是8亿元。

14. 他们的理由是，富者的消费倾向较低，储蓄倾向较高，而贫者的消费倾向较高（因为贫者收入低，为维持基本生活水平，他们的消费支出在收入中的比重必然大于富者），因而将一部分国民收入从富者转给贫者，可提高整个社会的消费倾向，从而提高整个社会的总消费支出水平，于是总产出或者说总收入水平就会随之提高。

15. 政府（购买）支出直接影响总支出，两者的变化是同方向的。总支出的变化量数倍于政府购买的变化量，这个倍数就是政府购买乘数。但是税收并不直接影响总支出，它通过改变人们的可支配收入来影响消费支出，再影响总支出。税收的变化与总支出的变化是反方向的。当税收增加（税率上升或税收基数增加）时，人们可支配收入减少，从而消费减少，总支出也减少。总支出的减少量数倍于税收的增加量，反之亦然。这个倍数就是税收乘数。由于税收并不直接影响总支出，而是要通过改变人们的可支配收入来影响消费支出，再影响总支出，因此税收乘数绝对值小于政府购买支出的绝对值。例如增加10亿元政府购买，一开始就能增加10亿元总需求，但是减税10亿元，会使人们可支配收入增加10亿元，如果边际消费倾向是0.8，则一开始增加的消费需求只有8亿元，这样政府购买支出的乘数绝对值就必然大于税收乘数的绝对值。

政府转移支付对总支出的影响方式类似于税收，间接影响总支出，也是通过改变人们的可支配收入来影响消费支出及总支出；并且政府转移支付乘数和税收乘数的绝对值是一样大的。但与税收不同的是，政府转移支付是与政府购买总支出同方向变化的，但政府转移支付乘数小于政府购买乘数。

16. 平衡预算乘数指政府收入和支出以相同数量增加或减少时国民收入变动对政府收支变动的比率。在理论上，平衡预算乘数等于1。也就是说政府增加一元钱开支同时增加一元钱税收，会使国民收入增加一元钱，原因在于政府的购买支出乘数大于税收乘数。如果用公式说明，就是 $\Delta t=\Delta g$（假定转移支付 tr 不变），而收入的变化是由总支出变化决定的，即 $\Delta y=\Delta c+\Delta i+\Delta g$，假定投资不变，即 $\Delta i=0$，则 $\Delta y=\Delta c+\Delta g$，而 $\Delta c=\beta\Delta y_d=\beta(\Delta y-\Delta t)$，因此，有 $\Delta y=\beta(\Delta y-\Delta t)+\Delta g=\beta(\Delta y-\Delta g)+\Delta g$（因为 $\Delta t=\Delta g$），移项得到

$$\Delta y(1-\beta)=\Delta g(1-\beta)$$

可见，$\frac{\Delta y,}{\Delta g}=\frac{1-\beta}{1-\beta}=1$，即平衡预算乘数（用 kb 表示）$kb=\frac{\Delta g}{\Delta y}=1$。

这一结论也可以通过将政府购买支出乘数和税收乘数直接相加而得

$$kg+kt=\frac{1}{1-\beta(1-t)}+\frac{-\beta(1-t)}{1-\beta(1-t)}=1$$

17. 在封闭经济中，投资和政府支出增加，国民收入增加的倍数是$\frac{1}{1-\beta}$。而有了对外贸易后这一倍数变成了$\frac{1}{1-\beta+m}$（这里 β 和 m 分别表示边际消费倾向和边际进口倾向），显然乘数变小了，这主要是由于增加收入的一部分现在要用到购买进口商品上去了。

七、论述题

1. 凯恩斯的短期消费函数是消费支出与可支配收入之间的函数关系，它在图像上表现为一条向

右上方倾斜的曲线。在某一个可支配收入水平上，平均消费倾向等于1；低于该可支配收入水平时，平均消费倾向大于1；高于该可支配收入时，平均消费倾向小于1。在可支配收入增加的过程中，边际消费倾向大于0小于1。

2. 杜森贝里认为，消费支出取决于相对于以前最高收入水平而言的可支配收入水平。当可支配收入减少时，居民倾向于维持稳定的消费水平，消费支出的下降慢于可支配收入的下降；当可支配收入恢复到原来最高水平时，居民的消费倾向提高，消费支出的上升快于可支配收入的上升。因此，消费曲线是一条向右上方倾斜的折线。

3. 弗里德曼认为，居民的可支配收入等于持久收入和暂时收入之和，居民的消费支出等于持久消费和暂时消费之和。经统计分析证明，持久消费与持久收入存在稳定的函数关系，但持久消费不受暂时收入影响，暂时消费也不受暂时收入影响，因而消费支出取决于持久收入。另外，由于存在暂时消费和暂时收入，边际消费倾向是不稳定的。

4. 四部门经济是在三部门经济的基础上加上国外部门。在开放经济中，一国均衡的国民收入不仅取决于国内消费、投资和政府支出，还取决于净出口 $x-m$，在净出口中，出口 x 由国外购买力决定，因此可视为一个外生变量，而进口 m 被认为受本国收入的影响，即 $m=m_0+\gamma y$。有了净出口以后，国民收入决定的模型可表示如下：

$$y=c+i+g+x-m$$

$$c=\alpha+\beta y_d$$

$$y_d=y-t+t_r$$

$$m=m_0+\gamma y$$

得四部门经济中的均衡收入为：

$$y=\frac{1}{1-\beta+\gamma}\left(\alpha+i+g-\beta t+\beta t_r+x-m_0\right)$$

5. 首先说明乘数的定义，然后说明各种支出为什么具有乘数作用，最后推导出各种支出的乘数计算公式。

6. 答：总需求由消费支出、投资支出、政府购买支出和净出口四部分组成。

税收并不直接影响总需求，它通过改变人们的可支配收入，从而影响消费支出，再影响总需求。税收的变化与总需求的变化是反方向的。当税收增加（税率上升或税收基数增加）时，导致人们可支配收入减少，从而消费减少，总需求也减少。总需求的减少量数倍于税收的增加量，反之亦然。这个倍数就是税收乘数。

政府购买支出直接影响总需求，两者的变化是同方向的。总需求的变化量也数倍于政府购买的变化量，这个倍数就是政府购买乘数。

政府转移支付对总需求的影响方式类似于税收，是间接影响总需求，也是通过改变人们的可支配收入，从而影响消费支出及总需求。并且政府转移支付乘数和税收乘数的绝对值是一样大的。但与税收不同的是，政府转移支付与总需求是同方向变化的，但政府转移支付乘数小于政府购买乘数。

上述三个变量（税收、政府购买和政府转移支付）都是政府可以控制的变量，控制这些变量的政策称为财政政策。政府可以通过财政政策来调控经济运行。例如，增加1美元的政府支出，一开始就使总需求增加1美元，因为政府购买直接是对最终产品的需求。可是增加1美元的转移支付和减少1美元的税收，只是使人们可支配收入增加1美元，若边际消费倾向是0.8，则消费支出只增加0.8美元，这0.8美元才是增加1美元转移支付和减税1美元对最终产品需求的第一轮增加，这一区别使政府转移支付乘数与税收乘数大小相等、方向相反，同时使政府购买乘数的绝对值大于政府转移支付乘数和税收乘数的绝对值。

第三章　产品市场和货币市场的一般均衡

一、名词解释

1. 资本的边际效率：资本的边际效率（*MEC*）是指一个贴现率，该贴现率恰好使得一项资本品带来的各项预期收益的贴现值之和等于该项资本品的价格。

2. 投资的边际效率：投资的边际效率是指在资本商品价格不变的前提下，利率与投资水平的关系。

3. *IS* 曲线：*IS* 曲线就是在利率和国民收入不同组合条件下，投资与储蓄相等的曲线。

4. 流动性偏好：流动性偏好是指人们为应付日常开支、意外支出和进行投机活动而愿意持有现金的一种心理偏好。

5. 交易动机：交易动机是指个人和企业需要货币是为了进行正常的交易活动。

6. 谨慎动机：谨慎动机亦称预防性动机，是指为预防意外支出而持有一部分货币的动机，如个人或企业为应付事故、失业、疾病等意外事件而需要事先持有一定数量货币。

7. 投机动机：指人们为了抓住有利的购买有价证券的机会而持有一部分货币的动机。

8. 凯恩斯陷阱：当利率极低的时候，人们会认为这时利率不大可能再下降，或者说有价证券市场价格不大可能再上升，因而会将持有的有价证券全部换成货币。人们有了货币也绝不会去买证券，以免证券价格下跌时遭受损失，人们不管有多少货币都愿意持有手中，这种情况称为“凯恩斯陷阱”或“流动性偏好陷阱”。

9. *LM* 曲线：满足货币市场的均衡条件下的收入 y 与利率 r 的关系的图形被称为 *LM* 曲线。在纵轴为利率、横轴为收入的坐标系中，它是一条具有正斜率的曲线。曲线上任何一个点对应的收入和利率的组合，都能保证货币市场的均衡。

10. *LM* 曲线的凯恩斯区域：*LM* 呈水平状的区域为凯恩斯区域。在凯恩斯区域里财政政策完全有效，货币政策完全无效。

11. *LM* 曲线的古典区域和中间区域：*LM* 曲线呈垂直状的区域为古典区域，在此区域中货币政策完全有效，财政政策完全无效。古典区域和凯恩斯区域之间的区域为中间区域。在此区域财政政策和货币政策都有效，不过随着 *LM* 曲线斜率的增大财政政策的作用逐渐减弱，货币政策的作用逐渐增大。

12. *IS—LM* 模型：表示产品市场均衡的 *IS* 曲线和表示货币市场均衡的 *LM* 曲线共同构成了 *IS—LM* 模型。在两条曲线的交点上，两个市场实现了一般均衡，此时有一个均衡的国民收入和利率被决定。该模型被认为是对凯恩斯宏观经济思想的基本概括，同时它也是一个分析宏观经济政策效应的很有用的模型。

13. 产品市场和货币市场的一般均衡：是指在 *IS* 曲线与 *LM* 曲线的交点上，产品市场和货币市场同时达到均衡时的状态。在 *IS—LM* 模型中，除交点之外的任何一点都是不稳定的，在市场力量的作用之下总会向均衡点移动。

二、判断题

1. √

提示：西方一些经济学家认为，作为各厂商的资本边际效率曲线的总和的 *MEC* 曲线仅考虑到每个厂商单独增加投资时所造成的后果，而在事实上，当每个厂商都增加投资时，资本品的价格便要上升，这样资本边际效率不是沿 *MEC* 曲线而是一条更陡的曲线更迅速地下降，这条曲线即为投资的边际效率（*MEI*）曲线。在相同的预期收益下，投资的边际效率要小于资本边际效率，而真正表示投资所能带来的好处的是前者而非后者。因此，投资的边际效率曲线（*MEI*）能更精确地表示投资和利率的关系。

2. ×

提示：*IS* 曲线是在利率和国民收入不同组合条件下，投资与储蓄相等的曲线。

3. √

提示：*IS* 曲线是在利率和国民收入不同组合条件下，投资与储蓄相等的曲线。

4. ×

提示：如果在同样利率水平上投资需求增加了，即投资需求曲线向右上方移动，*IS* 曲线就会向右上方移动，其向右的移动量等于投资需求曲线的移动量乘以乘数。

5. ×

提示：消费增加，*IS* 曲线向右上方移动。

6. ×

提示：在简单的凯恩斯模型中，由于投资被设定为一个常数，因而能保证产品市场均衡的收入即为均衡的国民收入。但在扩展的凯恩斯模型即 *IS—LM* 模型中，投资被认为是利率的函数，虽然 *IS* 曲线上任意一点均能保证产品市场的均衡，但若此时的利率不是均衡的利率，则随着货币市场的调整，投资和收入都将被迫作相应的调整。只有在 *IS* 曲线与 *LM* 曲线相交之点，即产品市场与货币市场同时达于均衡时，此时的收入才处于均衡状态。

7. √

8. ×

提示：所谓货币需求，简单地说就是人们在不同条件下出于各种考虑对持有货币的需要。

9. ×

提示：首先，货币供给的口径有广义和狭义之分。狭义的货币供给是指硬币、纸币和银行活期存款的总和（M_1），如再加上定期存款，则构成广义的货币供给（M_2）；如将个人和企业持有的政府债券等流动资产或“货币近似物”也考虑进去，便是意义更广泛的货币供给（一般用 M_3 表示）。其次，货币供给还是一个存量概念，若按 M_1 定义，它是一个国家在某一时点上所保持的不属政府和银行所有的硬币、纸币和银行存款的总和。很显然，新币投放虽然能够改变货币供给的数量，但它与货币供给远非同一概念。

10. ×

提示：*LM* 曲线是描述货币市场达到均衡时，国民收入与利率之间关系的曲线。

11. ×

提示：*LM* 曲线是描述货币市场达到均衡时，国民收入与利率之间关系的曲线。

12. ×

提示：设若货币的交易需求函数与货币的投机需求函数不变，则只有实际货币供给量（而非名义货币供给量）的变动才会使 *LM* 曲线发生同方向变动。当名义货币量变化时，若价格水平亦作同向变化且两者变化幅度相同，则 *LM* 曲线会保持不变；如若价格水平的变动幅度超出名义货币量变动的幅度，*LM* 曲线甚至会出现相反方向的变动。

13. √

14. √

15. ×

提示：经济运行的理想状态是实现充分就业的均衡，而在 *IS* 曲线与 *LM* 曲线的交点上，虽然产品市场与货币市场是均衡的，但此时的产出或收入水平可能常常小于充分就业的水平，因而 *IS* 曲线与 *LM* 曲线的交点并不必然是理想状态。按照凯恩斯主义的观点，当实际产出低于充分就业的产出时，政府应使用宏观经济政策向右移动 *IS* 曲线或 *LM* 曲线，以达到充分就业均衡的理想状态。

16. ×

提示：公司提取更多的未分配利润将促使社会消费曲线向下方移动。

17. ×

提示：*LM* 曲线呈水平段的区域称为“凯恩斯区域”。

18. ×

提示：当利率极高时，货币投机需求量是零，人们手持货币量都是交易需求量。

19. ×

提示：如果利率低到一定的水平，政府实行扩张性货币政策，增加货币供给，不能降低利率，也不能增加收入，因而货币政策在这时无效。相反，扩张性财政政策使 *IS* 曲线向右移动，收入水平会在利率不发生变化的情况下提高，因而财政政策有很大的效果。

20. √

三、单项选择题

题号	1	2	3	4	5	6	7	8	9	10
答案	C	B	A	C	A	D	A	A	C	D
题号	11	12	13	14	15	16	17	18	19	20
答案	B	C	A	A	B	A	B	C	C	A
题号	21	22	23	24	25					
答案	A	A	B	B	C					

四、多项选择题

题号	1	2	3	4	5	6	7	8	9	10
答案	BD	CD	BCD	ABD	AC	BCD	AD	AB	AD	ABC
题号	11	12	13	14	15	16				
答案	AC	ABD	AD	AD	AC	CD				

五、计算题

1. 第一个项目两年内回收 120 万美元，实际利率是 3%，其现值是 120 /（1.03 × 1.03） = 113

（万美元），大于100万美元，值得投资。

同理可计算得第二个项目回收值的现值是125／（1.03×1.03×1.03）＝114（万美元），大于100万美元，也值得投资。

第三个项目回收值的现值是130／（1.03×1.03×1.03×1.03）＝115.5（万美元），大于100万美元，也值得投资。

如果预期利率是5%，则上面三个项目回收值的现值分别为：120／（1.05×1.05）＝108.84（万美元），125／（1.05×1.05×1.05）＝107.98（万美元），130／（1.05×1.05×1.05×1.05）＝106.95（万美元），因此，也都值得投资。

2. 如果预期通胀率是4%，则120万美元，125万美元，130万美元的实际值分别为120／（1.04×1.04）＝110.9（万美元），125／（1.04×1.04×1.04）＝111.1（万美元）和130／（1.04×1.04×1.04×1.04）＝111.1（万美元），再以3%的利率折成现值，分别为：110.9／（1.03×1.03）＝104.5（万美元），111.1／（1.03×1.03×1.03）＝101.7（万美元），111.1／（1.03×1.03×1.03×1.03）＝98.7（万美元）。

从上述结果可知，当年通胀率是4%，利率是3%时，第一、第二个项目仍可投资，而第三个项目不值得投资。

同样结果也可以用另一种方法得到：由于年通胀率是4%，实际利率是3%，因此名义利率约为7%，这样，三个回收值的现值分别为：120／（1.07×1.07）＝104.8（万美元），125／（1.07×1.07×1.07）＝102（万美元），130／（1.07×1.07×1.07×1.07）＝99.2（万美元）。

3.（1）净收益折现值＝未来收益折现值－投资成本

$$=\frac{100}{(1+0.05)}+\frac{120}{(1+0.05)^2}-200=4.08\text{（万美元）}$$

其值大于零，该项投资是可行的。

（2）净收益折现值＝未来收益折现值－投资成本

$$=\frac{100}{(1+0.1)}+\frac{120}{(1+0.1)^2}-200=-9.92\text{（万美元）}$$

其值小于零，该项投资不可行。

4.（1）将利率 r 的值代入投资函数 $i=100-5r$，依次得

$i_1=80$，$i_2=75$，$i_3=70$，$i_4=65$

（2）令 $s_1=80$，$s_2=75$，$s_3=70$，$s_4=65$

代入储蓄函数 $s=-40+0.25y$，依次得

$y_1=480$，$y_2=460$，$y_3=440$，$y_4=420$

（3）令 $i=s$ 有 $100-5r=-40+0.25y$

整理得 IS 曲线：$y=560-20r$。

容易画出 IS 曲线的图形，见下图。

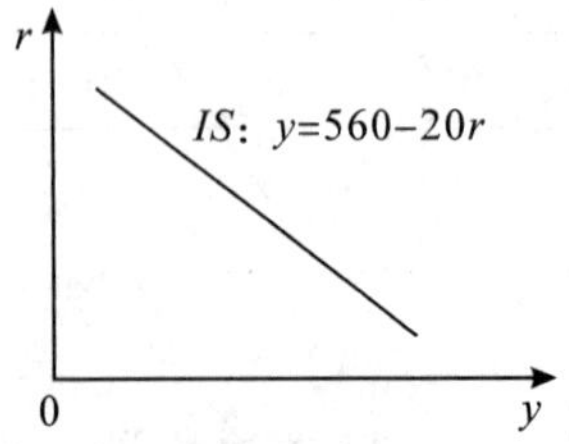

5. （1） $c=50+0.8y$，易得 $s=-50+0.2y$

令 $i=s$ 有 $100-5r=-50+0.2y$

整理得 *IS* 曲线：$y=750-25r$

同理可得②和③的 *IS* 曲线，分别为 $y=750-50r$ 和 $y=600-40r$ 。

（2）比较①②，当投资对利率更敏感时，*IS* 曲线的斜率变大（即更平缓）了。

（3）比较②③，当边际消费倾向变小时，*IS* 曲线的斜率变小（即更陡峭）了。

6. （1） $y=800$，$r=10$，$L=0.2y-5r=110$

$r=8$，$L=0.2y-5r=120$

$r=6$，$L=0.2y-5r=130$

同理，当 y 为 900 美元时，对应由高到低的三个利率，货币需求分别为 130、140、150；当 y 为 1 000美元时，相应的货币需求分别为 150、160、170。

根据上述资料可得一组货币需求曲线（如下图所示）。

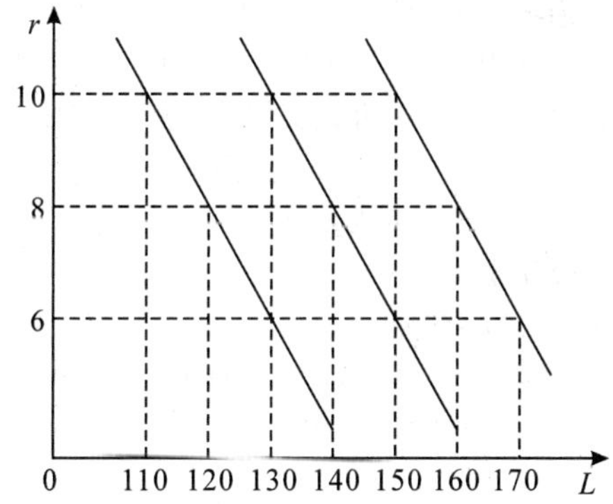

（2）设名义货币供给和实际货币供给分别为 M 和 m，则有 $m=M/P=150$

令 $L=m$，则有 $y=750+25r$，此即为 *LM* 曲线。

易知，所有满足上述方程的收入与利率的组合都能保证货币需求与货币供给的均衡。

（3）由上述推导过程不难看到，*LM* 曲线上任一点对应的利率所导致的投机需求加上该点对应的收入所导致的交易需求之和都和某个既定的货币供给量相等，即货币市场是均衡的，*LM* 曲线其实就是“$L=M$ 的曲线”（如下图所示）。

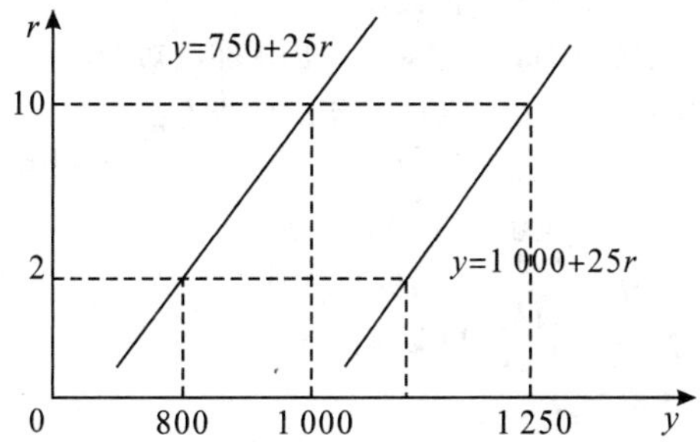

（4）当货币供给为 200 美元时，由 $200=0.2y-5r$ 得 $y=1\,000+25r$ 。此即为新的 LM 曲线。与（3）中的 LM 曲线相比，新的 LM 曲线向右平移了 250（$\Delta m/k=50/0.2=250$）个单位。

（5）若 $r=10$，$y=1\,100$ 美元，此时货币需求为

$L=0.2y-5r=220-50=170$（美元）

货币需求小于货币供给，利率将下降，直到 $r=4$，货币市场才会实现均衡。

7.（1）设实际货币供给为 m，则有 $m=M/P$

由 $L=m$，得 LM 曲线的代数表达式为：$M/P=ky-hr$，即有 $r=\frac{-M}{hp}+\frac{k}{h}y$

其斜率的表达式即为 k/h。

（2）当 $k=0.20$，$h=10$ 时，LM 曲线斜率为：$k/h=0.02$

当 $k=0.20$，$h=20$ 时，LM 曲线斜率为：$k/h=0.01$

当 $k=0.10$，$h=10$ 时，LM 曲线斜率为：$k/h=0.01$

（3）因为 LM 曲线的斜率为 k/h，则当 k 变小时，LM 斜率变小，曲线变得更平缓。原因是：由于 k 变小，收入变化导致货币交易需求的变化就小，利率的变化相应就小，因而 LM 曲线变得平缓。

当 h 增加时，LM 斜率亦会变小，曲线变得更平缓。原因是：h 增大意味着货币需求对利率的敏感程度加大，当收入变化导致货币需求有一定量的变化时，利率不会因之改变很多，因而 LM 曲线变得平缓。

（4）若 $k=0.02$，$h=0$，则 $k/h=\infty$，LM 曲线垂直。

此时 LM 曲线的方程为：$y=5M/p$

8.（1）$L=L_1+L_2=0.20y+2\,000-500r$

（2）$L=L_1+L_2=0.2\times10\,000+2\,000-500\times6=1\,000$（亿美元）

（3）$2\,500=0.2\times6\,000+L_2$，$L_2=1\,300$（亿美元）

（4）$2\,500=0.2\times10\,000+2\,000-500\times r$，$r=3\%$

9.（1）$y=c+i=100+0.8y+150-6r$

整理得 IS 曲线：

$y=1\,250-30r$

由 $L=m$，得 $0.2y-4r=150$

整理得 LM 曲线：$y=750+20r$

（2）解方程组

$$\begin{cases}y=1\,250-30r\\y=750+20r\end{cases}$$

得均衡利率 $r=10$，均衡收入 $y=950$（亿美元）。

10.（1）这是一个引入政府的三部门经济模型，因为在已知 $C=0.8(1-t)Y$，$t=0.25$，$I=900-50r$ 和 $G=800$ 的条件下，由恒等式 $Y=C+I+G$ 可得 IS 曲线为：

$Y=0.8(1-0.25)Y+900-50r+800\Rightarrow0.4Y=1\,700-50r\Rightarrow Y=4\,250-125r$

（2）LM 曲线为：$0.25Y-62.5=500\Rightarrow Y=2\,000+250r$

（3）解方程 $\begin{cases}Y=4\,250-125r\\Y=2\,000+250r\end{cases}$ 得：$\begin{cases}r=6\\Y=3\,500\end{cases}$

六、简答题

1. 按照凯恩斯的说法，资本边际效率（MEC）是一种贴现率，这种贴现率正好使一项资本物品

的使用期内各预期收益的现值之和等于这项资本品的供给价格或者重置成本。即资本边际效率实质上是指厂商计划一项投资时预期可赚得的按复利方法计算的利润率。

资本边际效率的数值取决于两个因素，即预期的未来收益和购置投资资产（如一台机器）的成本。资本边际效率之所以递减，是因为随着投资增加，资本存量增加，一方面资本资产之成本会增加（同样一台机器所费更多），另一方面，资本品所产物品的供给增加，因而预期收益会减少。凯恩斯认为，资本边际效率随投资增加而递减，在短期内主要由于资本物品成本上升，在长期内主要由于资本存量的大量积累。

2. 货币需求是指人们在不同条件下出于各种考虑对货币的需要，或者说是个人、企业和政府对执行流通手段（或支付手段）和价值贮藏手段的货币的需求。

按照凯恩斯的说法，对货币的需求是出于以下几种动机：

一是对货币的交易需求动机，指家庭或厂商为交易的目的而形成的对货币的需求。它产生于人们收入和支出的非同步性。出于交易动机的货币需求量主要取决于收入，收入越高，交易数量就越大。

二是对货币的预防性需求动机，指人们为应付意外事故而形成的对货币的需求。它产生于未来收入和支出的不确定性。从全社会来看，这一货币需求量也和收入成正比。

三是对货币的投机需求动机，它产生于未来利率的不确定，人们为避免资产损失或增加资本收入而及时调整资产结构，因此形成对货币的需求。例如，人们预期债券价格会上升时，需要及时买进债券，以便以后卖出时得到收益，这样就产生了对货币的投机需求。这一需求与利率成反方向变化。

3. 凯恩斯指出，货币需求是利率的减函数，即利率下降时货币需求会增加，然而当利率下降到一定程度或者说临界程度时，即债券价格上升到足够高度时，人们购买生息的债券会面临亏损的极大风险，这时，人们估计，如此高的债券价格只会下降，不会再上升，于是他们就不肯再买债券，而宁肯保留货币在手中。在这样的情况下，货币供给的增加就不能使利率再降低，因为人们手中即使有多余的货币，也不肯再去买债券，从而不会使债券价格再上升，即利率不会再下跌。在这种情况下，就说经济正处于“流动性陷阱”之中。这时实行扩张货币政策对利率和投资无效从而对就业和产出就不会有效果。

4. 根据凯恩斯的观点，利率是由货币的供给量和对货币的需求量所决定的。货币的需求包括交易需求、预防需求和投机需求，其中交易需求和预防需求都是收入的增函数，投机需求是利率的减函数。若以 L 表示货币需求，L_1 表示交易需求与预防需求之和，L_2 表示投机需求，y 和 r 分别表示收入和利率，则有货币需求函数：$L = L_1(y) + L_2(r)$。

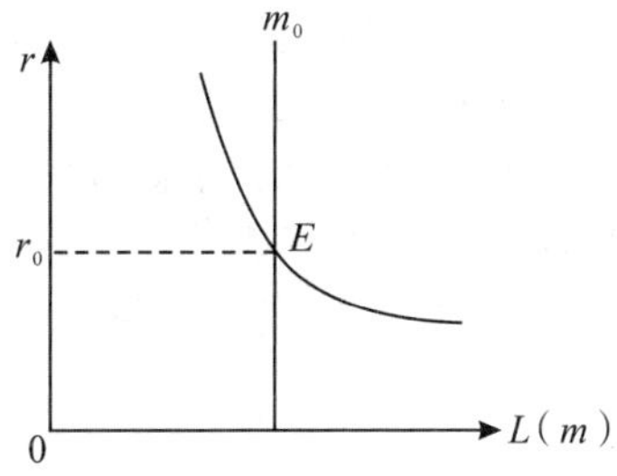

如上图所示，货币需求函数表现为一条从左上方向右下方倾斜的曲线；货币的实际供给（用 m 表示）一般由国家加以控制，可视为外生变量，在图中是对应既定货币供给水平 m_0 的一条垂线；在

货币需求曲线与供给曲线相交之点，此时货币供给等于货币需求，货币市场实现均衡，相应的利率 r_0 即为均衡的利率水平。即由 r_0 所决定的货币投机需求加上由某个收入水平决定的一定量交易需求所得之和 L 恰等于既定的货币供给量 m_0。

5.（1）*IS* 曲线表示产品市场达到均衡时，即 $I=S$ 时，国民收入（Y）与利率（r）的组合轨迹。

（2）*IS* 曲线的斜率为负值，表示利息率与国民收入呈反方向变动。投资对利息率的反应越敏感，*IS* 曲线越平缓；相反，投资对利息率的反应越不敏感，*IS* 曲线越陡峭。

（3）*IS* 曲线左边的点表示产品市场短缺型的失衡。因为，在同一利息率的水平上，这些点所代表的产出水平低于产品市场均衡时的产出水平；相反，*IS* 曲线右边的点表示过剩型的失衡。

（4）自主性支出的变动会引起 *IS* 曲线的平行移动。自主性支出增加，如消费增加、投资增加或政府支出增加等会使 *IS* 曲线向右移动，表示在同等利息率水平上收入增加了；相反，自主性支出的减少会使 *IS* 曲线向左移动，表示在同等利息率水平上收入减少了。

6.（1）*LM* 曲线表示在货币市场中货币需求和货币供给达到均衡，即 $L=M$ 时，国民收入（Y）与利息率（r）的组合轨迹。*LM* 曲线中的 L 是流动性偏好货币需求 $L(Y, r)$，M 是货币供给量。

（2）*LM* 曲线向右上方延伸，表明在货币市场达到均衡时，收入与利息率呈同方向变动。其原因是：在货币供给不变时，收入增加要求交易货币需求量增加，这样导致货币需求大于货币供给，从而使利息率提高。

（3）位于 *LM* 曲线右方的收入和利息率的组合，都是货币需求大于货币供给的非均衡组合；位于 *LM* 曲线左方的收入和利息率的组合，都是货币需求小于货币供给的非均衡组合。

（4）*LM* 曲线的形成是由货币的交易需求、投机需求和货币供给共同决定的，因此，*LM* 曲线位置的移动，主要取决于这三个因素的变化。在货币需求较稳定的情况下，*LM* 曲线的移动主要由货币供给变动引起。货币供给增加使 *LM* 曲线向右平行移动，货币供给减少使 *LM* 曲线向左平行移动。h 和 k 的变动则会使 *LM* 曲线斜率变动。

7. 按凯恩斯的说法，人们之所以为了投机目的而持有货币，是因为其他资产形式或者说债券的收益具有不确定性。持有债券的收益包括债券利息和债券的资本价值可能发生的增值或亏损。若资本价值亏损超过利息收入，则净收益为负数，人们将不持有债券而持有货币。而债券价格是和利率反方向变动。一张年息 10 美元的债券在市场利率为 10% 时其价格为 100 美元，而市场利率为 5% 时其价格为 200 美元。因此，如果人们预期利率显著提高，即预期债券价格显著下降，他们将只持有货币。反之，如果人们预期利率显著下降，即预期债券价格显著上升，则他们将尽量减少持币量，而用货币去购买债券以谋得资本增值。这样，货币的投机需求就成为利率的函数，而且是利率的减函数。

8. *LM* 曲线固定不变，*IS* 曲线移动如下图所示，如果自发消费、自发投资、政府税收、转移支付和政府支出的变化都会改变 *IS* 曲线的截距，引起 *IS* 曲线相应乘数倍的移动。假设自发投资增加，因而使 *IS* 曲线向右移位，其结果是收入提高，而利率水平也上升了，均衡点从 E_0 到 E_1。这是因为投资增加，而总支出增加，总支出增加使生产和收入增加，收入增加了，对货币交易需求增加。假定 *LM* 曲线不变，货币供给不变，因此，人们只能出售有价证券来获取从事交易增加所需货币，这就会使证券价格下降和利率水平上升。同理可以说明，*LM* 曲线不变而 *IS* 曲线向左移动时，收入和利率都会下降。

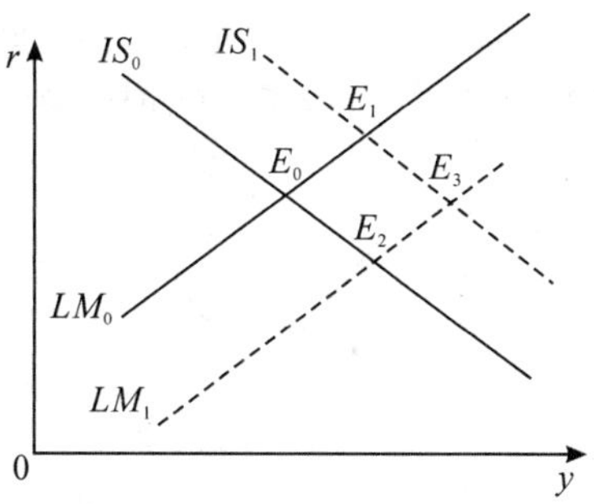

9. *IS* 曲线固定不变，*LM* 曲线平行移动如同上图所示，货币供给量的变动将引起 *LM* 曲线的移动，如果中央银行实行扩张性的货币政策，增加货币供给量，会导致 *LM* 曲线向右平移，其结果是收入提高，利率水平下降，均衡点从 E_0 到 E_2。这是因为 *LM* 曲线右移，意味着货币市场上供过于求，从而导致利率水平下降。利率水平下降刺激消费和投资，从而使收入增加。相反，当 *LM* 曲线向左平移，则会使利率水平上升，收入下降。

10. 政府支出的增加意味着总需求（总支出）的增加，这将使产量和收入增加，从而增加对货币的交易需求量，在货币供给量不变的条件下（*LM* 曲线不变），新增加的货币需求会使利率上升，最终会引起货币投机需求下降而使货币市场均衡。在 *IS—LM* 模型中，表现为 *LM* 曲线不动，*IS* 曲线右移，收入和利率同时增加。

在中央银行增加货币供给量，而货币需求不变的条件下，利率将下降。从产品市场来看，在 *IS* 曲线上，在既定投资函数上，利率下降会导致投资和国民收入增加，表现为 *IS* 不变，*LM* 曲线右移，促使利率下降和国民收入上升。

七、论述题

1. 货币需求是指人们在不同条件下出于各种考虑对货币的需要，或者说是个人、企业和政府对执行流通手段（如支付手段）和价值储藏手段的货币的需求。按凯恩斯的说法，人们需要货币是出于以下三种动机：交易动机，指个人和企业需要货币是为了进行正常的交易活动，出于交易动机的货币需求量主要决定于收入，收入越高，交易数量越大，为应付日常开支所需货币量越大；预防性动机，指为预防意外支出而持有一部分货币的动机，这一货币需求量也和收入成正比。如果用 L_1 表示交易动机和预防性动机所产生的全部实际货币需求量，用 y 表示实际收入，则这两种货币需求量和收入关系可表示为 $L_1 = L_1(y)$；投机动机，指人们为了抓住有利的购买有价证券的机会而持有一部分货币的动机，对货币的投机性需求取决于利率，用 L_2 表示，其关系可表示为 $L_2 = L_2(r)$。

货币需求函数表示为 $L = L_1(y) + L_2(r)$。

2. *IS—LM* 模型最初是由英国经济学家希克斯在总结凯恩斯理论体系的基础上提出的，后经许多人加以补充和扩展，成了宣传和阐释凯恩斯理论的重要工具。该模型由两个方程组成，即：

IS：$i(r) = s(y)$ ①

LM：$M/p = m = L_1(y) + L_2(r)$ ②

式中 i 为投资，s 为储蓄，r 为利率，y 为收入，M 为名义货币量，P 为价格水平，m 为实际货币供给。式①是产品市场均衡的条件，即投资等于储蓄；式②是货币市场的均衡条件，即货币供给等于货币需求。在假定其他变量为既定的条件下，通过解上述两式的联立方程组求得同时满足上述两式的收入 y 和利率 r，即为两个市场均衡时的均衡收入和均衡利率。

IS—LM 模型还可用图形表示。如下图所示，IS 曲线是式①的几何表示，在该曲线上任一点都有 $i=s$，LM 曲线是式②的几何表示，在该曲线上任一点都有 $L=m$。在图中的 E 点产品市场和货币市场同时达到均衡状态，r_e 和 y_e 分别为同时使产品市场和货币市场达到均衡的利率水平和收入水平。

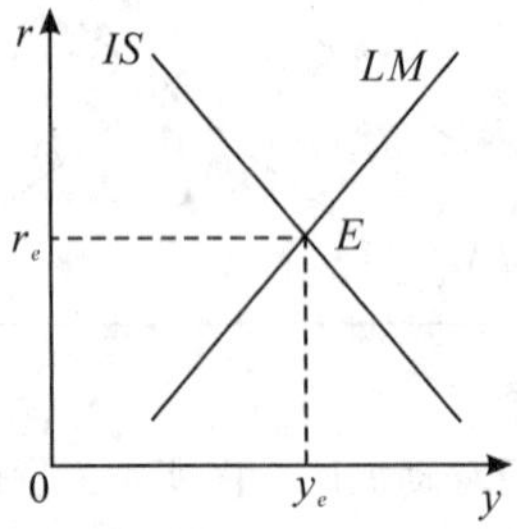

3. (1) 在 IS—LM 模型中，保证产品市场和货币市场自动维持平衡的机制包括利率变动机制和收入变动机制。在产品市场上，由于企业竭力要使非合意存货为零，所以当供过于求时，$i<s$，产量或收入将减少；当供不应求时，$i>s$，产量或收入会增加，从而实现产品市场的均衡；在货币市场上，由于私人部门会通过改变货币和其他资产（以债券来代表）的结构来使持币量维持在合意的水平上，所以当供过于求（$L<M$）时，人们将买入债券，利率因而下降。当供不应求（$L>M$）时，人们会卖出债券，利率因而上升，从而实现货币市场的均衡。

(2) 可以用下图说明两个市场的调节过程。容易说明，在被 IS、LM 两条曲线分割的Ⅰ、Ⅱ、Ⅲ、Ⅳ四个区域中，其不均匀的情况分别为 $i<s$ 和 $L<M$、$i<s$ 和 $L>M$、$i>s$ 和 $L>M$、$i>s$ 和 $L<M$。现设经济处于 A 点，则此时有 $i>s$ 和 $L>M$，$i>s$ 使得产出增加，$L>M$ 使得利率提高，前者使得 A 点沿平行于横轴的箭头向右调整，后者使 A 点沿垂直于横轴的箭头向上调整，作为这两种运动的共同结果，经济将沿某种路径趋于均衡点 E。

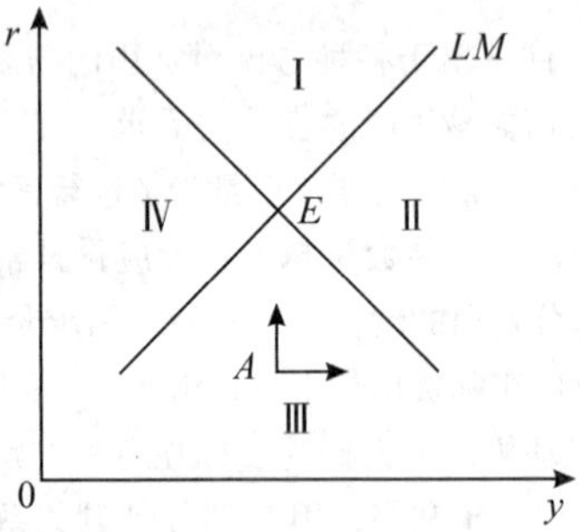

4. 财政政策和货币政策会分别改变 IS 曲线、LM 曲线的位置，具体来说，膨胀性财政政策与货币政策分别使 IS 曲线、LM 曲线向右移，紧缩性财政政策与货币政策分别使 IS 曲线、LM 曲线向左移。当两条曲线中至少一条改变位置时，均衡收入、均衡利率就将发生变化（如下图所示）。在图中，E_0 为初始的均衡点，r_0、y_0 为相应的利率和收入，当有膨胀性财政政策时 IS 曲线由 IS_0 移至 IS_1，新的均衡点为 E_1，相应的利率 r_1、收入 y_1 较以前都有所提高。这是因为，膨胀性财政政策使总支出水平提高，这又促使生产和收入增加，从而货币的交易需求会增加，由于货币供给不变（LM 不变），人们只能售出有价证券来换取货币以满足增加了的交易需求，这就使得证券价格下降，利率上升。同样可以说明，紧缩的财政政策会使收入和利率都下降。

当有膨胀性货币政策而 *IS* 曲线不变时，*LM* 曲线由 LM_0 右移 LM_1，新的均衡点为 E_2，相应的利率 r_2 较以前有所降低，收入 y_2 较以前有所增加，这是因为，膨胀性货币政策使货币供给增加，新增的货币一部分用来满足增加了的交易需求，一部分要用来满足增加了的投机需求，这一方面降低了利率，一方面又提高了收入。同样亦可说明，紧缩性的货币政策会使收入减少，利率升高。

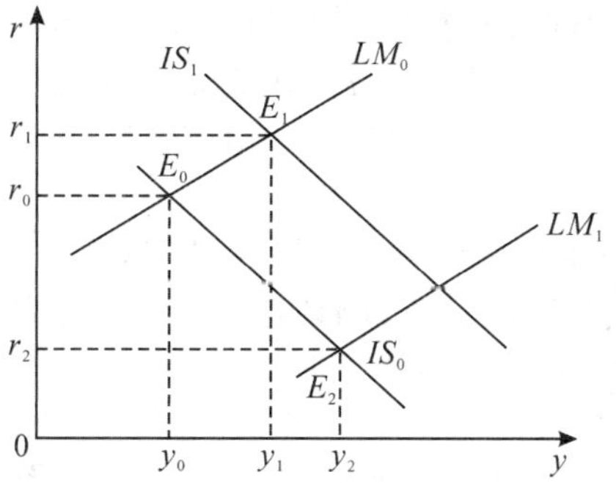

5. 如下图所示：

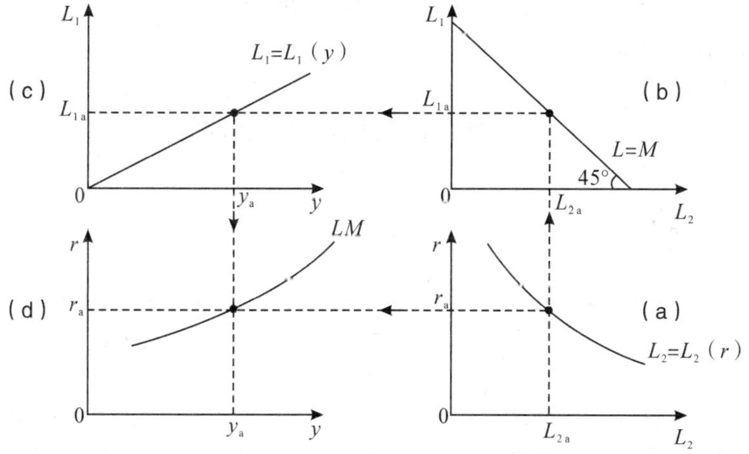

在图（a）中横轴为 L_2，纵轴为 r，反映投机动机的货币需求是利率的减函数，$L_2=L_2$（r）是投机动机货币需求函数曲线。在图（b）中，横轴为 L_2，纵轴为 L_1，图中直线为 $L=M$ 的 45°线，与坐标轴构成等腰直角三角形，其线上的各点表示总货币供给中划分交易用货币数量和投机用货币数量。在图（c）中，横轴为 y，纵轴为 L_1，$L_1=L_1$（y）是交易动机和谨慎动机引起的货币需求曲线。该图反映 L_1 与 y 的同方向变动，即 L_1 是 y 的增函数。在图（d）中，横轴为 y，纵轴为 r，*LM* 曲线表示货币市场均衡的 r 与 y 的关系。

推导过程：首先从图（a）曲线上任选一点，确定 r 与 L_2 的对应关系；然后从该点出发向图（b）作连线，找到在 $L=M$ 的情况下，L_2 与 L_1 的对应关系；接着向图（c）作连线，找到与 y 的对应关系，最后在图（d）中将 r 与 y 的数量关系对应，从而得到 *LM* 曲线的一点。其他点依此类推，将所有点连接形成 *LM* 曲线。

6. 凯恩斯理论的核心是有效需求原理，该原理认为国民收入决定于有效需求，而有效需求原理的支柱又是边际消费倾向递减、资本边际效率递减以及心理上的流动偏好这三个心理规律的作用。

这三个心理规律涉及四个变量：边际消费倾向、资本边际效率、货币需求和货币供给。在这里，凯恩斯通过利率把货币经济和实物经济联系了起来，打破了新古典学派把实物经济和货币经济分开的两分法，认为货币不是中性的，货币市场上的均衡利率会影响投资和收入，而产品市场上的均衡收入又会影响货币需求和利率，这就是产品市场和货币市场的相互联系和作用。但凯恩斯本人并没有用一种模型把上述四个变量联系在一起。汉森、希克斯这两位经济学家则用 *IS—LM* 模型把这四个变量放在一起，构成一个产品市场和货币市场之间的相互作用共同决定国民收入与利率的理论框架，从而使凯恩斯的有效需求理论得到了较为完善的表述。不仅如此，凯恩斯主义的经济政策即财政政策和货币政策的分析，也是围绕 *IS—LM* 模型而展开的，因此可以说，*IS—LM* 模型是凯恩斯主义宏观经济学的核心。

7. 两个市场同时均衡时的收入不一定就是充分就业的国民收入。这是因为 *IS* 和 *LM* 曲线都只是表示产品市场上供求相等和货币市场上供求相等的收入和利率的组合，因此，两条曲线的交点所形成的收入和利率也只表示两个市场同时达到均衡的利率和收入，它并没有说明这种收入一定是充分就业的收入。当整个社会的有效需求严重不足时，即使利率甚低，企业投资意愿也较差，也会使较低的收入和较低的利率相结合达到产品市场的均衡，即 *IS* 曲线离坐标图形上的原点 *O* 较近，当这样的 *IS* 和 *LM* 曲线相交时，交点上的均衡收入往往就是非充分就业的国民收入。

8. 产品市场和货币市场的非均衡尽管通过市场的作用可以达到同时均衡，但不一定能达到充分就业收入水平上的同时均衡，因此，还需要政府运用财政政策和货币政策来干预经济生活，使经济达到物价平稳的充分就业状态。

第四章　宏观经济政策分析

一、名词解释

1. 财政政策：为促进就业水平提高，减轻经济波动，防止通货膨胀，实现稳定增长而对政府支出、税收和借债水平所进行的选择，或对政府收入和支出水平所作的决策。简单地说，财政政策就是政府变动税收政策和支出政策，以便影响总需求，进而影响就业和国民收入的政策。

2. 货币政策：为了实现物价稳定、充分就业的目标，实现经济稳定增长，中央银行通过变动再贴现率、法定准备金率以及公开市场操作，变动货币供应量，进而影响利率，最终影响总需求水平的政策。简单地说，货币政策就是中央银行通过银行体系变动货币供给量来调节总需求的政策。

3. 凯恩斯主义极端：一般来说，*LM* 曲线越平坦，或 *IS* 曲线越陡峭，则财政政策效果越大，货币政策效果越小。如果出现 *IS* 曲线为垂直线，而 *LM* 曲线为水平线的情况，则财政政策将十分有效，而货币政策将完全无效。这即为凯恩斯主义的极端情况。

4. 古典主义极端：一般来说，*LM* 曲线越陡峭，或 *IS* 曲线越平坦，货币政策效果越大，财政政策效果越小。如果出现 *IS* 曲线为水平线，而 *LM* 曲线为垂直线的情况，则货币政策将十分有效，而财政政策将完全无效。这即为古典主义的极端情况。

5. 挤出效应：政府支出增加，使得产品市场上的物价上升，在名义货币供给不变的情况下，实际货币供给量减少，用于投机动机的货币量减少，结果债券价格下降，利率上升，进而引起了私人消费或投资降低的效果。这即为挤出效应。

6. 货币幻觉：市场价格上涨时，人们不是对实际价值作出反应，而是对用货币来表示的价值作出反应的现象。

7. 宏观经济政策：在市场机制无法自动达到充分就业均衡的情况下，政府通过对经济总量进行干预和调节，根据经济目标使经济总量增加或减少而采取的一系列行为的规范准则和手段。

8. 财政政策和货币政策的混合使用：即在政策的执行中，财政政策和货币政策同时使用，可以是两者同时扩张，也可以是两者同时紧缩，或者一种政策是扩张的，而另一种政策是紧缩的，即两者可以有多种混合使用形式。

二、判断题

1. ×

提示："挤出效应"是和政府支出的主动增加或税收的主动减少相联系的一种经济现象。以政府支出增加的情况为例，一般情况下，政府支出的增加会导致国民收入增加，因而货币的交易需求也会增加，在货币供给不变的情况下，用于投机需求的货币必然减少，这就会使利率上升，利率上升抑制了私人投资和消费，就发生了政府支出对私人投资的"置换"，即所谓的"挤出效应"。紧缩货币政策虽然也会导致利率上升，但是，它只能减少对利率敏感的私人支出，这与"挤出效应"不是一回事。

2. √

提示：考虑劳动市场的情况：假若劳动的需求和供给都是实际工资的函数，厂商有条件获得价格变化的信息，从而能准确地知道实际工资水平。如果工人存在货币幻觉，即他们总是错把货币工资当做实际工资，则当出现通货膨胀时，企业会增加对劳动的需求，因而产出和就业增加了。但是，在长期，货币幻觉消失，劳动者可以充分地知道价格变动情况，从而可以根据实际工资决定劳动供给的水平，通货膨胀对产出和就业的影响也就不存在了。

3. √

提示：*LM* 曲线越陡峭，说明移动相同 *IS* 曲线距离时，收入变动越小；而 *IS* 曲线越平缓，说明移动相同 *LM* 曲线距离时，对相应收入变动挤出越小，所以，均衡收入变动越接近于 *LM* 曲线的移动量。

4. √

提示：*LM* 曲线越平缓，而 *IS* 曲线越陡峭，意味着 *IS* 曲线移动单位距离，对应的均衡收入的变动也越接近于单位距离，即均衡收入变动越接近 *IS* 曲线的移动量。

5. √

提示：当 *IS* 曲线垂直于 y 轴时，增加货币供给，只会影响 *LM* 曲线的移动，而不影响 *IS* 曲线，所以，均衡收入一直等于 *IS* 曲线与 y 轴的交点，故不变。

6. √

提示：货币需求对利率不敏感，意味着 *LM* 曲线较陡峭；私人部门支出对利率敏感，意味着利率上升时，私人投资可能下降很多，则"挤出效应"可能很大。

7. √

提示：在政府支出增加，从而国内生产总值增加的过程中，由于货币供给量没变，而货币需求随着国内生产总值的增加而增加，所以引起利率上升。这种利率上升就减少了私人的投资和消费，即一部分政府支出的增加，实际上只是对私人支出的替代，并没有起到增加国内生产总值的作用。

8. √

提示：利率上升高，则"挤出效应"大；反之，利率上升低，则"挤出效应"小。

9. ×

提示：财政政策"挤出效应"的大小取决于多种因素，在实现了充分就业情况下，"挤出效应"

最大，即“挤出效应”为1；在没有实现充分就业情况下，“挤出效应”一般大于0而小于1，其大小主要取决于政府支出增加所引起的利率上升的高低。

10. ×

提示：宏观经济政策应该达到的目标是实现经济稳定，为此要同时达到四个目标：充分就业、物价稳定、减少经济波动和实现经济增长，如果考虑到开放经济，还应该包括国际收支平衡与汇率稳定。

三、单项选择题

题号	1	2	3	4	5	6	7	8	9	10
答案	C	C	A	D	C	B	A	C	A	A
题号	11	12	13	14	15	16	17	18	19	20
答案	D	A	C	C	C	B	A	B	C	D

四、多项选择题

题号	1	2	3	4	5	6
答案	ABD	ABCD	AC	BD	AC	BD

五、计算题

1. （1）解方程组

$$\begin{cases} y = 950 - 50r \\ y = 500 + 25r \end{cases}$$

得情况①中的均衡收入、均衡利率和投资为：

$y = 650$ 美元，$r = 6$，$i = 140 - 10r = 80$ 美元

类似地可得到情况②中的均衡收入、均衡利率和投资为：

$y = 650$ 美元，$r = 6$，$i = 110 - 5r = 80$ 美元

（2）当政府支出从50美元增加到80美元时，有

$$\begin{aligned} y &= c + i + g \\ &= 40 + 0.8y_d + 140 - 10r + 80 \\ &= 260 + 0.8(y - 50) - 10r \end{aligned}$$

整理得情况①中的新 *IS* 曲线：

$y = 1\ 100 - 50r$　　①

同理，可得情况②中的新 *IS* 曲线：

$y = 950 - 25r$　　②

解式①与原 *LM* 方程的联立方程组，得均衡收入、均衡利率分别为：

$y = 700$ 美元，$r = 8$

解式②与原 LM 方程的联立方程组，得均衡收入、均衡利率分别为：

$y=725$ 美元，$r=9$

（3）情况①中，$d=10$，情况②中，$d=5$。这说明情况①中投资对利率的变动相对更为敏感，这样当政府支出扩大导致利率上升时，①中的投资被挤出的就多（易得①中 $\Delta i=-20$ 美元，而②中 $\Delta i=-15$ 美元），因而情况①中财政政策效果较情况②要小，收入增加量也小一些。

2.（1）由 $y=c+i+g=90+0.8(y-50)+140-5r+50$

整理，得 IS 曲线方程：$y=1\ 200-25r$　　①

由 $L=m$，得 $0.20y=200$，整理，得 LM 曲线方程

$y=1\ 000$　　②

解①与②式的联立方程组，得

$y=1\ 000$ 美元，$r=8$，$i=140-5r=100$ 美元

（2）其他情况不变而 g 增加 20 美元，由产品市场的均衡条件，得 IS 曲线方程

$y=1\ 300-25r$　　③

解③与②式的联立方程组，得

$y=1\ 000$ 美元，$r=12$，$i=140-5r=80$ 美元

$\Delta i=100-80=20$ 美元

（3）此时存在"挤出效应"，且 $\Delta g=\Delta i=20$ 美元。

由投资变化可以看出，政府支出的增加挤出了等量的投资，这说明存在"挤出效应"；由均衡收入不变也可以看出，LM 曲线处于古典区域，即 LM 曲线与横轴 y 垂直，这说明政府支出增加时，只会提高利率和完全挤占私人投资，并不能带来收入的增加。

（4）如下图所示，政府购买的扩大使 IS 曲线由 IS_0 右移至 IS_1，均衡点由 E_0 上移至 E_1，均衡收入未变，均衡利率大幅度上升。

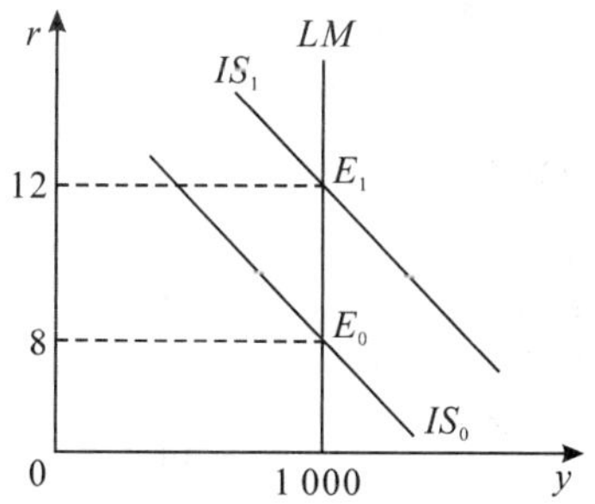

3. 解：（1）
$$\left.\begin{array}{l} y=c+i+g \\ c=60+0.8y_d \\ y_d=y-100 \\ i=150,\ g=100 \end{array}\right\} \Rightarrow y=1\ 150\text{，此即为 } IS \text{ 曲线方程}$$

$$\left.\begin{array}{l} L=0.20y-10r \\ m=200 \\ L=m \end{array}\right\} \Rightarrow y=1\ 000+50r\text{，此即为 } LM \text{ 曲线方程}$$

（2）解 IS、LM 方程的联立方程组，易得：

$y=1\ 150$ 美元，$r=3$，$i=150$ 美元

（3）政府支出从 100 美元增加到 120 美元时，与（1）同理得 *IS* 方程：

$y = 1\ 250$ 美元

与 *LM* 方程联立求解，得：

$r = 5$，$i = 150$ 美元

（4）不存在“挤出效应”。原因是：投资量为一常数，不受利率变化的影响，即投资需求的利率系数为零，*IS* 曲线与横轴 y 垂直，所以，虽然政府支出增加使利率上升，但对投资毫无影响。

（5）如下图所示，当政府支出增加 20 美元后，*IS* 曲线由 IS_0 右移至 IS_1，由于 $d = 0$，故 *IS* 曲线垂直于横轴，*IS* 曲线右移的幅度即为收入增加的幅度。

易知　$\Delta y = \frac{1}{1-\beta} \times \Delta g = \frac{1}{1-0.8} \times 20 = 100$ 美元

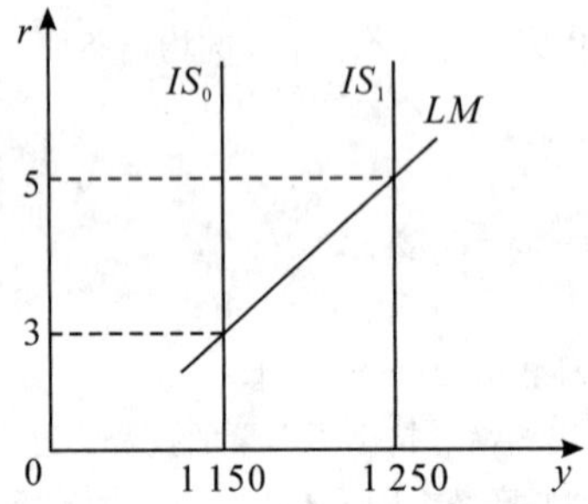

4.（1）解方程组

①$\begin{cases} y = 750 + 20r \\ y = 1\ 250 - 30r \end{cases}$　和　②$\begin{cases} y = 750 + 20r \\ y = 1\ 100 - 15r \end{cases}$

易得，①和②的解分别为：

① $r = 10$，$y = 950$ 美元

② $r = 10$，$y = 950$ 美元

下图分别为两种情况下的 *IS*—*LM* 模型。

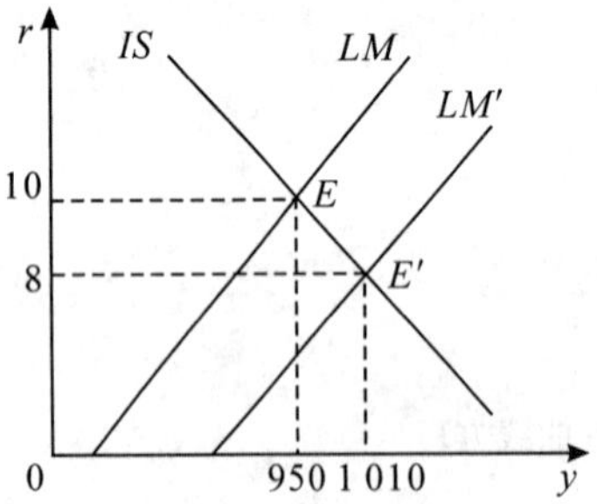

（a）

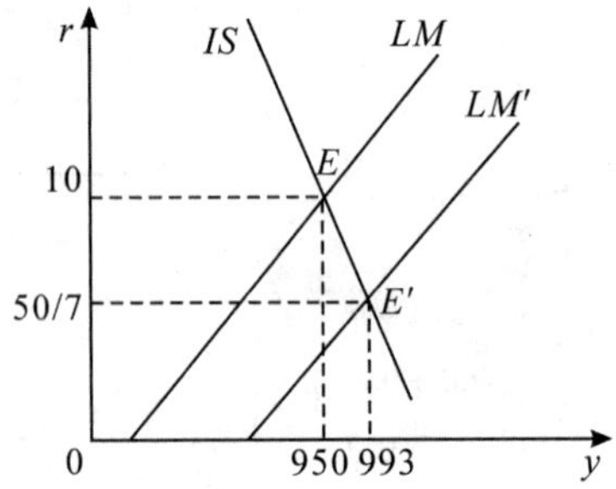

（b）

（2）若货币供给增加 20 美元，货币需求不变，由 $L = m$ 的条件易得 *LM′*的方程：$y = 850 + 20r$，与（a）、（b）中的 *IS* 方程联立，可求得各自新均衡点的均衡收入和利率（如上图）：

（a）$r = 8$，$y = 1\ 010$；（b）$r = 50/7$，$y = 992\frac{6}{7}$

（3）容易看出，（a）图中均衡收入增加得多些，（b）图中均衡利率下降得多些。因为（a）中

的 IS 曲线更为平缓一些，故 LM 曲线同距离的移动会使得均衡收入变动大一些，而利率的变动小一些；(b) 中的 IS 曲线更陡峭一些，故 LM 曲线同距离的移动会使得均衡收入变动小一些，而利率的变动大一些。

5. (1) 由 $m=150$，$L=0.20y-4r$，根据 $L=m$，易得 LM 的方程：$y=750+20r$

解上式与 IS 方程联立的方程组，得均衡利率和均衡收入：

$r=10$，$y=950$ 美元

货币供给不变，但货币需求为 $L'=0.25y-8.75r$ 时，同理易得 LM′的方程：

$y=600+35r$

解上式与 IS 方程联立的方程组，得均衡利率与均衡收入：

$r=10$，$y=950$ 美元

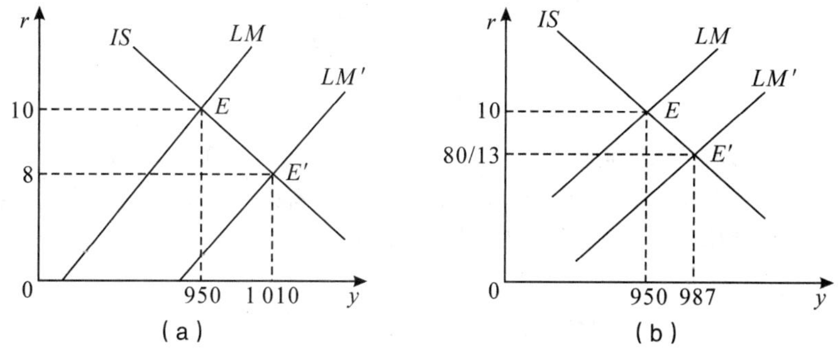

以上两种情况的结果可由上图 (a)、(b) 表示。

(2) 当货币供给从 150 美元增加到 170 美元时，由 $0.20y-4r=170$，得 (a) 中新的 LM 曲线的方程为：

$y=850+20r$

类似地可求出 (b) 中新 LM 曲线的方程为：

$y=680+35r$

不难求出 (a) 和 (b) 中新均衡点对应的均衡收入和均衡利率：

(a) $r=8$，$y=1\,010$；(b) $r=8\dfrac{10}{13}$，$y=986\dfrac{12}{13}$

以上的变化如图所示。容易看出，货币供给增加后，(a) 中收入的增加量比 (b) 中的大，(a) 中利率下降的幅度也比 (b) 中的大。这是因为：(a) 中 $k/h=0.2/4=1/20$，而 (b) 中 $k/h=0.25/8.75=1/35$，即 (a) 中 LM 曲线更陡峭，所以货币政策效果明显；又由于 (a) 中的货币需求的利率弹性较小 ($h=4<8.75$)，故同样增加货币 20 美元，(a) 中利率下降会较多，从而使投资和收入增加更多。

6. (1) 已知 $L=0.20y$，$m=200$，根据 $L=m$ 的均衡条件，易得 LM 方程：

$y=1\,000$

已知 $c=100+0.8y$，$i=140-5r$，根据 $y=c+i$ 的均衡条件，易得 IS 方程：

$y=1\,200-25r$

如下图所示，LM 曲线垂直于 y 轴，易知均衡收入和均衡利率分别为 1 000 美元和 8。

(2) 货币供给增加至 220 美元后，由 $L=m$，得：

$0.20y=220$，即 $y=1\,100$ 美元

此即为新的 LM 曲线，即 LM 曲线向右移动 100 单位，至 LM'（如下图所示）。

由 IS 方程与 LM'方程相等，容易求出新均衡点 E'对应的均衡收入和均衡利率为：

$y=1\ 100$，$r=4$

此时，$c=100+0.8y_d=100+0.8\times1\ 100=980$ 美元，

$i=140-5r=140-5\times4=120$ 美元。

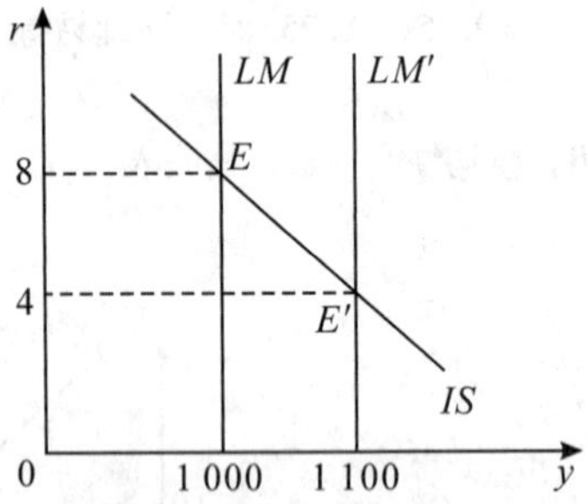

（3）均衡收入增加量等于 LM 曲线移动量，即 $\Delta y=1/k\cdot\Delta m=1/0.2\times20$ 美元 $=100$ 美元。原因是货币需求函数 $L=0.20y$，货币需求与利率无关，只与收入有关，新增货币量全部用于满足交易性货币需求，从而使得均衡收入增加量等于 LM 曲线移动量。

7.（1）$\left.\begin{array}{l}L=0.2y-4r\\m=200\\L=m\end{array}\right\}\Rightarrow y=1\ 000+20r$ ①

$\left.\begin{array}{l}c=100+0.8y\\i=150\\y=c+i\end{array}\right\}\Rightarrow y=1\ 250$ ②

上式①、②即为所求 LM 曲线的方程和 IS 曲线的方程（如下图所示）。

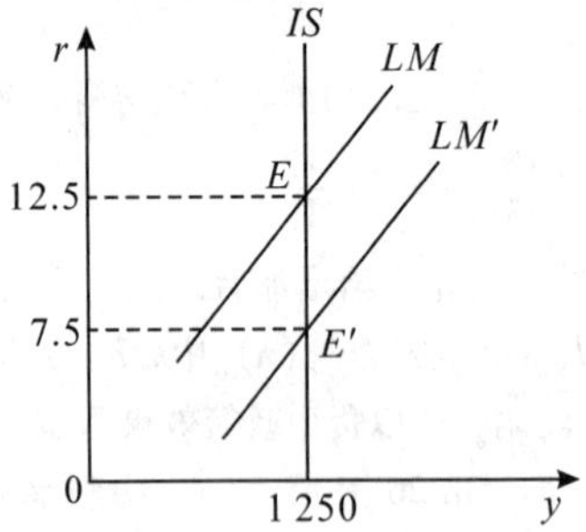

（2）解 IS、LM 方程的联立方程组，得：

$y=1\ 250$

$r=12.5$

$c=100+0.8y=1\ 100$

$i=150$

（3）若货币供给增加 20 美元，由 $L=m$，易得新的 LM 方程（即上图中的 LM'）：

$y=1\ 100+20r$

由 *IS* 方程与 *LM'* 方程相等，容易求出新的均衡收入和利率：$y = 1\ 250$，$r = 7.5$，此时，$c = 100 + 0.8y = 1100$，$i = 150$

即货币供给增加 20 美元后，除利率下降 5 个百分点外，收入、投资、消费水平均未发生变化。

（4）虽然货币供给增加降低了利率，但由于投资为一个常数，$i = 150$，这说明投资的利率系数为零，故而投资未受到利率下降的触动，收入水平当然亦无变化。

六、简答题

1. 财政政策效果是指政府支出或税收变化对国民收入变动的影响。从 *IS—LM* 模型看，财政政策的效果大小取决于 *IS* 曲线和 *LM* 曲线斜率的大小。*LM* 曲线的斜率不变时，*IS* 曲线越陡峭，*IS* 曲线移动对国民收入变动的影响就越大；在 *IS* 曲线斜率不变时，*LM* 曲线越平坦，移动 *IS* 曲线的财政政策效果就越大；反之，效果就越小。

2. 货币政策效果是指货币供给量的变动对总需求从而对国民收入和就业的影响。从 *IS—LM* 模型看，货币政策的效果大小取决于 *IS* 曲线和 *LM* 曲线斜率的大小。*LM* 曲线斜率不变时，*IS* 曲线越平缓，*LM* 曲线移动对国民收入变动的影响就越大；反之，*IS* 曲线越陡峭，*LM* 曲线移动对国民收入的影响就越小。在 *IS* 曲线斜率不变时，*LM* 曲线斜率越小，*LM* 曲线移动对国民收入变动的影响就愈小；反之，则愈大。

3. 财政政策的“挤出效应”是指政府支出增加所引起的私人消费或投资降低的经济效应。在 *IS—LM* 模型中，若 *LM* 曲线不变，向右移动 *IS* 曲线，会引起利率的上升和国民收入的增加。但是，这一增加的国民收入小于不考虑货币市场的均衡（即 *LM* 曲线）或利率不变条件下的国民收入的增量，这两种情况下的国民收入增量之差，就是利率上升而引起的“挤出效应”。“挤出效应”的大小取决于支出乘数的大小、货币需求对收入变动的敏感程度、货币需求对利率变动的敏感程度、投资需求对利率变动的敏感程度等。其中，货币需求的利率敏感程度和投资需求的利率敏感程度是“挤出效应”大小的决定因素。“挤出效应”与货币的利率敏感程度负相关，与投资的利率敏感程度正相关。

4. 考虑两种极端的情况：一种是凯恩斯主义的极端，此时 *IS* 垂直，*LM* 水平；另一种是古典主义的极端，此时 *LM* 垂直，*IS* 水平。在 *LM* 曲线为垂直的情况下，由于货币的需求与利率的变动不相关，*IS* 曲线向右移动时，均衡利率上升，但收入不发生变化，存在着完全的挤出效应，此时，财政政策完全无效。如果 *LM* 曲线为水平线，即经济处于“流动性陷阱”状态，则不存在挤出效应，这时 *IS* 曲线移动对收入的改变十分明显，财政政策效果最大。在 *IS* 曲线为垂直线的情况下，财政政策完全有效，扩张性的财政政策不产生挤出效应，因为在这种情况下投资支出与利率的变动不相关。

5. 考虑两种极端的情况：一种是凯恩斯主义的极端，此时 *IS* 垂直，*LM* 水平；另一种是古典主义的极端，此时 *LM* 垂直，*IS* 水平。当 *LM* 曲线为垂直线，*IS* 曲线为水平线时，货币政策对收入的影响会出现特殊的情况。垂直的 *LM* 曲线意味着货币需求对利率的变动完全没有敏感性，货币余额的决定与利率变动无关，货币政策完全有效。当 *LM* 曲线为水平线时，存在“流动性陷阱”，货币供给不改变 *LM* 曲线的位置，因而利率和收入均不发生变化，移动 *LM* 曲线的货币政策完全无效。当 *IS* 曲线为垂直线时，投资支出与利率不相关，当 *LM* 曲线向右移动时，利率会下降，均衡的国民收入不变，这说明，货币政策可影响利率，但对国民收入的变动没有影响，货币政策完全无效。

6. 财政扩张会使国民收入上升，也会使利率上升；货币扩张会使国民收入上升，使利率下降，因此，把财政政策和货币政策混合使用可以出现国民收入和利率变化的各种组合。两种方向的财政政策和货币政策可以有双松、双紧、松财政紧货币和紧财政松货币等不同的组合方式，这被称为财政政策和货币政策的混合使用。

7. 政府更喜欢用投资赋税优惠这样的减税措施，这种措施比扩张货币、降低利率来刺激投资的办法可能好一些。因为扩张货币容易造成通货膨胀，而通货膨胀又不利于经济的稳定和增长；削减个人所得税可以刺激消费并进而促进投资，但这种促进作用比较有限；增加政府支出也会刺激产出，但可能出现“挤出效应”。相比之下，投资赋税优惠可能是政府更喜欢采用的措施。

8. 如果社会已是充分就业，为了保持已达充分就业水平的国民收入不变，增加私人部门的投资，可采用扩大货币供给和增加税收的货币政策和财政政策的组合。前者可使 *LM* 曲线向右移动，导致利率下降，以增加私人部门对利率具有敏感性的投资支出和国民收入；为了抵消国民收入增加超过潜在国民收入的状况，政府应配合以增加税收的紧缩性财政政策。因为当增加税收时，人们可支配收入会减少，从而消费支出相应减少，这使 *IS* 曲线左移，使总需求下降，从而使国民收入水平下降。

注意：政府税收增加的幅度应以国民收入正好回到潜在的国民收入为限。

9. 货币需求对利率变动越敏感，即货币需求的利率系数越大，则政府支出增加使货币需求增加一定量时，只会使利率上升较少；在其他情况不变时，对私人投资的“挤出”也就较少，从而会有较大的财政政策效果。在 *IS—LM* 模型中，货币需求对利率变动越敏感（即 h 越大），*LM* 曲线就越平缓，这时，财政政策效果就越明显。

10. 投资需求对利率变动越敏感，即投资需求的利率系数越大，则政府扩张财政使利率上升时，对私人投资的“挤出”就较多，从而财政政策效果就越小。在 *IS—LM* 模型中，投资需求对利率变动越敏感（即 d 越大），*IS* 曲线就越平缓，这时，财政政策效果就越小。

七、论述题

1. 可采取扩大货币供给同时增加税收的政策组合。实行膨胀性货币政策并伴之以增加税收的紧缩性财政政策，将使利率有较大幅度下降，私人投资尤其对利率敏感的住宅建设上的投资将会增加；另外，增税的政策将减少人们的可支配收入，从而减少总需求中的消费支出比重。如下图所示：增税的政策使 *IS* 曲线左移至 *IS'* 的位置，扩大货币供给的政策使 *LM* 曲线右移至 *LM'* 的位置。容易看到，新均衡点与原来的均衡点 E 相比，只是均衡利率下降了，均衡收入也即总需求的水平仍维持在已有的充分就业水平 y_f 上。但不同的是，此时总需求的结构已经发生了变化：投资增加了，消费减少了。

另外一种可考虑的政策组合是：政府同时实行增税和投资津贴（或投资赋税优惠）的政策。反映在图中，*LM* 曲线的位置不变；增税导致消费减少，投资津贴导致投资增加，二者相抵，*IS* 曲线大致不发生变化。于是均衡点仍可以保持在 E 点不变，但总需求的结构已经变化了。

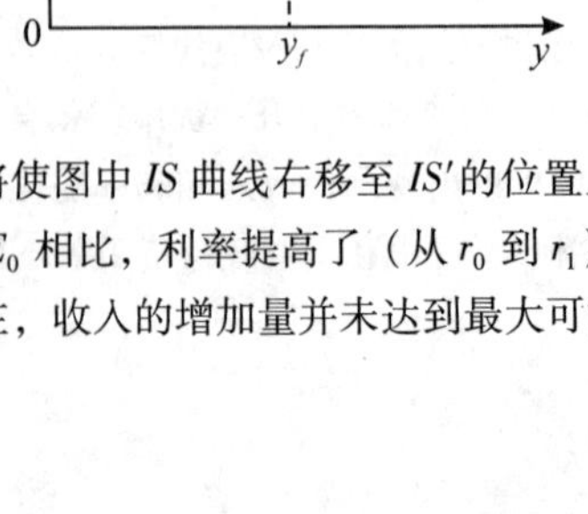

2. 见下图。政府削减税收，将使图中 *IS* 曲线右移至 *IS'* 的位置上，若保持货币存量不变，*LM* 曲线不变，新的均衡点位置 E_1，与 E_0 相比，利率提高了（从 r_0 到 r_1），收入增加了（从 y_0 到 y_1）。容易看出，由于“挤出效应”的存在，收入的增加量并未达到最大可能的 y_2 水平。这是（2）的情况。

但若像（1）中所说，政府用适应性货币政策，即增加货币供给的政策，以保持利率不变，则挤出效应会被抵消，收入增加量将等于税收乘数乘以减少的税收量。图中，适应性货币政策使 *LM* 曲线右移至 *LM′*的位置，均衡点 E_2 与 E_0 有相同的利率，但此时收入水平为 y_2，收入的增加量 y_2-y_0 恰好等于 *IS* 曲线和 *LM* 曲线右移的幅度。

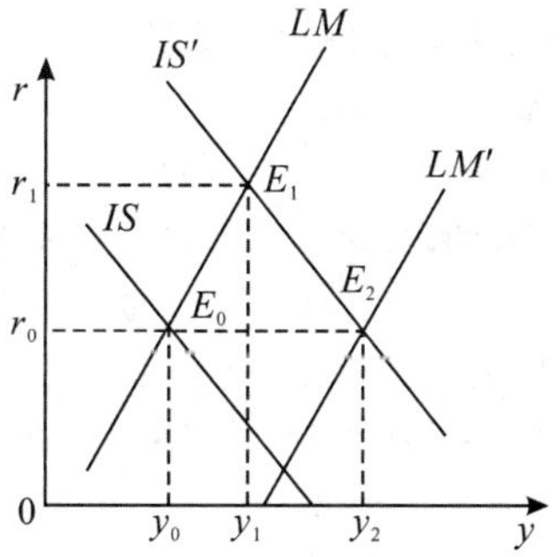

从上面分析可以看出，两种情况下减税的经济后果有所区别：在（1）情况下，在减税的同时由于采取了扩张性货币政策，使得利率不变，国民收入增至 y_2；而在（2）情况下，在减税的同时保持货币存量不变，这使得利率上升，国民收入虽然也增加了，但只增至 y_1（$y_1<y_2$）。

3. 按西方经济学家观点，由于货币的投机需求与利率成反方向关系，因而 *LM* 曲线向右上倾斜，但当利率上升到相当高度时，因保留闲置货币而产生的利息、损失将变得很大，而利率进一步上升将引起的资本损失风险变得很小，这就使货币的投机需求完全消失，为什么呢？这是因为，利率很高，意味着债券价格很低。当债券价格低到正常水平以下时，买进债券不会再使本金受到因债券价格再跌而损失，因而手中任何闲置货币都可用来购买债券而不愿再让它保留在手中，这就是货币投机需求完全消失的意思。由于利率涨到足够高度使货币投机需求完全消失，货币需求全由交易动机产生，因而货币需求曲线 *LM* 就表现为垂直线形状。认为人们的货币需求是由交易动机而产生，只和收入有关，而和利率波动产生的投机需求无关，这是古典学派的观点，因此，垂直的 *LM* 曲线区域被认为是古典区域。当 *LM* 呈垂直形状时，变动预算收支的财政政策不可能影响产出和收入，相反，变动货币供给量的货币政策则对国民收入有很大作用，这正是古典货币数量论的观点和主张。因此，古典学派强调货币政策作用的观点和主张就表现为 *IS* 曲线移动（它表现为财政政策）在垂直的 *LM* 曲线区域即古典区域不会影响产出和收入［见下图（a）］，而移动 *LM* 曲线（它表现为货币政策）却对产出和收入有很大作用［见下图（b）］。

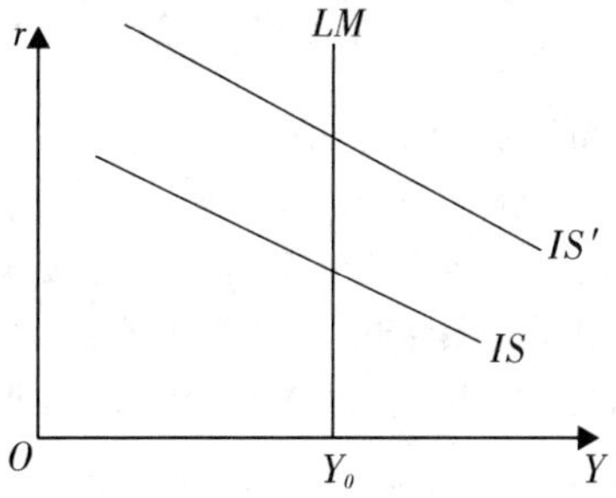

图（a）　财政政策在古典的 *LM* 区域无效

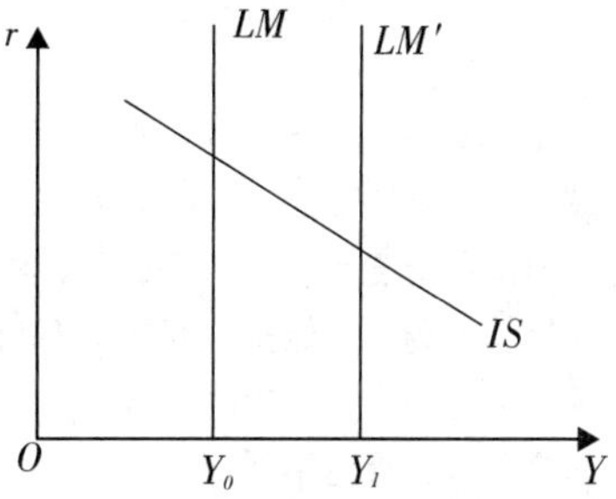

图（b）　货币政策在古典的 *LM* 区域十分有效

为什么 LM 曲线为垂直形状时货币政策极有效而财政政策无效呢？这是因为，当人们只有交易需求而没有投机需求时，如果政府采用膨胀性货币政策，这些增加的货币将全部用来购买债券，而不愿为投机而持有货币，这样，增加货币供给就会导致债券价格大幅度上升，而利率大幅度下降，使投资和收入大幅度增加，因而货币政策很有效。如图（b）。相反，实行增加政府支出的政策则完全无效，因为支出增加时，货币需求增加会导致利率大幅度上升（因为货币需求的利率弹性极小，几近于零），从而导致极大的挤出效应，因而使得增加政府支出的财政政策效果极小，如图（a）。所以古典主义者强调货币政策的作用而否定财政政策作用。

为什么凯恩斯主义强调财政政策呢？因为凯恩斯认为，当利率降低到很低水平时，持有货币的利息损失很小，可是如果将货币购买债券的话，由于债券价格异常高（利率极低表示债券价格极高），因而只会跌而不会再涨，从而使购买债券的货币资本损失的风险变得很大。这时，人们即使有闲置货币也不肯去买债券，这就是说，货币的投机需求变得很大甚至无限大，经济陷入所谓“流动性陷阱”（又称凯恩斯陷阱）状态，这时的货币需求曲线 LM 呈水平状。如果政府增加支出，IS 曲线右移，货币需求增加，并不会引起利率上升而发生“挤出效应”，于是财政政策极有效，这可以在下图（a）上得到表现，相反，这时政府如果增加货币供给量，则不可能再使利率进一步下降，因为人们再不肯去用多余的货币购买债券而宁愿让货币持在手中，因此债券价格不会上升，即利率不会下降，既然如此，想通过增加货币供给使利率下降并增加投资和国民收入，就不可能，因此货币政策无效，这可以在下图（b）上得到表现，因而凯恩斯主义首先强调财政政策而不是货币政策的作用。

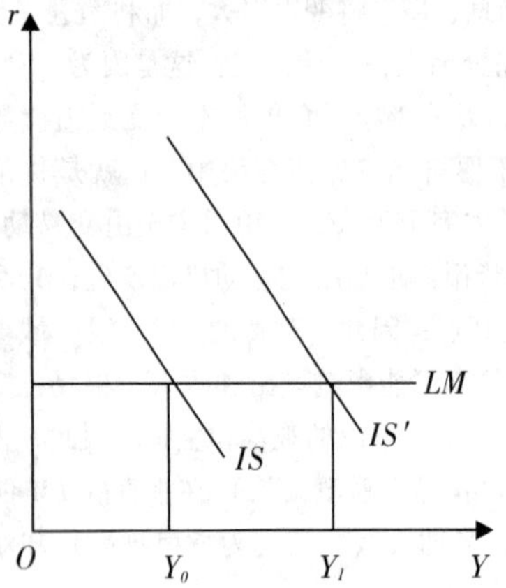

图（a） 财政政策在 LM 的凯恩斯区域极有效

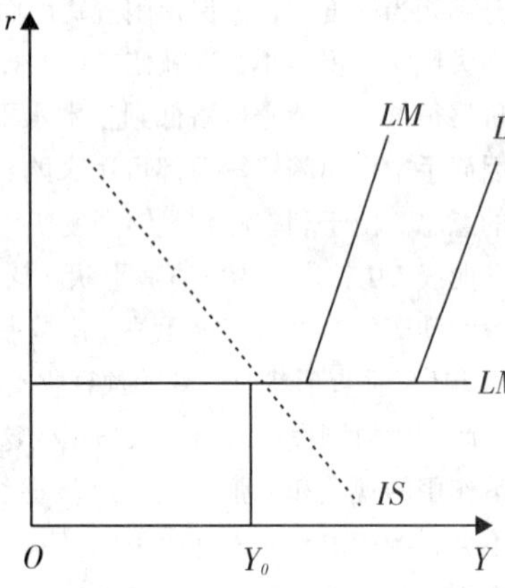

图（b） 货币政策在 LM 的凯恩斯区域无效

4. 首先考虑取消投资津贴的影响。取消投资津贴将降低私人部门的投资意愿，在每一利率水平下，投资水平较以前都有所降低，即如下图（a）所示，投资需求曲线将由 $i=i\ (r)$ 变为 $i=i'\ (r)$。如果利率不变，则投资量要减少 $i_1\ i_0$，即从 i_0 减少到 i_1，然而投资减少后，国民收入要相应减少，IS 曲线要左移，在货币市场均衡保持不变（即 LM 曲线不变动）条件下，利率必然下降（因为收入减少后，货币交易需求必然减少，在货币供给不变时，利率必然下降），利率下降又会增加投资，使取消投资津贴以后的投资减少量达不到 $i_1\ i_0$。

均衡利率由图（b）决定，当 IS 曲线因为投资减少而左移至 IS_1 时，均衡收入减少至 y_1，均衡利率降至 r_1，这使得在图（a）中表示的投资量保持在 i_2 而非 i_1 的水平上，少降低了 $i_1\ i_2$ 的数额。

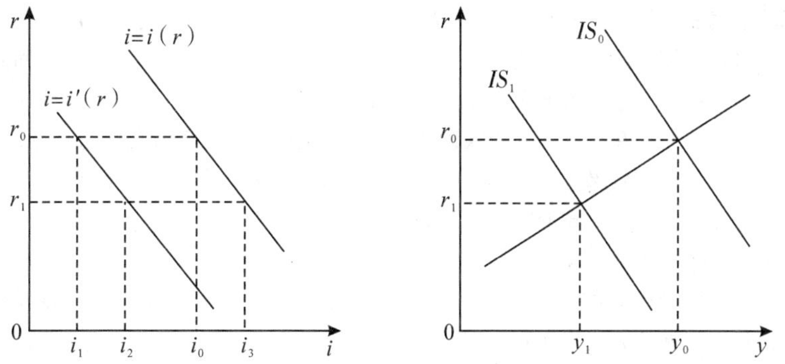

(a)　　　　(b)

再来看一下增加所得税带来的影响。增加所得税将使人们的可支配收入从而消费支出减少，这也会使 *IS* 曲线左移。假设由于增税，*IS* 曲线可移至 IS_1 的位置，收入和利率与取消投资津贴时有同样的变化。但所得税增加并不会直接降低投资需求，因而投资需求曲线本身将不变动。随着利率稳定在 r_1 的水平上，投资者将沿着原有投资曲线变动，确定一个较以前更大的投资量 i_3。也就是说，增加所得税虽然使消费、收入和利率都下降了，但投资却增加了。

5.（1）财政政策和货币政策是西方国家进行总需求管理的两大基本政策，西方学者认为，这两大经济政策的作用和效果可以通过 *IS—LM* 模型的分析得到清楚的说明，影响这些政策效果的因素亦可以在 *IS* 曲线与 *LM* 曲线的斜率中得到解释。简单来说，财政政策移动 *IS* 曲线，货币政策移动 *LM* 曲线；若 *IS* 曲线较陡峭，*LM* 曲线较平缓，财政政策对收入和就业的影响就明显，货币政策对收入和就业的影响就不明显；若 *IS* 曲线平缓而 *LM* 曲线陡峭，亦可得到相反的结论；两种政策的混合效果亦可在 *IS* 曲线和 *LM* 曲线的同时移动中得到反映。

按照这些理论，似乎西方国家可以通过调整财政政策和货币政策，对总需求进行有效管理，同时实现物价稳定和充分就业。然而事实并非如此，无论从失业率的控制、物价的稳定，还是国民收入的增长、国际收支平衡等各方面的情况看，总需求管理的政策并不是那么有效。

首先，总需求管理的政策主张存在理论上的错误。总需求管理是建立在凯恩斯的有效需求管理理论基础上的，根据这个原理，为促进充分就业和生产水平的提高，需要政府采用膨胀性财政政策和货币政策以填补有效需求不足的部分。然而，认为生产和就业是由有效需求决定，实质上就是认为生产是由流通决定。马克思主义经济学告诉我们：资本主义 *G—W—G′*的价值增值过程不仅需要在流通领域中而且还需要在生产领域中完成，所以总需求管理的政策只不过是治标的办法，它虽然可以暂时起到缓解和推迟问题的作用，但却不能彻底解决生产与消费的矛盾，因为这一矛盾来自更深层次的生产领域。20 世纪 60 年代末以后，凯恩斯主义的一套政策处方越来越不灵验，其中一个重要原因即在这里。

其次，战后的 20 多年中西方主要资本主义国家（尤其美国）良好的经济增长表现和 80 年代以来美国通货膨胀率的下降，也不能简单归功于当时膨胀性或紧缩性的政策。事实证明，西方国家交替使用膨胀性政策和紧缩性政策，并未能真正消除经济波动，却常常会使经济变得很糟糕。西方世界 60 年代末至 80 年代初的“滞胀”局面，部分原因就是政府长期推行以膨胀经济为主的总需求管理政策的结果。

再次，应该看到，凯恩斯主义的这套需求管理政策还存在实践操作上的困难。由于经济实践时刻在发展，政策制定与实施存在难以克服的时间滞后，实施程度的不易测算以及宏观经济政策作用的不确定性等因素，都大大影响了政策效果。具体表现为：第一，货币政策对于严重萧条时的无能为力。当严重的经济萧条出现时，人们对经济前景的信心异常低下，这时，即使采用非常宽松的货币政策，资本家仍然不愿意投资，而消费者仍然不愿意消费。第二，货币流通速度的可变性。如果增加货币发行量，但同时货币流通速度减慢的话，对货币的实际供给量来说变化不大，因而就无法影响利率，从而刺激投资。第三，经济政策在时间上的滞后性。从发现经济运行中存在的问题，到针对问题的政策全部产生效果之间存在一系列的步骤，是一段较长的时间。由于时滞性的存在，往往使得经济政策对宏观经济运行的调控效果大打折扣。第四，在全球一体化趋势下，国际资金流动使得一国的货币政策日渐丧失独立性。第五，政策实施的力度和时机难以选择。

（2）尽管西方的需求管理政策在理论和实践上存有许多局限，但不可否认，它确实反映了现代化大生产客观上要求国家在宏观上协调和管理经济的状况。这种协调和管理很难依靠政府用行政命令或下达指令性计划指标的方式来实现，因为现代化大生产是在商品经济形式中不断发展的，而商品经济发展到今天要求发挥市场的基础性作用。因此，西方政府管理总需求往往通过税收、预算支出、利率等经济杠杆来影响市场，进而影响企业的生产和用工数量。因此，我们不能否认西方经济学家关于经济政策理论的意义。

以往，我国宏观经济中缺少内在的、灵活机动的调节机制，企业生产经营由政府直接安排，对市场反应不灵敏。现在，我国正在建设社会主义市场经济，这就相应要求建立一套有效的宏观调控机制，在这方面，西方财政政策和货币政策的一些理论观点和实践经验是值得我们借鉴的。以后，我们有必要分析研究西方国家宏观调控的经验得失，充分考虑我国实际情况，逐步探索和建立起一套有中国特色的社会主义的财政政策和货币政策，以利于我国国民经济协调和健康发展。

6. 调控总需求的财政政策和货币政策工具并不能完全符合主要的宏观经济政策目标：充分就业、物价稳定、经济高增长和国际收支平衡。政府选择各种政策工具时，应充分考虑如下几个因素：

第一，政策工具达到目标的有效性。为了达到一定目标，有些政策可能比另一些政策有效；在有些情况下，私人部门的行动可能会抵消政策工具的效果。

第二，对产出构成的影响。同样是增加或降低一定量的总需求，有些政策扩大的是公共部门支出，有些政策是增加当前消费，有些政策是刺激私人部门投资。

第三，影响的范围大小。一些政策影响范围较小，如扩张或紧缩货币的政策主要对靠贷款的企业或银行有直接影响，而像减税这样的政策则往往有比较广泛的影响。

第四，政策执行的灵活性和速度。一些政策（如扩大货币供给）会比另一些政策（如减税）更有灵活性，执行起来也会更快。

第五，政策后果的确定性程度。一些政策的后果比另一些政策的后果可能更不确定。例如，减税会不会增加消费；增加货币供给，从而降低利率，会不会使厂商增加投资。这在很大程度上取决于人们的预期，从而使政策效果很不确定。

第六，非意图的副作用。一些政策往往会产生不希望有的副作用。例如，假定政府为了刺激投资，可能实施临时性税收优惠，可是，这种优惠政策往往会降低优惠前和优惠后的投资需求。厂商会把本来想在本期的投资推迟到下期实行优惠的时候，在税收减免时期，投资也许会明显增加，但到优惠一结束，投资又会减少。这些情况都会造成投资需求的下降。

第五章　宏观经济政策实践

一、名词解释

1. 经济政策：国家或政府为了增进社会经济福利而制定的解决经济问题的指导原则和措施，是政府为了达到一定的经济目的而对经济活动有意识地干预。

2. 自动稳定器：亦称内在稳定器，是指经济系统本身存在的一种会减少各种干扰国民收入冲击的机制，能够在经济繁荣时期自动抑制通胀，在经济衰退时期自动减轻萧条，无需政府采取任何行动。主要通过政府税收、转移支付支出的自动变化以及农产品价格维持制度得到发挥。

3. 斟酌使用的财政政策：由于自动稳定器的作用有限，特别是对于剧烈的经济波动，自动稳定器更是难以扭转，因此，为确保经济稳定，政府要审时度势，主动采取一些财政措施，即变动支出水平或税收以稳定总需求水平，使之接近物价稳定的充分就业水平，即为斟酌使用的财政政策。

4. 功能财政：是一种积极的权衡性财政政策，强调财政预算的功能是为了实现无通货膨胀的充分就业，而不论预算是否盈余或赤字，是对平衡预算思想的否定。

5. 年度平衡预算：是要求每个财政年度的收支平衡。如果这样，经济衰退时，税收会减少，从而出现赤字，为减少赤字，只有减少政府支出或提高税率，结果会加深衰退；反之，所采取的政策会加剧通货膨胀。因此坚持年度平衡预算只会使经济波动更加严重。

6. 周期平衡预算：是指政府在一个经济周期中保持收支平衡。在经济衰退时实行扩张政策，有意安排预算赤字，在经济繁荣时实行紧缩政策，有意安排预算盈余，以繁荣时的盈余弥补衰退时的赤字，使整个经济周期的盈余和赤字相抵而实现预算平衡。

7. 充分就业预算盈余：是指既定的政府预算在充分就业的国民收入水平及潜在的国民收入水平上所产生的政府预算盈余。如果这种盈余为负值，就是充分就业预算赤字。

8. 法定准备金率：银行可以把吸收来的绝大部分存款用于贷款或购买短期债券等盈利活动，只需留下一部分存款作为应付提款需要的准备金。在现代银行制度中，这种准备金在存款中起码应当占的比率是由政府规定的。这一比率称为法定准备金率。按法定准备金率提取的准备金称为法定准备金。

9. 货币创造乘数：现代银行体系具有存款派生或货币创造的功能。所谓货币创造乘数是指货币供给量与基础货币量的比。公式如下：$k=\dfrac{r_c+1}{r_c+r_d+r_e}$。其中，$r_c$、$r_d$、$r_e$ 分别为现金存款比率、法定准备率和超额准备率。

10. 基础货币：是存款扩张的基础，等于商业银行的准备金总额加上非银行部门持有的通货。由于它会派生出货币，因此是一种高能量的或者说活动力强大的货币，故又称高能货币或强力货币。

11. 再贴现率：即中央银行对商业银行及其他金融机构的放款利率。

12. 公开市场业务：是指中央银行在金融市场上买进或者卖出政府债券，从而改变货币供给量的一种政策工具。

13. 证券：广义的证券包括商品证券（如提货单、购物券等）、货币证券（如支票、商业票据等）以及资本证券（如股票、债券等）。狭义的证券仅指资本证券，它是代表对一定资本所有权和收益权的投资凭证。

14. 相机抉择：政府在宏观经济管理时，根据经济状况和各项政策的特点，主动地运用货币政策和财政政策干预经济，保持经济在物价稳定的充分就业点上平稳运行。一般是衰退时采用扩张性政策，通货膨胀时采用紧缩性政策。

15. 货币学派：亦称“货币主义”，是20世纪60年代形成的一个经济学流派，以挑战凯恩斯主义的面貌出现，其代表人物为米尔顿·弗里德曼。其理论强调货币的作用，主张货币发行增长率要与经济自然增长率一样，不要对经济活动有任何干预。

二、判断题

1. ×

提示：凯恩斯认为，如果不存在非自愿失业，现有失业仅限于摩擦失业和自愿失业，就是实现了充分就业。还有一些经济学家认为，如果空缺职位数等于寻找工作的人数，就是充分就业；货币主义也从“自然失业（或就业）率”的角度说明充分就业状态的特征。但不论哪种说法都认为，充分就业并非百分之百就业，充分就业并不排除像摩擦性失业这样的情况存在。

2. ×

提示：以上说法体现的是追求年度内平衡的财政预算思想。凯恩斯主义者认为，这种财政预算原则不仅无助于稳定经济，反而可能成为加剧经济波动的一个原因。他们提出了功能财政的财政预算思想，这种思想认为政府的目标不应是单纯追求收支平衡，而是要实现无通货膨胀的充分就业，预算赤字和预算盈余可以被有意识地作为政府反经济周期的一种手段。这种思想在政策实践上虽也存在许多困难，但与年度平衡的财政政策思想相比，无疑是一大进步。

3. √

提示：一般而言，边际税率越高，税收的自动稳定器的作用越大。原因是：一方面，边际税率越高，繁荣时政府的税收增加就越快，萧条时政府的税收下降就越快，从而抑制了个人可支配收入及个人消费的大幅波动；另一方面，较高的边际税率会使繁荣时的开支乘数$\frac{1}{1-\beta(1-t)}$自动减小，而使萧条时的开支乘数自动提高。所以说，边际税率越高，总需求的波动越小，从而产出的波动就越小，其自动稳定作用就越大。

4. ×

提示：中央银行调节货币供给量可以通过调整法定存款准备率、再贴现率或在公开市场上买卖债券来达到。

中央银行可以通过降低再贴现率，使得商业银行来增加贴现，但再贴现率政策不是一个具有主动性的政策，中央银行只能等待商业银行向它借款，而不能命令商业银行这样做。

5. ×

提示：高能货币亦称强力货币或基础货币，是指商业银行的准备金总额（包括法定的和超额的）加上非银行部门持有的通货，公式为：$H=C_u+R_d+R_e$。而活期存款是指无需任何事先通知，存款户即可随时存取和转让的一种银行存款，其占一国货币供给的最大部分，也是商业银行的重要资金来源。所以，高能货币不是指活期存款。

6. √

提示：为熨平经济周期的波动，政府要“逆经济风向行事”，在经济过热时实行紧缩的财政或货币政策，在经济过冷时则使用膨胀的财政或货币政策。不过应该认识到，这种相机抉择的政策选择，由于时滞和不确定性等原因，其结果可能会比较有限甚至是适得其反。

7. ×

提示：扩张型的财政政策会增加预算赤字或减少预算盈余，紧缩型的财政政策会增加预算盈余或减少预算赤字，但导致预算盈余或预算赤字变动的，还可能有另一方面的原因：经济情况本身的变动。具体来说，当经济趋向繁荣时盈余会自动增加（或赤字减少），经济趋向衰退时盈余会自动减少（或赤字增加）。这样，实际预算盈余的变动就不能够作为判断财政政策方向的依据。通常用充分就业的预算盈余判断财政政策的方向。所谓充分就业的预算盈余，是指既定的政府预算在充分就业的国民收入水平即潜在国民收入水平上产生的预算盈余。设用 t、$\bar{G}$、$\overline{TR}$、y^* 和 y 分别表示边际税率、既定的政府购买支出、既定的政府转移支付支出、潜在收入以及实际收入，则充分就业的预算盈余 BS^*、实际预算盈余 BS 可表示为：

$$BS^*=ty^*-\bar{G}-\overline{TR}$$

$$BS=ty-\bar{G}-\overline{TR}$$

由此可以看出，充分就业预算盈余消除了经济中收入水平周期性波动对预算状况的影响，从而能更准确地判断财政政策是扩张的还是紧缩的：BS^* 增大，财政政策是紧缩的；反之，就是扩张的。

8. ×

提示：单独一个银行不能创造货币，但作为一个整体的银行系统却能够按新增准备金的多倍来扩大货币总量。一般地，若设 r_d、r_e、r_c、k 分别表示法定准备金率、超额准备金率、现金与存款之比、货币创造乘数，则有以下关系式：

$$k=\frac{r_c+1}{r_c+r_d+r_e}$$

即通过银行的存贷业务，资金在银行体系内的流动，最终使银行存款多倍放大，这个银行存款加上从银行系统漏出的现金，就是银行系统创造的货币总量。

三、单项选择题

题号	1	2	3	4	5	6	7	8	9	10
答案	C	B	A	D	B	A	C	B	C	B
题号	11	12	13	14	15	16	17	18	19	20
答案	C	B	C	C	D	C	C	A	B	A
题号	21	22								
答案	A	A								

四、多项选择题

题号	1	2	3	4	5	6	7
答案	ABCD	BD	BC	AD	AC	ABC	ABC

五、计算题

1.（1）将已知条件代入均衡等式 $y=c+i+g$，得：

$$y=100+0.8y_d+50+200$$
$$=400+0.6y$$

解得均衡收入：$y=1\ 000$（10 亿美元）

（2）将 $y=1\ 000$ 代入 $BS=ty-g-t_r$，得：

$BS=-12.5$（10 亿美元）

即此时有 125 亿美元的赤字。

（3）由已知易得投资乘数：

$$k_i=\frac{1}{1-\beta(1-t)}=2.5$$

当投资增加到 100 时，收入会增加：

$\Delta y = 2.5\Delta i = 2.5\ (100 - 50)\ = 125$（10 亿美元）

又由于政府支出未发生变化，则：

$BS = ty - g - t_r = 0.25\ (1\ 000 + 125)\ - 200 - 62.5 = 18.75$（10 亿美元）

即投资增加后，预算盈余由原来的 125 亿美元赤字变成 187.5 亿美元的盈余。导致这一变化的原因是实际收入水平的增加。

（4）投资无论等于 50 还是 100，充分就业预算盈余均不受影响。即

$BS^* = ty^* - g - t_r = 0.25 \times 1\ 200 - 200 - 62.5 = 37.5$（10 亿美元）

（5）当政府购买增至 250 后，充分就业预算盈余为：

$$\begin{aligned} BS^* &= ty^* - g - t_r \\ &= 0.25 \times 1\ 200 - 250 - 62.5 \\ &= -12.5\ (10\text{ 亿美元}) \end{aligned}$$

（6）导致实际预算盈余 BS 发生变化的原因既可能是财政政策的变动，也可能是实际收入水平的变动。由（2）、（3）可以看出，虽然政府并未改变税率和支出水平，但由于收入的增加，实际预算盈余 BS 也增加了。因而用实际预算盈余 BS 衡量财政政策的方向显然是不行的。充分就业的预算盈余 BS^* 将收入水平固定在充分就业的收入水平上，从而消除了收入水平周期性波动对预算状况的影响，因而可以准确反映财政政策的方向。另外，使用充分就业预算盈余衡量政策方向，还可使政策制定者注重充分就业问题，以充分就业为目标确定预算规模从而确定财政政策。

2. 政府购买减少 200 亿美元对收入的影响：

$$\Delta y = k_g \times \Delta g = \frac{1}{1-\beta\ (1-t)}\ (-200)\ = 2.5 \times\ (-200)\ = -500\ (\text{亿美元})$$

因此政府税收将减少 $0.25 \times 500 = 125$ 亿美元。即政府减少购买性支出 200 亿美元这一举措将增加 $200 - 125 = 75$ 亿美元的财政盈余，恰好将已有的 75 亿美元的赤字消灭。

3. 货币创造乘数 $k = \dfrac{1 + 0.38}{0.38 + 0.18} \approx 2.464$

当增加基础货币 100 亿美元后，货币供给的改变量为：

$\Delta M = k \times \Delta H = 2.464 \times 100 = 246.4$（亿美元）

即增加 100 亿美元的基础货币，会使货币供给增加约 246.4 亿美元。

4. （1）400 亿美元的准备金派生的存款额为：$D = 400 \times \dfrac{1}{0.12} = 3\ 333.3$（亿美元）

此时货币供给为：

$M = D + C_u = 3\ 333.3 + 1\ 000 = 4\ 333.3$（亿美元）

（2）准备率提高后，有

$D = 400 \times \dfrac{1}{0.2} = 2\ 000$（亿美元）

此时货币供给为：$M = D + C_u = 2\ 000 + 1\ 000 = 3\ 000$（亿美元）

相对于准备率提高前，货币供给减少了 $4\ 333.3 - 3\ 000 = 1\ 333.3$（亿美元）

（3）中央银行买进 10 亿美元政府债券，意味着基础货币增加 10 亿美元，此举将使货币供给增加

$\Delta M = \Delta H \times \dfrac{1}{0.12} = 10 \times \dfrac{1}{0.12} = 83.3$（亿美元）

六、简答题

1. 自动稳定器是指财政制度本身所具有的减轻各种干扰对 GDP 冲击的内在机制。自动稳定器的

内容包括政府所得税制度、政府转移支付制度、农产品价格维持制度等。在混合经济中投资变动所引起的国民收入变动比纯粹私人经济中的变动要小，原因是当总需求由于意愿投资增加而增加时，会导致国民收入和可支配收入的增加，但可支配收入增加小于国民收入的增加，因为在国民收入增加时，税收也在增加，增加的数量等于边际税率乘以国民收入，结果混合经济中消费支出增加额要比纯粹私人经济中的小，从而通过乘数作用使国民收入累积增加也小一些。同样，总需求下降时，混合经济中收入下降也比纯粹私人部门经济中的要小一些。这说明税收制度是一种对国民收入波动的自动稳定器。混合经济中支出乘数值与纯粹私人经济中支出乘数值的差额决定了税收制度的自动稳定程度，其差额愈大，自动稳定作用愈大，这是因为，在边际消费倾向一定的条件下，混合经济中支出乘数越小，说明边际税率越高，从而自动稳定量愈大。这一点可以从混合经济的支出乘数公式中得出。当边际税率 t 愈大时，该乘数愈小，从而边际税率的变动和稳定经济作用愈大。可见，税率愈高，自发投资冲击带来的总需求波动愈小，说明自动稳定作用愈大。

2. 所谓斟酌使用的财政政策和货币政策，是指政府为稳定经济而采取的主动性财政或货币措施。其原则是：当经济出现衰退时，政府应通过扩张性的财政政策或扩张性的货币政策刺激总需求，以抑制衰退；当总需求水平非常高，经济过热以至于出现通货膨胀时，政府应考虑通过紧缩性财政政策或紧缩性货币政策抑制总需求，以避免过度繁荣。总之一句话，就是要“逆经济风向行事”。

3. 平衡预算的财政思想追求财政收入与财政支出相平衡，不允许出现财政赤字或盈余。这种思想按其发展阶段又分三种情况：一是年度平衡预算，这种思想要求量出为入，每个财政年度都要实现预算平衡；二是周期平衡预算，这种思想要求政府财政在一个周期内保证预算平衡，具体来说，就是以繁荣年份有意安排的盈余去弥补萧条年份有意安排的赤字，整个周期的预算盈余为零；三是充分就业预算平衡，这种思想主张，政府应当使支出保持在充分就业条件下所能达到的净税收水平。平衡预算财政思想的发展，说明平衡预算已由以往的单纯追求年度平衡发展至以一定经济目标为前提的预算思想，但其本质仍旧是机械地追求平衡。是一种消极的财政预算思想。

功能财政是一种积极的财政思想，这种思想强调，财政预算的功能是为了实现经济稳定发展，为实现充分就业和消除通货膨胀，需要赤字就赤字，需要盈余就盈余，不应为实现财政收支平衡而妨碍政府财政政策的正确制定和施行。由此观之，两种思想的最大区别就在于，前者强调财政收支平衡，甚至以此为目标，而后者则将平衡目标抛在一边，认为无论预算平衡、盈余抑或是赤字都只是手段，目的是追求无通货膨胀的充分就业以及经济的稳定增长。

4. 充分就业预算赤字是指既定的政府预算在充分就业的国民收入水平上产生的政府预算赤字，即 $BS^* = ty^* - \bar{G} - \overline{TR}$ 为一个负值。实际预算赤字是以实际的国民收入水平来衡量的预算状况，$BS = ty - \bar{G} - \overline{TR}$。在经济繁荣时期，因为 $y \approx y^*$，因此充分就业预算赤字与实际预算赤字相差不大。但是当经济衰退时期，一来 $y < y^*$，税收收入比充分就业情形下少；二来如失业救济金等政府转移支付会增加，因此 BS 要比 BS^* 负得更多。因此，在衰退期，实际预算赤字大于充分就业预算赤字。

5. 政府为减少经济波动往往运用财政政策进行总需求管理。政府购买和政府转移支付都会对经济周期作出反应。其中，转移支付随经济波动更大一些，并朝反周期方向波动，因为经济衰退时，失业津贴、贫困救济、农产品价格补贴等支出会自动增加，经济繁荣时，这些支出会自动减少，而政府购买则变动较少，因为国防费、教育经费以及政府行政性开支等有一定刚性，不可能随经济周期波动很大。

6. 政府发行的公债卖给中央银行，这实际上就是中央银行增加货币发行，增加基础货币，货币供给量会按照货币乘数数倍地增加，这是政府的货币筹资，其结果是往往形成通货膨胀，这是国家征收的通货膨胀税；而政府发行的公债卖给商业银行或其他私人机构，不过是购买力向政府部门转移，不会增加基础货币，不会直接引起通货膨胀，这是政府的债务筹资。

7. 现代银行体系具有存款派生或货币创造的功能。所谓货币创造乘数，是指货币供给量与基础货币量的比。设以 K 表示货币创造乘数，M 表示货币供给，H 表示基础货币，D 为派生存款，Cu、Rd、Re 分别为非银行部门持有的通货、法定准备金和超额准备金，则有：

$k = MH = Cu + DCu + Rd + Re$

将上式的分子、分母都除以 D，则有：

$k = MH = CuD + 1CuD + RdD + ReD = rc + 1rc + rd + re$

上式中，rc、rd、re 分别为现金存款比率、法定准备率和超额准备率，容易看出，货币创造乘数主要取决于这三个因素，这三个比率越大，货币创造乘数越小，反之，货币创造乘数越大。

8. 政府采取扩张性财政政策，一般会提高价格水平，价格水平的提高会使货币供给减少，由此导致利率上升。

政府采取扩张性货币政策，增加货币供给量，一般也会使价格水平提高，价格水平提高使实际货币供给量减少。因此利息率由于货币供给增加而下降的幅度会受到限制。

9. 以弗里德曼为代表的货币主义认为，市场经济有其内在稳定性，国家干预的需求管理只会加剧经济的不稳定性，因此政府只要采用简单规则的货币政策，即按照一定比率增加货币供给即可，这样就能稳定币值和物价水平，为市场正常运行创造良好的环境，消除严重的失业和通货膨胀。同样，政府开支也应该被限定在国民收入一个固定的比例上，这样就可以消除经济中的不确定根源。

凯恩斯主义认为，市场无法用自身的力量迅速实现自我调整，保持充分就业，因此政府有必要也有能力为稳定经济发挥积极作用，因而应该斟酌使用政策：萧条时期扩大总需求；过热时期紧缩总需求。他们认为与政策变化相联系的不确定性实际上是不可能消除的，即使政府承诺不变规则，经济情况也会迫使政府放弃承诺。

10. 上调存款准备金率将限制商业银行的放贷规模，减少货币供应量，从而抑制投资需求过旺而产生的经济过热情况，属于紧缩性的货币政策。其可能的影响包括：①控制投资过热的行业，如房地产业；②生产资料价格的上涨，从而保持整体物价稳定；③适度降低 GDP 的增长速度。

采取提高准备金率而非上调利率的原因在于：第一，我国利率并未完全市场化，利率水平难以反映资源配置；第二，利率作为企业的资金成本，对占国民经济支柱的国有企业行为影响有限；第三，在国际货币市场上美元贬值，人民币面临升值压力，加息将导致更大的升值压力，更多热钱的流入将增加央行外汇储备并导致货币供给量大幅增加，从而削弱紧缩货币政策的影响。

七、论述题

1. 一般来说，宏观经济政策目标有四个：经济增长、充分就业、价格水平稳定和国际收支平衡。经济政策不是只考虑这些目标中的某一目标，而是要同时实现这些目标。经济政策就是为了同时实现这些目标而制定的手段和措施。应该说，上述宏观经济政策的四个目标之间存在着一定的矛盾。这就要求政府在制定政策时确定重点政策目标，或者对目标进行协调。当我们不考虑对外贸易，且把问题的考虑限定在短期和静态条件时，则宏观经济政策的目标就包括两个，即充分就业和价格水平稳定。围绕着这两个目标而提出的宏观经济政策主要有财政政策、货币政策和收入政策。

2. 中央银行作为发行的银行、国家的银行和银行的银行，代表政府控制一个国家的货币和银行体系，是货币政策的实施者。其主要政策工具有：

（1）公开市场业务。指中央银行在金融市场上买进或者卖出政府债券，从而改变货币供给量的一种政策工具。例如：萧条时期买进，一方面，企业和家庭得到货币，存入商业银行后作为存款可以通过货币创造乘数增加货币供给量，从而使得利率降低；另一方面，央行买进政府债券，还会导致债券价格的上升，使利率降低。利率的下降刺激投资，从而引致收入和就业的增加。

（2）再贴现率。指中央银行调整它对商业银行和其他金融机构的贷款利率。例如，经济衰退时期，央行可以降低再贴现率，鼓励商业银行扩大贷款刺激投资需求。

（3）法定准备金率。是法律规定的商业银行准备金对存款的比例。经济衰退时降低法定准备金率可以扩大货币乘数，创造更多的货币供给量，从而达到降低利率，刺激总需求，增加收入的作用。但出于稳定考虑，央行一般不轻易改变法定准备金率。

（4）其他，如道义劝告等。

货币政策的局限性：①在通货膨胀时期实行紧缩的货币政策可能效果比较显著，但在经济衰退时期，实施扩张的货币政策效果就不明显；②从货币市场均衡的情况来看，增加或减少货币供给要影响利率的话，必须以货币流通速度不变为前提；③货币政策的外部时滞也影响政策效果；④开放经济中，货币政策的效果还要因为资金在国际上流动而受到影响。

3. 当经济萧条时，扩张性财政政策会使收入水平增加。一方面，扩张性财政政策本身意味着总需求扩张；另一方面，通过乘数的作用，扩张性财政政策会导致消费者需求增加，因此，总需求进一步扩张。当然，在扩张财政时，由于货币供给不变，利息率会提高。这样，投资需求会有一定程度的下降。在一般情况下，扩张性财政政策的产出效应大于挤出效应，最终结果是扩张性财政政策导致国民收入增加。

4.（1）公开市场业务，是指中央银行在金融市场上公开买卖政府债券以改变商业银行准备金水平并进而控制货币供给和利率的政策行为。当经济出现衰退迹象时，中央银行在公开市场买进政府债券，商业银行的准备金增加，债券价格上升，最终货币供给扩张，利率也会下降，这样便能达到刺激投资和总需求的目的。若经济出现膨胀的趋势，中央银行就通过在公开市场上卖出政府债券以达到抑制总需求和控制通货膨胀的目的。

（2）其优点是：中央银行可及时地按照一定规模买卖政府债券，从而比较容易准确地控制银行体系的准备金；公开市场操作很灵活，因而便于为中央银行及时用来改变货币供给变动的方向，变买进为卖出证券，立即就有可能使增加货币供给为减少货币供给；中央银行可以连续地、灵活地进行公开市场操作，自由决定有价证券的数量、时间和方向，而且中央银行即使有时会出现某些政策失误，也可以及时得到纠正。

第六章　总需求—总供给模型

一、名词解释

1. 总需求：是经济社会对产品和劳务的需求总量，这一需求总量通常以产出水平来表示。总需求由消费需求、投资需求、政府需求和国外需求构成。

2. 总需求函数：表示总产量（或国民收入）和价格水平之间的关系。它描述了在某个特定价格水平下，经济社会需要多高水平的产量。

3. 总供给：指经济社会所提供的总产量（或国民收入），即经济社会就其基本资源所生产的产量。

4. 宏观生产函数：又称总量生产函数，是指整个国民经济的生产函数，它表示总投入和总产出之间的关系。

5. 利率效应：在宏观经济学中，价格水平变动引起利率同方向变动，进而使投资和产出水平反方向变动的情况。

6. 汇率效应：是指物价水平通过对汇率的影响进而影响净出口。

7. 长期：资本存量、人口、生产以及一切生产要素都可以改变的情况。

8. 短期：除了可变生产要素以外，其他的因素，包括资本存量、人口、生产技术等均保持不变。

9. 工资价格“刚性”：在凯恩斯的理论中，假设货币工资和价格均具有“刚性”，即二者完全不能进行调整。

10. 总供给函数：是指总产量与一般价格水平之间的关系。

11. 财产效应：是指物价水平的变动通过对实际财产的影响进而影响实际消费。

12. 黏性工资理论：是指短期中名义工资的调整慢于劳动供求关系的变化。

13. 黏性价格理论：是指短期中价格的调整慢于物品市场供求关系的变化。

14. 错觉理论：是指物价水平的变动会使企业在短期内对其产品的市场变动发生错觉，从而作出错误的决策。

15. 货币中性：指货币存量的变动只导致价格水平的变化，而实际变量（产量、就业）无一发生变化。

二、判断题

1. ×

提示：财产效应就是物价水平的变动通过对实际财产的影响进而影响实际消费。当物价水平上升时，实际财产减少，消费减少，从而总需求减少（消费是总需求的一个组成部分）。

2. ×

提示：利率效应就是物价水平通过对利率的影响进而影响投资。当名义货币量不变时，物价上升，实际货币量减少，利率上升，从而投资减少。投资是总需求的一个重要组成部分，投资减少，总需求减少。

3. ×

提示：利率效应是指物价水平通过对利率的影响进而影响投资。

4. ×

提示：利率效应是指物价水平通过对利率的影响进而影响投资，汇率效应是指物价水平通过对汇率的影响进而影响净出口。

5. √

提示：物价水平下降，实际货币量上升，从而利率下降，汇率相应下降，导致净出口增加，因此总需求增加。

6. ×

提示：物价水平变动对总需求的影响可用同一条总需求曲线上的上下移动来表示。当物价不变而其他影响总需求的因素变动时，总需求曲线则会平行移动。

7. √

提示：投资增加会使总需求增加，但与物价水平无关，它所引起的总需求变动就可以用总需求曲线的平行移动来表示。

8. √

提示：物价水平变动对总需求的影响可用同一条总需求曲线的上下移动来表示，由政府支出所引起的总需求的变动表现为总需求曲线的平行移动。

9. √

提示：向右上方倾斜的短期总供给曲线，表示总供给随着物价水平上升而上升；向上垂直的短期总供给曲线，表示总供给要受经济中资源和其他因素的制约，不可能随物价上升而无限增加，当总供给增加到一定程度时，无论物价水平如何上升，总供给都无法增加。

10. √

提示：名义工资变动的滞后性就是工资黏性，黏性工资影响总供给。因为企业根据预期的物价水平决定工人的工资。如果以后实际的物价水平低于预期的水平，那么工人的名义工资仍然不变，但实际工资水平却上升。工资的增加使企业实际成本增加，从而减少就业，减少生产，总供给减少。反之，则相反。

11. √

提示：如果名义工资的变动与劳动供求的变动同步，工资就具有伸缩性。但在现实中名义工资的变动总是慢于劳动供求，这种名义工资变动的滞后性就是工资黏性。

12. √

提示：黏性工资理论是指短期中名义工资的调整慢于劳动供求关系的变化。物价水平上升时，由于工资黏性，工人的名义工资不变，但实际工资水平却下降了。工资的减少使企业利润增加，从而增加就业，增加生产，总供给增加。

13. ×

提示：效率工资是根据企业提高效率的需要而确定的，一旦确定之后不会随时变动。因为这种工资并不由劳动供求关系决定，所以，它并不及时随劳动供求关系的变动而变动。

14. √

提示：价格黏性是指价格变动的滞后性。在物价总水平上升时，一些企业不迅速提高自己产品的价格，从而它的相对价格下降，销售增加，生产增加，总供给增加。同样，在物价总水平下降时，一些企业不迅速降低自己产品的价格，从而它的相对价格上升，销售减少，生产减少，总供给减少。

15. √

提示：正因为调整价格是需要付出代价的，企业并不是及时地根据供求变动调整自己产品的价格，而是使价格在一定时期内保持稳定，这就引起黏性价格。

16. √

提示：物价水平上升，总供给增加，沿着供给曲线向上方移动；物价水平下降，总供给减少，沿着总供给曲线向下方移动。

17. ×

提示：长期总供给曲线是一条表示总供给与物价水平之间不存在任何关系的垂线。在长期中，引起短期总供给曲线向右上方倾斜的原因都不存在，长期中价格机制可以充分发挥其调节作用，实现市场均衡。

18. √

提示：长期总供给也就是潜在 GDP，它取决于制度、资源与技术进步。随着潜在 GDP 的变动，长期总供给曲线也会移动。正常情况下，长期总供给曲线随经济增长而向右方平行移动；如果发生自然灾害或战争，一个经济的生产能力被破坏，长期总供给曲线也会向左移动。

19. ×

提示：均衡的国内生产总值并不一定等于充分就业的国内生产总值，总需求与短期总供给决定的均衡的国内生产总值可能大于、小于或等于充分就业的国内生产总值。到底会出现哪一种情况取决于不受物价水平影响的潜在总供给。

20. √

提示：这时的资源被过度利用，资源短缺使资源价格上升，最终会引起物价上升。

21. ×

提示：均衡的国内生产总值小于充分就业的国内生产总值时，资源没有得到充分的利用，经济中才存在失业。

22. √

提示：总需求增加，均衡的国内生产总值增加，物价水平上升，总需求减少，均衡国内生产总值减少，物价水平下降。

23. √

提示：短期总供给曲线向上移动，均衡的国内生产总值减少，物价水平上升；短期总供给曲线向下移动，均衡的国内生产总值增加，物价水平下降。

24. ×

提示：总供给曲线的形状可由单个产品供给曲线的形状直接推得，但总需求曲线的形状与单个产品需求曲线的形状无必然联系。单个产品的需求量与其价格反向变化，是因为边际效用递减；而总需求量与价格水平反向变化，则是由于利率效应、实际余额效应等方面的原因。另外，微观供求模型中价格与总供求模型中的价格也有所不同，后者是前者的加权平均。

25. ×

提示：就单个产品的供给曲线而言，由于弹性的完全释放需要一定的时间，时间越长，弹性释放越充分，价格对供给量的长期影响就比短期的大。宏观的总供给曲线恰恰相反：它在短期向右上方倾斜，在长期却变得垂直。也就是说，在短期，价格水平的变化可以改变总供给的水平，但在长期却不能。

26. ×

提示：在完全竞争的一般均衡状态，消费者实现了效用的最大化，厂商实现了利润的最大化，资源配置的效率达到最高，经济处于充分就业状态。因此，完全竞争的一般均衡是一种十分理想的状态，此时政府的干预也被认为是不必要的甚至是有害的。但在总供给曲线与总需求曲线的交叉点上，虽然经济实现了总供求的均衡，但国民收入可能要低于充分就业的水平，并且存在非自愿失业。根据凯恩斯主义的说法，这种情况可以由劳动市场的不完全所导致。因此，要求政府积极地进行经济干预，以熨平经济波动，实现充分就业的均衡。

27. √

提示：古典宏观经济理论以萨伊定律和完全竞争的市场假设为前提，其必然结论就是经济总能实现劳动力的充分就业，货币的作用是中性的，政府的财政或货币政策只能改变价格水平，而不可能使产量、就业等实际变量发生变化。因此，总供给曲线是垂直的。凯恩斯主义则认为，劳动市场是不完全的，货币工资的变化具有“刚性”或“黏性”的特征，从而劳动市场常常是非出清的，存在非自愿失业，产出也低于潜在水平，此时，扩张的财政或货币政策在使价格水平上升的同时，也促进了产出的增加。因此，凯恩斯主义者认为，起码在短期内，总供给曲线是向右上方倾斜的或存在向右上方倾斜的部分。但在长期内，凯恩斯主义者也倾向于同意总供给曲线垂直的说法，因为在长期内，一切价格都能自由地涨落，这就使经济具有达到充分就业的趋势。

28. √

提示：凯恩斯认为，工人们具有“货币幻觉”，他们会对货币工资的下降进行抵抗，使货币工资具有向下的刚性。这样，当价格水平下降时，实际工资将会上升，从而使劳动需求减少，相应地要求货币工资下降以使实际工资恢复到市场出清的水平。根据凯恩斯的假设，货币工资不可能向下调整，这样就造成了非自愿失业。

三、单项选择题

题号	1	2	3	4	5	6	7	8	9	10
答案	A	C	B	D	C	B	B	A	D	C
题号	11	12	13	14	15	16	17	18	19	20
答案	A	C	A	A	C	A	D	D	D	C
题号	21	22	23	24	25	26	27	28		
答案	B	B	C	A	B	D	D	B		

四、多项选择题

题号	1	2	3	4	5	6	7	8	9	10
答案	CD	CE	AC	AC	ABC	ACE	AD	ABCD	AB	ACE
题号	11	12	13	14	15					
答案	ACDE	BD	AC	BCE	ABC					

五、计算题

1.（1）利用 $AS=AD$，有 $2\,000+P=2\,400-P$，从而求出均衡点为：$E=2\,200$（注：根据 $AD=2\,400-P$，把 $P=200$ 代入式中，求出均衡点为 2 200），$P=200$，此时经济处于充分就业状态。

（2）向左平行移动 10% 后，总需求曲线变为 $AD=2\,160-P$（注：$2\,160=2\,400-2\,400\times10\%$），与总供给曲线方程联立，求得新均衡点：$E=2\,080$，$P=80$。同（1）相比，均衡点位置下移，经济偏离充分就业，处于萧条状态。

（3）向右平行移动 10% 后，总需求曲线变为 $AD=2\,640-P$（注：$2\,640=2\,400+2\,400\times10\%$），与总供给曲线方程联立，求得新均衡点：$E=2\,320$，$P=320$。同（1）相比，均衡点位置下移，经济处于过热状态。

（4）向左平行移动 10% 后，总供给曲线变为 $AS=1\,800+P$（注：$1\,800=2\,000-2\,000\times10\%$），与总需求曲线方程联立，求得新均衡点：$E=2\,100$，$P=300$。同（1）相比，均衡产量下降但价格上升，表明经济处于滞胀状态，失业和通货膨胀同时存在。

（5）本题的总供给曲线明显是常规总供给曲线，而且是线性的常规总供给曲线。

2. 将 $\begin{cases} C=200+0.75Y \\ I=200-25r \\ G=50 \end{cases}$ 代入 $Y=C+I+G \Rightarrow Y=450+0.75Y-25\,r$ ①

整理得：IS 方程 $Y=1\,800-100\,r$（注：简化①式得到此表达式）

由 $L=\dfrac{M}{P} \Rightarrow Y-100r=\dfrac{1\,000}{P}$，整理得：$LM$ 方程 $Y=100r+\dfrac{1\,000}{P}$

联立 IS 和 LM 方程组：$\begin{cases} Y=1\ 800-100r \\ Y=1\ 00r+\dfrac{1\ 000}{P} \end{cases}$ ⇒总需求函数为 $Y=900+\dfrac{500}{P}$

3. 解 IS、LM 的联立方程组：$\begin{cases} IS：r=0.415-0.000\ 185\ 5y+0.000\ 05G \\ LM：r=0.000\ 016\ 25y-0.000\ 1\times\dfrac{M}{P} \end{cases}$

消去 r，得总需求曲线方程为（保留两位小数）：

$y=11\ 942.45+1.44G+\dfrac{2.88M}{P}$

当名义货币量增加，总需求曲线将向右移动，反之则向左移动。政府支出增加，将使总需求曲线向右上方移动，反之则向左下方移动。

4.（1）解方程组

$\begin{cases} y_S=500 \\ y_D=600-50P \end{cases}$

得：$P=2$，$y=500$

（2）总需求水平上升了10%，则总需求曲线为：$y_D=660-55p$

得：$\begin{cases} y_S=500 \\ y_D=660-55P \end{cases}$

解此方程组得：$P=2.91$，$y=500$

5. 解方程组

$\begin{cases} AS=2\ 350+400P \\ AD=2\ 000+750P \end{cases}$

得：均衡时的价格和收入分别为：$P=1$，$y=2\ 750$。

6.（1）将消费和投资函数代入 $y=c+i$ 并整理，得 IS 曲线的方程：

$y=9\ 900-9\ 000r$

将货币供给和货币需求函数代入货币市场的均衡条件 $M/P=L$，得 LM 曲线的方程：

$y=1\ 000+1\ 000r$

解 IS 和 LM 的联立方程组，可得均衡利率和均衡收入分别为：

$r=0.89$，$y=1\ 890$

（2）LM 方程亦可表示为如下形式：

$y=M/0.9+1\ 000r$（注：$\dfrac{M}{0.9}=\dfrac{900}{0.9}=1\ 000$）

解其与 IS 方程的联立方程组，可得：

$r=0.99-M/9\ 000$，$y=990+M$

容易看出，如果 M 增加且 $M>900$，则 r 减少，$r<0.89$；y 增加，$y>1\ 890$。

（3）由 $M/P=L$，可得 LM 方程 $y=1\ 000/P+1\ 000r$（注：$P=1$）

解其与 IS 方程的联立方程组，并消去利率 r，可得总需求方程：

$y=990+900/P$

六、简答题

1. 总需求指经济社会对产品和劳务的总需求量，总需求函数同时涉及产品市场，反映的是产品市场和货币市场同时处于均衡时，价格水平和产出水平的关系，也就是说，总需求函数可以从产品市场和货币市场的同时均衡中得到，总需求曲线理论来源于产品市场均衡理论和货币市场均衡理论。

如下图所示，(a) 为 *IS—LM* 曲线，(b) 为总需求曲线。*LM* 曲线和 *IS* 曲线可以有很多交点，每一个交点都有特定的 y 和 r，于是就有许多 P 与 y 的组合从而构成了 (b) 图中的一系列点。把这些点连在一起所得到的曲线就是总需求曲线 *AD*。

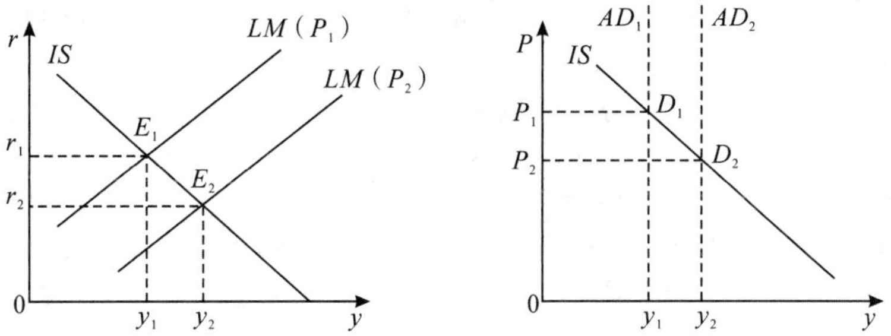

(a)　　　　(b)

2. 如下图所示，图中 (*a*) 是对应于一定价格水平 P_0 的 *IS* 曲线和 *LM* 曲线，均衡点为 E，在图 (b) 中的 *AD* 曲线中对应的 E 点。现在假设增加政府支出，其结果是 *IS* 曲线由 IS_0 曲线右移到 IS_1 曲线。在原来的价格水平下，新的均衡点为 E_1。在图 (b) 中，也画出对应的 E_1 点，该点是新的总需求曲线 AD_1 上的一点。可见，在既定的价格水平下，政府支出的增加也就意味着总需求的增加，进而影响国民收入及就业量。同理，无论是财政政策还是货币政策，都是通过影响利率，消费和投资进而影响总需求，通过对总需求的调节来调控宏观经济。因此，*AD* 曲线就能直观地说明财政政策和货币政策都是影响总需求的需求管理政策。

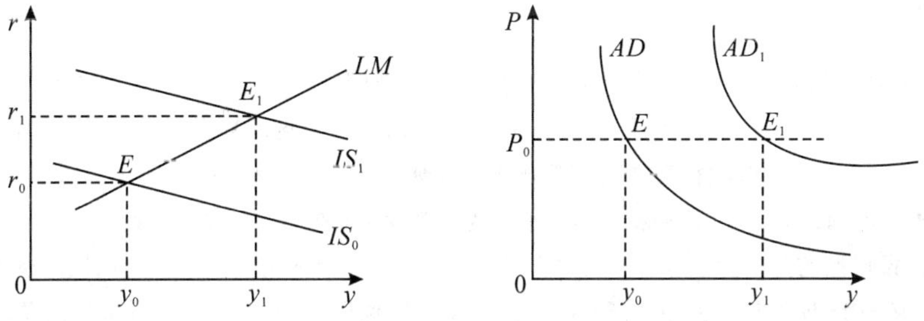

(a)　　　　(b)

3. 总供给指经济社会所提供的总产量，其生产函数可表示为 $y=f(N, K)$，其中 y 为总产出，N 表示整个社会的就业水平，K 为整个社会的资本存量。宏观经济学假设总产出量随着总就业量的增加而增加，且技术不变，K 为常数。因此，在一定时期一定条件下，总供给将主要由经济的总就业水平决定，而经济中的总就业水平由劳动力市场决定。从劳动均衡条件 $N_s\left(\frac{W}{P}\right)=N_d\left(\frac{W}{P}\right)$，解出均衡就业量 N_0，代入生产函数便可求出总供给。所以说总供给曲线的理论来源是生产函数和劳动力市场均衡理论。

4. 按照货币工资 (W) 和价格水平 (P) 进行调整所要求的时间长短，宏观经济学中将总供给曲线分为三种。古典总供给曲线是基于古典学派认为货币工资和价格水平可以迅速调整的假设，认为实际工资总是处于充分就业水平，因此总供给曲线是一条垂直线。凯恩斯总供给曲线是建立在货币工资和价格具有刚性的基础上，认为二者不能调整，因此认为总供给曲线是一条水平线。以上是两种极端的情况。常规总供给曲线则介于二者之间，认为总供给曲线是一条向右上方倾斜的曲线。

5. 总需求曲线向右下方倾斜，总需求与价格水平反向变化，是因为：①价格水平的变化将引起利率的同方向变动，进而引起投资和产出水平的反向变动。如当价格上涨时，货币需求的增加将导致利率的上升，投资水平下降，从而总需求水平也将下降；②价格水平的变化还会影响人们的实际财富，当价格水平上升时，以货币表示的资产（如现金、存款等）的实际价值将降低，人们由于变得相对贫穷而减少消费支出，也会引起总需求的下降；③价格水平的变化会影响人们的税收负担，当价格水平上升时，人们的名义收入将增加，从而使人们进入更高的纳税等级，消费者的税负增加，可支配收入下降，消费水平下降从而总需求水平也将下降；④价格水平的变化还将通过影响净出口来影响总需求。如当价格水平上升时，固定汇率下降会使出口减少，进口增加，这也会使总需求水平下降。

6. 主流学派经济学家用供给冲击解释"滞胀"产生的原因。如下图所示，*AD* 曲线的位置不变，短期总供给曲线 AS_s^0 由于供给冲击（如石油价格和工资等的提高）向左移动至 AS_s^1 的位置，容易看出，与原来的均衡点 E_0 相比，新均衡点 E_1 的价格水平提高了，产量下降了。也就是说，经济中出现了"滞胀"。

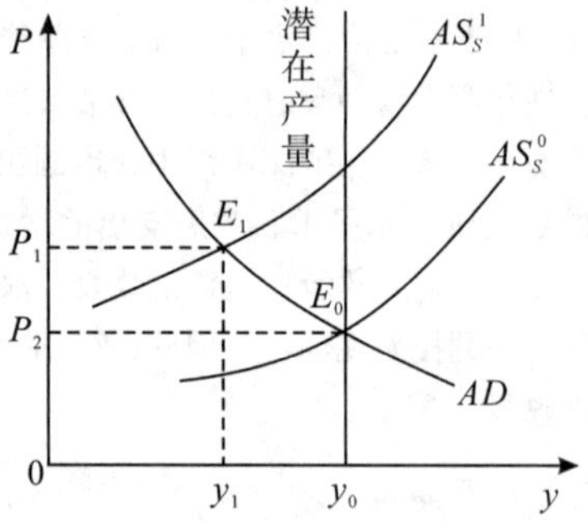

7. *IS—LM* 模型被认为是对凯恩斯经济理论体系的标准阐释，它是在产品市场和货币市场两个市场的背景下分析国民收入的决定问题。其中，*IS* 曲线反映产品市场的均衡要求，*LM* 曲线反映货币市场的均衡要求，在两条曲线的相交之点，两个市场实现了一般均衡，相应的国民收入即为均衡收入。与 *IS—LM* 模型不同，*AD—AS* 模型将价格水平作为一个变量来处理，将 *IS*、*LM* 两曲线"合并"成一条 *AD* 曲线；该模型的分析背景亦有所扩大，对劳动市场的分析成为导出总供给曲线的逻辑基础。这些变化使得 *AD—AS* 模型具有更为丰富的内容，并且可以被用来分析更为广泛的经济问题。

8. （1）总需求是指总支出，单个商品的需求是指不同价格水平下对商品的需求数量。

（2）总需求受价格总水平的影响，单个商品的需求受相对价格水平的影响。

（3）二者虽然都受价格的影响，但对前者的解释是从利率分析入手，对后者的分析则是从替代效应和收入效应分析入手。

9. ①在古典总需求—总供给模型中，总供给曲线是一条位于充分就业产出水平的垂直线。因此，当总需求曲线移动时，只能导致价格水平的变动，而对就业量和国民收入不发生影响；②在凯恩斯主义的总需求—总供给模型中，总供给曲线由于名义工资具有刚性从而向右上方倾斜，这说明就业量和国民收入水平的变化主要取决于总需求水平。当总需求扩大时，实际工资的下降会增加就业量，从而扩大产出水平。

10. 首先，无论是短期还是长期，增加货币供给都是对经济的一个冲击。其次，增加货币供给将增加总需求，使总需求曲线向右移动。但是，由于总需求增加，将会使总需求与总供给曲线的交点发生改变，典型的变化就是在短期内，均衡产出可能超过潜在产出水平。但是，随着物价水平的逐渐升高，总供给将逐步向潜在产出水平回落，最后达到新的均衡点，回到潜在产出水平。

11. 在短期中工资是刚性的，即在短期中，工资难以随着市场供求情况进行波动。但是，从长期来看，工资也是具有伸缩性的。因为，从长期来看，工人的实际工资必须与工人劳动的边际产出相等。因此，工资在长期必然会随着供求情况进行波动。

12. a. 汽油价格对石油生产的变化反应相当迅速。两周就意味着长期。

b. 由于价格目录每年只印刷几次，因此在投入价格影响生产价格之前大概会有六个月到一年的时间。

c. 橙子的价格对农业生产的变化反应非常迅速，严重的霜害将可能使橙汁价格在一个月里变高。

d. 小汽车价格可能对工资的增加反应比较缓慢，因为它的价格常常建立在新款引入的基础上。由于很少的回扣和销售，这种影响可能就更加间接了。

13. a. 短期中，总供给曲线将向上移动。长期总需求曲线和长期总供给曲线保持不变。

b. 短期中，价格上涨，产出减少。长期中没有变化。

c. 短期中，由于产出的减少，美国的农产品出口也会减少，而由于消费者从别的国家购买了更多的食品，进口将会增加。

d. 净出口是由出口和进口之间的差值决定的，所以净出口减少。由于降低的出口和增加的进口使得净出口需求下降，从而导致实际汇率下降。如果产出减少得足够多以至于美国 GDP 明显减少，这可能使得储蓄下降。如果储蓄下降（假设投资不变），那么净出口将会下降，而实际汇率将会上升。

七、论述题

1. 如下图（a）所示，在某一时期 AD_0 与 AS 交于一点，这一点的就业量为 y_0，价格水平为 P_0。在此时，由于投资减少，AD_0 左移到 AD_1，与 AS 曲线有一个新的交点，在这一点就业量为 y_1，价格水平为 P_1，二者均低于充分就业的数值。因此这表明，经济社会处于萧条状态；若 AD_0 右移到 AD_2，则情况正好相反，代表经济处于高涨（或过热）的状态。

如下图（b）所示，AD 与 AS_0 交于一点，在这点的充分就业量为 y_0，价格水平为 P_0。此时，若由于某种原因使得 AS_0 左移到 AS_1，与 AD 重新有个交点，这时产量和价格水平依次为 y_1 和 P_1，表示失业和通货膨胀并存，这时，可以代表经济社会处于“滞胀”的状态。

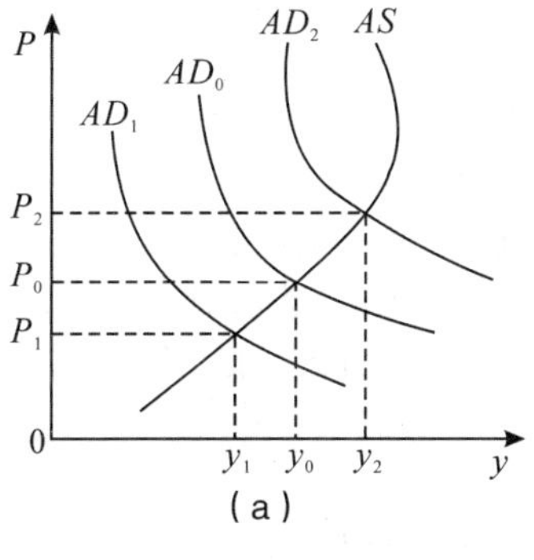

（a）

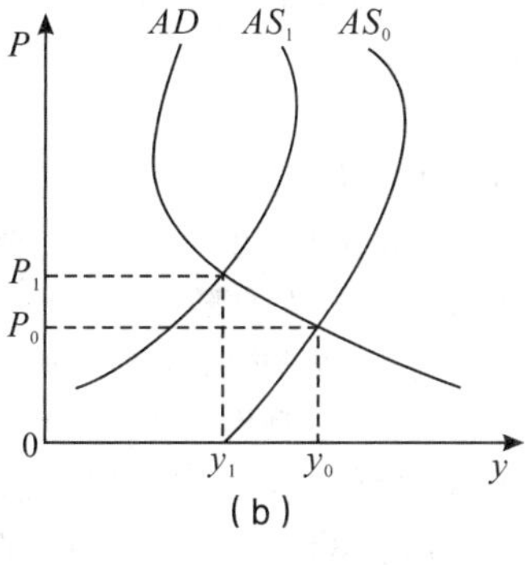

（b）

2. 二者在形式上有一定相似之处。微观经济学的供求模型主要说明单个商品的价格和数量的决定。宏观经济中的 AD—AS 模型主要说明总体经济的价格水平和国民收入的决定。二者在图形上都用两条曲线来表示，在价格为纵坐标，数量（产出）为横坐标的坐标系中，向右下方倾斜的为需求曲线，向右上方倾斜的为供给曲线。

但是二者在内容上有很大的不同：其一，两模型涉及的对象不同。微观经济学的供求模型是微观经济领域的事物，而宏观经济中的 AD—AS 模型是宏观经济领域的事物。其二，各自的理论基础不同。微观经济学中的供求模型中的需求曲线的理论基础是消费者行为理论，而供给曲线的理论基础主要是成本理论和市场理论。它们属于微观经济学的内容。宏观经济学中的总需求曲线的理论基础主要是产品市场均衡理论和货币市场均衡理论，而总供给理论曲线的理论基础主要是劳动市场理论和总量生产函数。其三，各自的功能不同。微观经济学中的供求模型在说明商品价格和数量决定的同时，还可用来说明需求曲线和供给曲线移动对价格和商品数量的影响，充其量这一模型只解释微观市场的一些现象和结果。宏观经济学中的 AD—AS 模型在说明价格和产出决定的同时，不可以用来解释宏观经济的波动现象和说明政府运用宏观经济政策干预经济的结果。

3. （1）在一个特定的价格水平下，任何引起总支出变动的因素都将导致总需求曲线的移动。总支出增加，总需求曲线向右上方移动；反之，总支出减少，总需求曲线向左下方移动。具体地说，在四部门经济中引起总需求变动的主要因素是消费需求、投资需求、政府需求以及国外需求。

第一，消费者的需求增加，每一价格总水平对应的总支出增加，从而总需求曲线向右上方移动；反之，需求减少，总需求曲线向左下方移动。在既定的收入条件下，由于消费与储蓄成反方向变动，因而储蓄增加使得总需求下降，从而总需求曲线向左下方移动；而储蓄减少，总需求曲线向右上方移动。第二，投资增加导致总支出增加，从而使得总需求曲线向右上方移动；反之，总需求曲线向左下方移动。另外，当货币供给量增加时，利息率下降，从而投资增加，总需求曲线向右上方移动；反之，货币供给量减少，总需求曲线向左下方移动。第三，政府购买增加和国外需求增加，经济中的总需求曲线向右上方移动；政府购买减少，总需求曲线向左下方移动。

（2）在一个特定的价格水平上，生产能力的提高或降低都会导致厂商愿意供给的某种产出数量的变化，从而引起总供给曲线发生移动。导致总供给曲线移动的因素主要有以下几个方面：

第一，自然的和人为的灾祸。例如，地震或战争会极大地减少经济的总供给，使得总供给曲线向左上方移动。第二，技术变动。引起总供给曲线移动的一个重要原因是技术的变化。技术变动通常是正向的，即技术水平倾向于提高，所以技术变动的影响一般使得总供给曲线向右移动。第三，工资率等要素价格的变动。当工资下降时，对于任一给定的价格总水平，厂商愿意供给更多的产品，因而降低工资将使总供给曲线向右下方移动；反之，工资上升，总供给曲线向左上方移动。此外，进口商品价格的变化也会引起总供给曲线的移动。如果厂商以进口商品作为原料，那么进口商品的价格变化时，厂商的成本就会发生变动，从而愿意生产的数量也会变动。

4. a. 短期中，价格固定。根据货币数量论，由于货币供给和价格都是固定的，流通速度的加快一定与产出的增加相匹配。

b. 由于短期中的价格不变，美联储一开始不会做出任何反应。

c. 长期中，产出由生产要素决定。因此流通速度的加快不会影响产出。如果产出和货币供给保持不变，那么价格的上涨一定伴随着流通速度的加快。在长期中价格稳定的目标之下，美联储必须减少货币供给来抵消流通速度加快的影响。根据数量方程式，$MV=PY$，如果货币减少而流通速度加快，方程右边不会发生改变。这种货币政策会立刻发生反应以至于产出没有短期压力。假如产出增加，这会导致长期中价格上涨从而使产出回到原来的位置。

d. 由于短期中的价格黏性，通货膨胀之前经济中的通货膨胀压力增大。为了预防价格上涨，美联储需要在通货膨胀发生之前就对这些压力做出反应。假如美联储等到通货膨胀出现之时才采取行动，那就太晚了，因为对价格来说，货币供给的变化仅仅在长期中对它有效。

5. a. 管制的改变会使持有货币更有吸引力，因此，人们对货币的持有量将增加，货币需求将上升。(注意货币与通货，活期存款与定期存款的区别)

b. 货币流通速度将下降。因为，$MV=PY$，在短期内，价格水平、产出水平都难以发生改变，而此时 M 增大了，要保证这个等式依然成立，只能是 V 减小。

c. 如果美联储保持货币供给不变，而货币流通速度下降，则意味着 MV 将下降。要保持 $MV=PY$ 成立，只有 PY 也随之下降。短期内，价格 P 具有黏性，那么，结果将是 Y 下降。长期内，价格 P 具有伸缩性，那么，长期的结果是 P 下降，Y 回到原来的均衡位置。

d. 通过前面三小问，可知，如果美联储保持货币供给不变，但经济中的 V 下降的话，短期内，经济将有一个衰退的过程。要想经济不衰退，美联储可以增加货币供给 M，使 MV 与原来的 PY 相等。即维持经济基本不波动。因此，美联储应该根据经济实际情况来调节货币供给。

第七章　失业与通货膨胀

一、名词解释

1. 结构性失业：指劳动力的供给和需求不匹配所造成的失业，其特点是既有失业，又有职位空缺，失业者或者没有合适的技能，或者居住地点不当，因此无法填补现有的职位空缺。

2. 摩擦性失业：指在生产过程中由于难以避免的摩擦而造成的短期、局部性失业。

3. 周期性失业：指经济周期中的衰退或萧条时，因需求下降而造成的失业，这种失业是由整个经济的支出和产出下降造成的。

4. 自然失业率：指经济社会在正常情况下的失业率，它是劳动市场处于供求稳定状态时的失业率，这里的稳定状态被认为是：既不会造成通货膨胀也不会导致通货紧缩的状态。

5. 充分就业：根据凯恩斯的理论，如果经济中消除了“非自愿失业”，失业仅局限于摩擦性失业和自愿失业的话，经济就实现了充分就业。

6. 通货膨胀：是指经济中的大多数商品和劳务的价格连续在一段时间内普遍上涨。

7. 消费价格指数：指对普通家庭的支出来说，购买具有代表性的一组商品，在今天要比在过去某一时间多花费多少。这一指数的基本意思是，人们有选择地选取一组（相对固定）商品和劳务，然后比较他们按当期价格购买的花费和按基期价格购买的花费。

8. 生产者价格指数：指用来衡量生产原材料和中间投入品等价格平均水平的价格指数。

9. 需求拉动通货膨胀：又称超额需求通货膨胀，是指总需求超过总供给所引起的一般价格水平的持续显著的上涨，表现为“过多的货币追求过少的商品”。

10. 成本推动通货膨胀：又称成本通货膨胀或供给通货膨胀，是指在没有超额需求的情况下，由于供给方面成本的提高所引起的一般价格水平持续和显著的上涨。西方学者认为，成本推动通货膨胀主要是由工资的提高造成的。

11. 结构性通货膨胀：西方经济学家认为，在没有需求拉动和成本推动的情况下，只是由于经济结构因素的变动，也会出现一般价格水平的持续上涨。他们把这种价格水平的上涨叫做结构性通货膨胀。

12. 奔腾的通货膨胀：指年通货膨胀率在 10% 以上和 100% 以内。这时，货币流通速度提高和货币购买力下降，均具有较快的速度，并且公众预期价格会进一步上涨，因而采取各种措施来保卫自己，以免受通货膨胀之害，致使通货膨胀更为加剧。

13. 菲利普斯曲线：在以横轴表示失业率、纵轴表示货币工资增长率的坐标系中，画出一条向右下方倾斜的曲线，就是最初的菲利普斯曲线，它表明了当失业率较低时，货币工资增长率较高；反之，货币工资增长率较低。新古典综合派将这一曲线进行改造后用它来表示失业率与通货膨胀率之间的替代关系，即失业率越高，则通货膨胀率越低；失业率越低，通货膨胀率越高。

二、判断题

1. √

2. ×

提示：充分就业时的失业率为自然失业率。

3. ×

提示：某人在失业以后因就业信息不灵而暂时找不到工作，这种失业是非自愿失业。

4. √

5. ×

提示：当经济中存在结构性失业时，既有失业，也有工作空位。

6. √

7. ×

提示：摩擦性失业是一种非自愿失业。

8. √

9. √

10. ×

提示：凯恩斯认为，引起总需求不足的根本原因是三大心理规律的作用，即边际消费倾向递减规律、资本边际效率递减规律和流动性偏好规律。

11. ×

提示：奥肯定律是一条非常重要的经验数据，它反映产品市场和劳动市场之间的关系，是以当时的客观条件为根据的。

12. ×

提示：物价持续的普遍的上涨才是通货膨胀。

13. √

14. √

15. ×

提示：货币主义学派以及以后的理性预期学派等并不主张用通货膨胀刺激经济。

16. √

17. √

18. ×

提示：如果你的房东说："工资、公用事业及别的费用都涨了，我也只能提高你的房租。"这属于成本推动的通货膨胀。

19. √

20. √

21. √

22. ×

提示：根据短期菲利普斯曲线，失业率和通货膨胀率之间的关系是负相关。

23. ×

提示：长期菲利普斯曲线是一条垂直线。

三、单项选择题

题号	1	2	3	4	5	6	7	8	9	10
答案	C	D	A	C	B	C	A	B	B	A
题号	11	12	13	14	15	16	17	18	19	20
答案	D	D	C	C	C	C	D	A	D	C
题号	21	22	23	24	25	26	27	28		
答案	C	B	A	C	D	C	C	D		

四、多项选择题

题号	1	2	3	4	5	6	7	8	9	10
答案	ABC	ABCD	ABC	ABDE	ABCD	ABD	ABCD	ABC	AB	ACDE
题号	11	12	13	14	15					
答案	BC	ABD	ABC	ACE	ADE					

五、计算题

1. 1985 年和 1986 年的通货膨胀率为：

$$\pi_{1985}=\frac{p_{1985}-p_{1984}}{p_{1984}}\times100\%=\frac{111.5-107.9}{107.9}\times100\%=3.34\%$$

$$\pi_{1986}=\frac{p_{1986}-p_{1985}}{p_{1985}}\times100\%=\frac{114.5-111.5}{111.5}\times100\%=2.69\%$$

如果预期通货膨胀率为前两年的平均值，即：

$$\pi_{1987}^{e}=\frac{\pi_{1986}+\pi_{1985}}{2}=3.015\%$$

按照名义利率、实际利率与预期通货膨胀率之间的关系，我们有

实际利率$_{1987}$ = 名义利率$_{1987}$ $-\pi_{1987}^{e}=6\%-3.015\%=2.985\%$

2. CPI $=(1.50\times2+4.00\times1+4.00\times3)/(1.00\times2+3.00\times1+2.00\times3)\times100$

$=173$

通胀率：$(173-100)/100=73\%$

3. （1）劳动力人数 = 就业人数 + 失业人数 = 1.2 + 0.1 = 1.3（亿）

（2）劳动力参与率 $=\frac{\text{劳动力}}{\text{可工作年龄人口数}}\times100\%=\frac{1.3}{1.9}\times100\%=68.4\%$

（3）失业率 $=\dfrac{失业者}{劳动力}\times100\%=\dfrac{0.1}{1.3}\times100\%=7.69\%$

4.（1）当失业率处于自然失业率水平时，经济中的通货膨胀既不加速也不减速，即 $\pi=\pi_{-1}$，根据已知条件 $\pi=\pi_{-1}-0.5(u-0.06)$ 可得：

$-0.5(u-0.06)=0\Rightarrow u=0.06$

即自然失业率为6%。

（2）通货膨胀减少5个百分点，即 $\pi-\pi_{-1}=-5\%$，根据已知条件有

$0.5(u-0.06)=5\%\Rightarrow u=0.16$

此时，经济中的失业率为16%。

5.（1）该经济的自然失业率为6%。

（2）

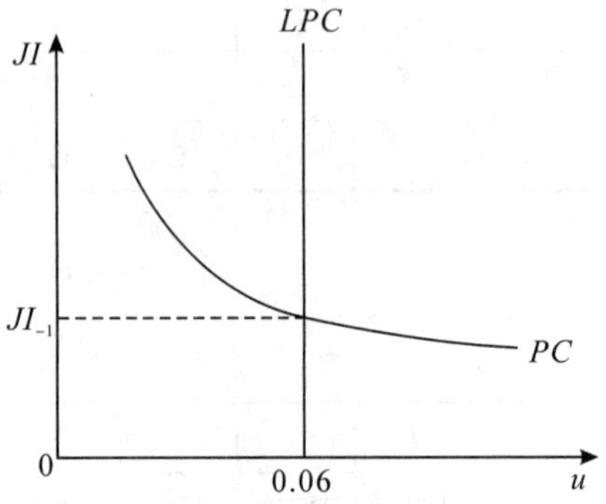

6.（1）按照奥肯定律，在6%的自然失业率水平下，各年的GDP缺口分别为：

2001年：$(y_{2001}-y_f)/y_f=-3(8\%-6\%)=-6\%$

2002年：$(y_{2002}-y_f)/y_f=-3(4\%-6\%)=6\%$

2003年：$(y_{2003}-y_f)/y_f=-3(5\%-6\%)=3\%$

2004年：$(y_{2004}-y_f)/y_f=-3(6\%-6\%)=0$

（2）由（1）可知，在2001年实际GDP低于潜在的GDP水平，2002、2003年实际GDP高于潜在GDP水平，2004年缺口消除。

（3）如果2003年实际GDP为2 500万亿元，由已知条件和奥肯定律可得

$$\frac{2\,500-y_f}{y_f}=-3(5\%-6\%)=0.03$$

解得 $y_f=\dfrac{2\,500}{1.03}=2\,427.18$，即2003年潜在的GDP水平为2 427.18万亿元。

六、简答题

1. 一般来说，结构性失业比摩擦性失业问题更严重。因为：摩擦性失业是由于劳动力市场运行机制不完善或者因为经济变动过程中的工作转换而产生的失业。摩擦性失业的失业者都可以胜任可能获得的工作，增强失业服务机构的作用，增加就业信息，协助劳动者家庭搬家等都有助于减少摩擦性失业。结构性失业是由于经济结构的变化，产生兴衰转移而造成的失业，是劳动力市场失衡造成的失业，一些部门需要劳动力，存在职位空缺，但失业者缺乏到这些部门和岗位就业的能力，而这种能力的培训需要一段较长的时间才能完成。相比之下，结构性失业的问题更严重些。

2. 不能。因为充分就业并不意味着百分之百的就业，因为即使有足够的职位空缺，失业率也不会等于零，经济中仍然会存在摩擦性失业和结构性失业，在一个日新月异的经济中，永远会存在职业流动和行业结构性兴衰，所以总有少部分人处于失业状态。凯恩斯认为，如果消除了“非自愿失业”，失业仅限于摩擦性失业和自愿失业的话，经济就实现了充分就业。所以，充分就业不可能做到有劳动能力的人都拥有工作。

3. 自然失业率是指经济社会在正常情况下的失业率，它是劳动市场处于供求稳定状态时的失业率，这里的稳定状态被认为是：既不会造成通货膨胀也不会导致通货紧缩的状态。

生产力的发展、技术进步以及制度因素是决定自然失业率及引起自然失业率提高的重要因素。具体包括：

（1）劳动力结构的变化。一般来说，青年与妇女的自然失业率高，而这些人在劳动力总数中所占比例的上升会导致自然失业率上升。

（2）政府政策的影响。如失业救济制度使一些人宁可失业也不从事工资低、条件差的职业，这就增加了自然失业中的“寻业的失业”；最低工资法使企业尽量少雇佣人，尤其是技术水平差的工人，同时也加强了用机器取代工人的趋势。

（3）技术进步因素。随着新技术减少对劳动力的需求，出现较多失业。

（4）劳动市场的组织情况。如劳动力供求信息的完整与迅速性，职业介绍与指导的完善与否，都会影响到自然失业率的变化。

（5）劳动市场或行业差别性的增大会提高自然失业率。厂商、行业和地区会兴起和衰落，而劳动者和厂商需要时间来与之适应和配合。这些无疑会引起劳动者的大量流动，增大结构性失业。

4. 在短期，菲利普斯曲线表现的是在一定的通货膨胀的预期水平下，通货膨胀率与失业率之间的关系。货币主义者认为，在工资谈判中，工人们关心的是实际工资而不是货币工资。当通货膨胀率不太高，工人还没有形成新的通货膨胀预期时，失业率与通货膨胀率之间存在的替代关系被称为短期菲利普斯曲线。对应不同的预期通货膨胀率水平就有不同的菲利普斯曲线，预期通货膨胀率越高，短期菲利普斯曲线位置越高。

在长期中，工人们发现他们的实际工资随物价上涨而下降，就会要求雇主相应地增加货币工资，以补偿通货膨胀给自己造成的损失。由于工人不断地形成新的通货膨胀预期，一条条菲利普斯曲线不断向右上方移动，最终演变成一条垂直的长期菲利普斯曲线。所以，长期菲利普斯曲线是由短期菲利普斯曲线不断运动形成的。

5.（1）通货膨胀的再分配效应。首先，通货膨胀不利于靠固定的货币收入维持生活的人。对于固定收入阶层来说，其收入是固定的货币数额，落后于上升的物价水平。其实际收入因通货膨胀而减少，他们接受每一元的收入的购买力将随价格的上升而下降。相反，那些靠变动收入维持生活的人，则会从通货膨胀中得益，这些人的货币收入会走在价格水平和生活费用上涨之前。那些从利润中得到收入的企业主也能从通货膨胀中获利，如果产品价格比资源价格上升得快的话，则企业的效益将比它的成本增长得快。其次，通货膨胀对储蓄者不利。随着价格上涨，存款的实际价值或购买力就会降低。那些口袋中有闲置货币和存款在银行的人受到严重的打击。同样，像保险金、养老金以及其他固定价值的证券财产等，它们本来是用以防患未然和蓄资养老的，在通货膨胀中，其实际价值也会下降。再次，通货膨胀还可以在债务人和债权人之间发生收入再分配的作用。具体地说，通货膨胀靠牺牲债权人的利益而使债务人获利。

（2）通货膨胀对产出的影响。实际上，产出水平是随着价格水平的变化而变化的。下面考虑可能出现的三种情况：

第一种，随着通货膨胀出现，产出增加。这就是需求拉动的通货膨胀的刺激，促进了产出水平的提高。在这种条件下，产品的价格会跑到工资和其他资源的价格的前面，由此而扩大了企业的利润。又会刺激企业扩大生产，从而产生减少失业，增加国民产出的效果。

第二种情况，成本推动的通货膨胀引致失业、产出和就业下降。当成本推动的压力抬高物价水平时，既定的总需求只能是在市场上支持一个较小的实际产出。所以实际产出会下降，失业会上升。

值得注意的是：一、二两种情况只是在短期内有效，在长期，上述影响产量和就业的因素都会消失。

第三种情况，超级通货膨胀导致经济崩溃。储蓄和投资都会减少，使经济增长率下降。企业增加生产和扩大就业的积极性逐渐丧失，生产收缩，市场经济机制无法正常运行，产生大规模的经济混乱。

6. 需求拉动通货膨胀是指社会总需求增长过快所引起的一般价格水平的普遍持续上涨。在社会总需求中，无论是消费、投资增加，还是政府支出或净出口的增加，都能使需求增加，引起通货膨胀。如下图所示：

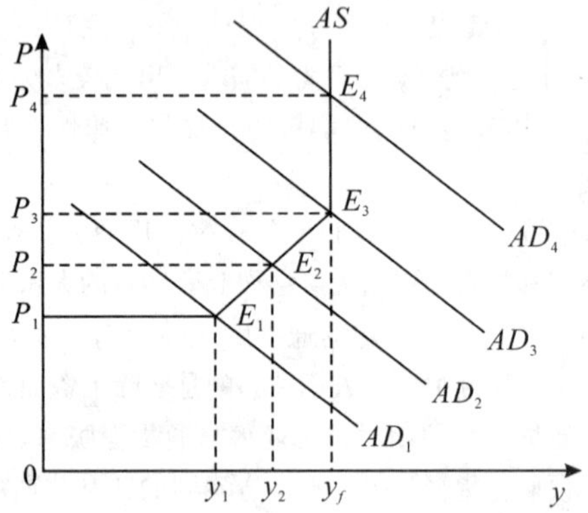

图中，横轴代表国民收入 y，纵轴代表价格水平 P，AS 为总供给曲线。如前章所述，社会总供给曲线总是一条先平行于横轴，后向右上方倾斜，最后垂直于横轴的曲线，AD_1，AD_2，AD_3 和 AD_4 分别为需求越来越大的四条需求曲线，其与总供给曲线 AS 的交点分别为 E_1，E_2，E_3，E_4，与均衡点对应的价格与收入分别为 P_1，P_2，P_3，P_4 和 y_1，y_2，y_f，y_f。

从图中可看出，在未充分就业时，总需求增加，不会引起价格上涨，不会产生需求拉动通货膨胀。在正常供给曲线条件下，总需求曲线 AD_1 提高到 AD_2，则价格由 P_1 提高到 P_2，国民收入也从 y_1 提高到 y_2。这就表明社会总需求增加，即总需求曲线 AD 上移，使价格水平提高。但在长期总供给曲线条件下，总需求曲线 AD_3 提高到 AD_4 时，则价格水平从 P_3 提高到 P_4，而国民收入不再增加，这是由于 y_f 为充分就业时的国民收入所致。这时，社会总需求的增加，对价格水平提高的影响更大。在上述正常的和长期的总供给曲线条件下，由于社会总需求增加引起价格总水平普遍持续提高，就是需求拉动通货膨胀。

7. 按照货币主义者的观点，只有在货币供给持续增长时，才会引起持续的通货膨胀，否则总供给曲线与总需求曲线的移动都不会引起持续的通货膨胀。货币供给保持不变，价格的上涨会减少实际货币量，提高利率，最终，通货膨胀将会消失。

货币与通货膨胀之间的关系，可通过货币市场均衡时，实际货币供给等于实际货币需求的关系推导出来。即在货币市场均衡时，价格水平等于名义货币供给量和实际货币需求量的比值。它说明只有名义货币流通量相对于实际货币需求有所增加时，价格水平才会提高。这样，在实际货币需求量保持不变的情况下，货币供给量不变，价格水平就不会长久持续上升。

8. 按照西方学者的观点，主要有三类原因导致通货膨胀的发生。

（1）需求拉动的通货膨胀。又称超额需求通货膨胀，是指总需求超过总供给所引起的一般价格水平的持续显著的上涨。在现有的价格水平下，如果经济的总需求超过总供给水平，就会导致一般物价水平的上升，引起通货膨胀。引起总需求扩大的因素有两类：一类因素称为实际因素，诸如消费、投资的扩大，政府购买的增加等都会使总需求曲线向右移动，使总需求超过总供给。另一类是所谓的货币因素，即货币供给量的增加或实际货币需求的减少。这会使得 *LM* 曲线向右移动，也会导致总需求在现有价格水平下扩大。

（2）成本推动的通货膨胀。又称供给通货膨胀，是指在没有超额需求的情况下，由于供给方面成本的提高所引起的一般价格水平持续和显著的上涨。这是指由于生产成本的提高而引起的一般价格水平的上升。生产成本的提高一方面可体现在工资水平的上升，原材料和能源等涨价，另一方面也体现在厂商为追逐垄断利润而限制产量，从而引起价格水平的普遍上涨。在现有的价格水平下，工人如果要求提高实际工资，厂商能够雇用的工人就会减少，其产量就随之减少，导致供给曲线向左移动，总需求水平超过总供给，价格水平上升。与需求拉动的通货膨胀不同的是，在短期，成本推动的通货膨胀将减少经济的产出水平。

（3）结构性通货膨胀。西方经济学家认为，在没有需求拉动和成本推动的情况下，只是由于经济结构因素的变动，也会出现一般价格水平的持续上涨。他们把这种价格水平的上涨叫做结构性通货膨胀。

西方学者通常用生产率提高快慢不同的两个部门说明结构性通货膨胀。由于生产率提高的快慢不同，两个部门的工资增长的快慢也应当有区别。但是，生产率提高慢的部门要求工资增长向生产率提高快的部门看齐，结果是全社会工资增长速度超过生产率增长速度，因而引起通货膨胀。

9.（1）用衰退来降低通货膨胀。可以通过实施紧缩性的财政政策和货币政策来实现。实践上，存在两种不同的政策选择：即渐进主义政策与激进主义政策。渐进主义政策是政府不断紧缩总需求，以较小的失业和较长的时间来降低通货膨胀率。这种策略并没有使经济与自然失业率偏离太多。激进主义政策是政府通过突然性的、大规模的紧缩性的需求管理政策，以较高的失业率和较短的时间来降低通货膨胀率。激进主义政策造成了较大规模的经济衰退，但通货膨胀率的下降也迅速得多。

（2）收入政策。是政府从控制总供给方面抑制通货膨胀的主要手段。主要通过如下几个因素来控制：

工资与物价的控制。政府为了降低一般价格水平上升的速度，而采取的强制性或非强制性的限制货币工资和价格的政策。目的在于影响或控制价格、货币工资和其他收入的增长率。其理论基础主要是成本推动的通货膨胀理论。

道德劝说。这种方法试图劝说企业和工人不要涨价或涨工资。政府编制了物价和工资的指导线，希望工人和企业能够遵守。政府可以不购买该企业的产品来威胁那些不听从劝告的企业。

改变预期。如果人们相信政府所采取的打破通货膨胀的任何行动都是成功的，这种预期本身就有助于消灭通货膨胀。政府的政策能够成功，部分得力于人们相信它可以成功。

10. 只要通货膨胀开始，需求拉动和成本推动过程对通货膨胀几乎都发挥着作用。即使导致通货膨胀的初始原因消失了，通货膨胀也可以自行持续下去。当人们预期物价会上涨时，他们就会坚持要求增加工资，而工资的上升，使企业的成本增加，从而又导致更高的价格水平。另外，更高的工资率意味着人们有更多的货币收入，导致更多的消费，从而使总需求进一步扩大，导致价格进一步上涨，又引发了另一轮的工资上涨。这样通货膨胀的压力无论在需求面还是在供给面都有不断循环下去的趋势。如果经济中大多数人都预期到同样的通货膨胀，那么，这种对通货膨胀的预期就会变成经济运行的现实。

11. 失业是指劳动者没有能够就业。按失业产生的原因可将失业分为摩擦性失业、结构性失业和周期性失业。摩擦性失业：指在生产过程中由于难以避免的或由于转业等原因而造成的短期、局部性失业，它往往是在劳动力正常流动过程中产生的。周期性失业：指经济周期中的衰退或萧条时，因需求下降导致劳动力总需求不足而造成的失业，因而常常又称为“需求不足型失业”。

结构性失业：指由于经济结构的变化引起劳动力的供给和需求不匹配所造成的失业。

12. 成本推动通货膨胀是指在没有超额需求的条件下，由于供给方面成本的提高所引起的价格水平的普遍持续上涨。如下图所示：

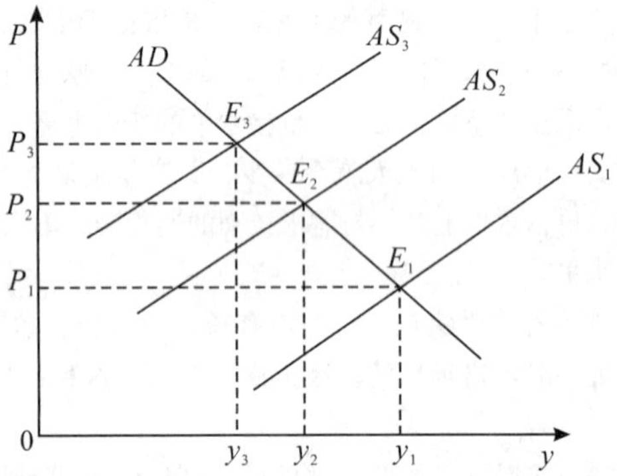

图中，横轴代表国民收入 y，纵轴代表价格水平 P，AD 为社会总需求曲线，AS_1，AS_2 和 AS_3 为成本不断提高总供给相应地不断减少情况下的三条总供给曲线，其与总需求曲线 AD 的交点分别为 E_1，E_2 和 E_3，相应的国民收入分别为 y_1，y_2 和 y_3，相应的价格分别为 P_1，P_2 和 P_3。从图中可看出，当由于成本提高，供给曲线 AS_1 上升为 AS_2 时，则国民收入减少到 y_2，而价格提高到 P_2；如果成本进一步提高，总供给曲线 AS_2 上升为 AS_3 时，则国民收入减少到 y_3 而价格提高为 P_3，这种由于成本提高所引起的价格普遍持续上涨，才构成成本推动通货膨胀。

13. 由于成本上升时原因不同，成本推动通货膨胀可分为三种类型：①工资推动通货膨胀，由于工人和工会的力量使工资增长率快于生产增长率，致使成本提高和物价水平上涨；②利润推动通货膨胀，由于厂商追逐更多的利润，以成本提高为借口，使产品价格提高幅度快于成本提高幅度而产生的通货膨胀；③进口和出口推动通货膨胀，由于进口品价格上涨，特别是进口原材料价格上涨引起的通货膨胀。由于出口猛增，使国内市场产品不足，也能引起物价上涨和通货膨胀。

14. 通货膨胀可以用三个指标来衡量：消费价格指数，生产者价格指数和 GDP 平减指数。消费价格指数（*CPI*）是衡量居民购买的零售商品平均价格变化的指数。生产者价格指数（*PPI*）是衡量生产原料和中间投入品等价格平均水平的价格指数，是对给定的一组商品的成本的度量。GDP 平减指数是用来衡量全部社会产品价格水平变化的指数，是某一年的名义 GDP 与实际 GDP 之比。

关于通货膨胀的分类：

（1）按照价格上升的速度，可以分为温和的通货膨胀、奔腾的通货膨胀和超级通货膨胀。

（2）按照对价格影响的差别，可以分为平衡的通货膨胀和非平衡的通货膨胀。

（3）按照人们的预期程度，可以分为未预期的通货膨胀和预期到的通货膨胀。

15. 菲利普斯曲线是用来表示失业率与通货膨胀率之间交替关系的曲线，由新西兰籍经济学家 W. 菲利普斯提出。1958 年，菲利普斯根据英国 1861—1957 年间失业率和货币工资变动率的经验统计资料，提出了一条用以表示失业率和货币工资变动率之间交替关系的曲线。在以横轴表示失业率，纵轴表示货币工资增长率的坐标系中，画出一条向右下方倾斜的曲线，这就是最初的菲利普斯曲线。该曲线表明：当失业率较低时，货币工资增长率较高；反之，当失业率较高时，货币工资增长率较低，甚至为负数。菲利普斯曲线被修正后，迅速成为西方宏观经济政策分析的基石。它表明，政策制定者可以选择不同的失业率和通货膨胀率的组合。换言之，在失业和通货膨胀之间存在着一种“替换关系”，即用一定的通货膨胀率的增加来换取一定的失业率的减少，或者，用后者的增加来减少前者。

七、论述题

1. 通货膨胀的产生成因可以分为：需求拉动通货膨胀、成本推动通货膨胀、需求拉动通货膨胀和成本推动通货膨胀混合、结构性通货膨胀等。在现实中，引起通货膨胀的原因往往是多方面的，既有需求方面，也有供给方面，还有经济结构变动方面等。因此，在治理通货膨胀的过程中，应该综合运用各种手段，从产生通货膨胀的主要原因入手，采取控制需求、增加供给，尤其是减少货币发行量等综合措施和手段来治理通货膨胀。事实上，如果产生通货膨胀的原因主要来自供给方面，那么，治理通货膨胀往往需要更长的时间。当然，如果通货膨胀是温和型的，则不一定需要采取强力措施进行治理。如果产生通货膨胀的主要原因是需求过量，则往往需要区分是消费需求，还是投资需求，抑制需求过量，政府往往应适当采取紧缩的财政政策和货币政策。

2. 菲利普斯曲线是用来表示失业率与通货膨胀率之间交替关系的曲线，由新西兰籍经济学家 W. 菲利普斯提出。该曲线表明，失业率高，则通货膨胀率低；失业率低，则通货膨胀率高。这就是说，失业率高，表明经济处于萧条阶段，这时工资和物价水平都较低，从而通货膨胀率也就低；反之，失业率低，表明经济处于繁荣阶段，这时工资与物价水平都较高，从而通货膨胀率也就高。失业率与通货膨胀率之间存在反方向变动关系，是因为通货膨胀使实际工资下降，从而能刺激生产，增加劳动的需求，减少失业。它表明，政策制定者可以选择不同的失业率和通货膨胀率的组合。例如，只要他们能够容忍高通货膨胀，他们就可以拥有低的失业率。或者他们可以通过高失业率维持较低通货膨胀率。换言之，在失业和通货膨胀之间存在着一种“替换关系”，即用一定的通货膨胀率的增加来换取一定的失业率的减少，或者，用后者的增加来减少前者。具体而言，一个经济社会先确定一个社会临界点，由此确定一个失业与通货膨胀的组合区域。如果实际的失业率和通货膨胀率组合在区域内，则社会的决策者不用采取调节行动，如在区域之外，则可根据菲利普斯曲线所表示的关系进行调节。

按照一些西方学者的说法，在长期中，工人将根据实际发生的情况不断调整自己的预期，工人预期的通货膨胀率与实际的通货膨胀率迟早会一致，这时工人会要求改变名义工资，以使实际工资不变，从而较高的通货膨胀就不会起到减少失业的作用。西方学者认为，在以失业率为横坐标，通货膨胀率为纵坐标的坐标系中，长期的菲利普斯曲线是一条垂直线，表明失业率与通货膨胀率之间不存在“替换关系”。长期菲利普斯曲线的政策含义是，从长期来看，政府运用扩张性政策不但不能降低失业率，还会使通货膨胀率不断上升。

3. （1）摩擦性失业是指在生产过程中由于难以避免的转业等原因而造成的短期、局部性失业，它往往是在劳动者正常流动过程中产生的。这种失业在性质上是过渡性或短期性的，与劳动力供求状态无关。在这里，像人们换工作或找新的工作便是这种失业的例子。工作机会和寻找工作的人的匹配在经济中并不总是顺利地发生，结果一些人便得不到工作。因此，摩擦性失业被认为在任何时候都存在，即使实现了充分就业，但对任何个人或家庭来说，它是过渡性的。摩擦性失业不被认为是严重的经济问题。

（2）结构性失业是指由于经济结构的变化引起劳动力的供给和需求不匹配所造成的失业，其特点是既有失业，又有职位空缺，失业者或者没有合适的技能，或者居住地点不当，因此无法填补现有的职位空缺。经济发展、技术进步、人口规模和构成的变化，以及消费者偏好的改变都会引起经济结构的变化，并引起对劳动力需求结构的改变。劳动力供给结构往往滞后于劳动力需求结构变化，从而产生了结构性失业。因此，结构性失业在性质上是长期性的，且往往伴随着经济结构的升级和调整，这恰好是经济发展的重要前提和标志。

（3）周期性失业是指经济周期中的衰退或萧条时，因需求下降导致劳动力总需求不足而造成的失业，因而常常又称为“需求不足型失业”，也属凯恩斯所说的非自愿失业。而在局部地区或个别行业中出现的劳动力需求不足属于结构性失业。在经济周期性波动中，当国民经济总需求或总产出下降时，对商品和劳务的需求也会减少，这种需求变化又会引起对劳动力这种派生需求的变化，在工资刚性条件下，国民经济有效需求不足会排斥就业，形成周期性失业。

综上所述，对经济影响最大的应该是周期性失业。

4. 总供给曲线揭示的是总产出和价格水平之间的关系。菲利普斯曲线揭示的是通货膨胀率与失业率之间的“替代关系”。菲利普斯曲线和总供给曲线虽然表面上所揭示的关系不同，但在本质上都表示同样的宏观经济思想，仅仅是同一枚硬币的两面。在一定的条件下，可以由总供给曲线推导出菲利普斯曲线，也可以由菲利普斯曲线推导出总供给曲线。

5. 总供给方程式为：$Y=Y^*+\alpha(P-P^e)$ 或 $P=P^e+Y_\alpha(Y-Y^*)$

其中，Y 为产出，Y^* 为充分就业产出水平，P 为物价水平，P^e 为预期物价水平，α 表示非预期价格变动对产出的影响。

等式两边减去上一年的物价水平 P_{-1}，得：

$(P-P_{-1})=(P^e-P_{-1})+Y_\alpha(Y-Y^*)$

由于物价水平的变动即通货膨胀率，所以有 $\pi=P-P_{-1}$，$\pi^e=P^e-P_{-1}$，代入上式得：

$\pi=\pi^e+Y_\alpha(Y-Y^*)$

由于奥肯定律说明产出与其自然率的背离和失业与其自然率的背离负相关，把这种关系写成：

$Y_\alpha(Y-Y^*)=-\beta(u-u^*)$

将这一关系式代入上式，得：

$\pi=\pi^e-\beta(u-u^*)$，这就是菲利普斯曲线。

第八章　开放经济下的短期经济模型

一、名词解释

1. 直接标价法：是用一单位的外国货币作为标准，折算为一定数额的本国货币来表示的汇率。

2. 间接标价法：是用一单位的本国货币作为标准，折算为一定数额的外国货币来表示的汇率。

3. 汇率：是一个国家的货币折算成另一个国家货币的比率，它表示的是两个国家货币之间的互换关系。

4. 固定汇率制：是指一国货币同他国货币的汇率基本固定，其波动限于一定的幅度之内。

5. 浮动汇率制：是指一国不规定本国货币与他国货币的官方汇率，听任汇率由外汇市场的供求关系自发地决定。浮动汇率又可分为自由浮动和管理浮动。

6. 名义汇率：是指两个国家通货的相对价格。

7. 实际汇率：是指两国产品的相对价格，它告诉我们，能按什么比率用一国的产品交换另一国的产品。

8. “南一北”关系：“南一北”这一术语产生于20世纪70年代贫困国家的领导人呼吁建立“新的世界经济秩序”的运动中。指发达国家与发展中国家。世界上较富裕的国家大多位于北半球，较贫穷的国家位于南半球。

9. 货币贬值：采用固定汇率的国家可以决定改变所固定的汇率水平。通货的官方价值的下跌被称为货币贬值。

10. 货币升值：采用固定汇率的国家可以决定改变所固定的汇率水平。通货的官方价值的上升被称为货币升值。

二、判断题

1. √

2. ×

提示：本币如果升值，本国出口货品用外币表示的价格升高，本国进口货品用本币表示的价格下降。

3. ×

提示：在浮动汇率制下，扩张性的财政政策是 IS^* 曲线右移，本币汇率上涨，外币贬值。

4. √

5. ×

提示：正好相反，在浮动汇率制下，财政政策是 IS^* 曲线移动，使汇率变动而对收入没有影响，只有货币政策能影响收入；在固定汇率制下，只有财政政策能影响收入。

6. √

7. √

8. ×

提示：20世纪70年代以前，在布雷顿森林体系下，各国货币与美元汇价波动被限定在一个很小的幅度内，属于固定汇率制。

9. √

提示：无论是本币被高估或低估，中央银行为维持固定汇率制，必然通过买卖外汇来防止汇率上涨或下跌，从而影响一国货币供给。

10. ×

提示：蒙代尔—弗莱明模型的一个关键假设是所考察的经济是资本能够完全流动的小型开放经济。

11. √

提示：因为名义汇率只是两个国家通货的相对价格。

12. ×

提示：正好相反，本币被低估，套利者会在外汇市场上用本币购买外汇，然后将外汇按官方汇率卖给中央银行换回本币实现套利。

13. ×

提示：正好相反，本币被高估，套利者会将本币向中央银行购买外汇，然后在外汇市场上将外汇卖出换回本币实现套利。

14. √

提示：因为小型开放经济中的居民绝不会以任何高于 r_w 的利率借贷，因为他们总可以以 r_w 的利率从国外得到贷款。同样，这种小型开放经济中的居民也不必以低于 r_w 的利率放贷，因为他们总可以通过向国外借款而获得 r_w 的收益率。

三、单项选择题

题号	1	2	3	4	5	6	7	8	9	10
答案	C	A	B	A	B	B	B	A	B	B
题号	11									
答案	B									

四、多项选择题

题号	1	2	3	4	5	6	7	8	9
答案	ACDE	ACDE	ABC	BCDE	AD	AD	BC	ACD	BE

五、简答题

1. （1）汇率也像商品的价格一样，是由外汇的供给和对外汇的需求这两个方面相互作用共同决定的。均衡汇率处于外汇供给曲线和外汇需求曲线的交点。

（2）如果外汇的供求发生变化，则均衡的汇率就会发生变化，并按照新的供求关系达到新的均衡。从一般的意义上说，影响外汇需求曲线移动的因素和影响外汇供给曲线移动的因素都是影响汇率变化的因素。在现实中，经常提到的影响汇率变化的因素主要有进出口、投资或借贷、外汇投机等。

2. 在固定汇率制下，一国中央银行随时准备按事先承诺的价格从事本币与外币的买卖。以美国为例，假定美联储宣布，它把汇率固定在每 1 美元兑换 100 日元。为了有效实行这种政策，美联储要有美元储备和日元储备。

一般来说，固定汇率的运行是会影响一国货币供给的。仍以美国为例，假定美联储宣布将把汇率固定在 1 美元兑换 100 日元，但由于某种原因，外汇市场均衡汇率是 1 美元兑换 150 日元。在这种情况下，市场上的套利者发现有获利机会：他们可以在外汇市场上用 2 美元兑换 300 日元，然后将 300 日元卖给美联储，从中获利 1 美元。当美联储从套利者手中购买这些日元时，向他们支付的美元自动地增加了美国的货币供给。货币供给以这种方式增加直到均衡汇率降到美联储所宣布的水平。

如果外汇市场均衡汇率是 1 美元兑换 50 日元，则市场的套利者通过 1 美元向美联储购买 100 日元，然后在外汇市场上以 2 美元卖出这些日元而获利。而当美联储卖出这些日元时，它所得到的 1 美元就自动地减少了美国的货币供给。货币供给以这种方式继续下降直到均衡汇率上升到美联储所宣布的水平。

3. 由所给条件，有如下开放经济下的产品市场均衡模型

$$y = c + i + g + (X - M) \quad (1)$$

$$c = \alpha - \beta y \quad (2)$$

$$i = e - dr \quad (3)$$

$g = g_0$ （4）

$X = A - my$ （5）

$M = M_0$ （6）

将式（2）至式（6）分别代入式（1），经整理有

$$y = \frac{\alpha + e + g_0 + A - M_0}{1 - \beta + m} - \frac{dr}{1 - \beta + m} \quad (7)$$

式（7）即为开放经济下的 *IS* 曲线的代数方程。式（7）表示均衡产出 y 与利率 r 成线性关系，式（7）等号右边的第一项为截距项；等号右边第二项的$\frac{-d}{1-\beta+m}$为直线的斜率项。

据此可知，当 m 变大时，会使 *IS* 曲线向左移动，同时使 *IS* 曲线变得更陡峭。而 A 增加时，会使 *IS* 曲线向右平行移动。

4. 结合（教材）第十三章的有关内容推导开放经济条件下政府购买乘数的表达式。

考虑如下的开放经济的宏观经济模型

$y = c + i + g + x - m$

$c = \alpha + by$

$m = m_0 + \beta y$

其中，i，g，x，m_0 为常数，b 为边际消费倾向，β 为边际进口倾向。则

$$y = \frac{1}{1 + \beta - b}(\alpha - m_0 + i + g + x)$$

所以

$$k_g = \frac{\mathrm{d}y}{\mathrm{d}g} = \frac{1}{1 + \beta - b}$$

上式即为政府购买乘数的表达式。

5. 在开放宏观经济学中，小国是指所考察的经济只是世界市场的一小部分，其本身对世界某些方面，特别是金融市场的影响微不足道。资本完全流动是指该国居民可以完全进入世界金融市场。特别是，该国政府不阻止国际借贷。

在资本完全流动的小国开放经济中，该国的利率 r 必定等于世界利率 r_w。即 $r = r_w$。原因如下：该国居民不会以任何高于 r_w 的利率借贷，因为他们总可以以 r_w 的利率从国外得到贷款。同样，该国居民也不必以低于 r_w 的利率放贷，因为他们总可以通过向国外借贷而获得 r_w 的收益率。

六、论述题

1. 完全资本流动是指一国居民可以完全进入世界金融市场，该国政府不阻止国际借贷。这意味着，该国在世界金融市场上想借入或借出多少就可以借入或借出多少。

小国模型中的“小国”是指该国只是世界市场的一小部分，从而其本身对世界利率的影响微不足道。在小国模型中，资本完全流动带来的结果是，该国的利率必定等于世界利率，即等于世界金融市场上的利率。

大国模型中的“大国”则是指该国经济对世界经济有不可忽视的重要影响，特别是该国经济足以影响世界金融市场。

对于大国模型，资本完全流动带来的结果是，该国的利率通常不由世界利率决定。其原因在于该国大到足以影响世界金融市场。该国给国外的贷款越多世界经济中贷款的供给就越大，从而全世界的利率就越低。反之，该国从国外借贷越多，世界利率就会越高。

2. 假定在固定汇率制下运行的一国中央银行试图减少货币供给。根据蒙代尔—弗莱明模型，这种政策的初始影响是使 LM^* 曲线向左移动，提高了汇率，如下图所示。

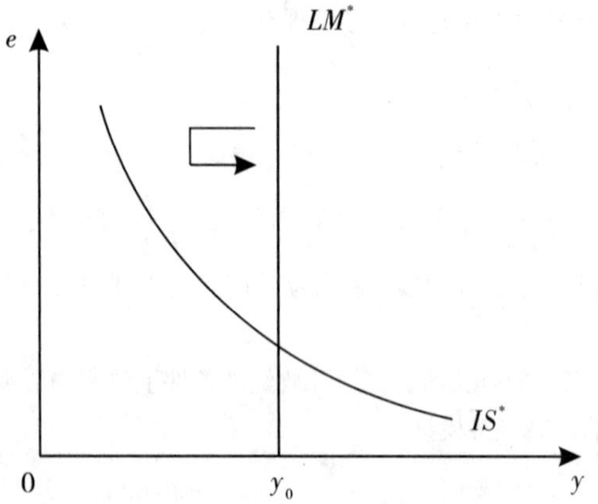

但是，由于该国中央银行承诺按固定汇率交易本国与外国的通货，根据固定汇率的运行机制，套利者对汇率上升作出的反应是向中央银行购买本国通货，这导致本国货币供给增加，进而使 LM^* 曲线向右移动，直到回复到其初始的位置。根据模型，在固定汇率下货币政策通常不能够影响产出，从而是无效的。

3. 假定一国政府采用紧缩性财政政策抑制国内支出，在理论上，这种政策可以使 IS^* 曲线向左移动，如下图所示。

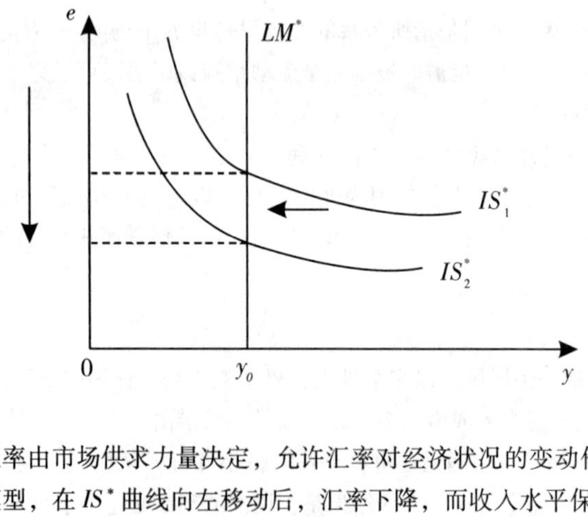

在浮动汇率下，汇率由市场供求力量决定，允许汇率对经济状况的变动作出反应，自由地变动。根据蒙代尔—弗莱明模型，在 IS^* 曲线向左移动后，汇率下降，而收入水平保持不变。这意味着，在蒙代尔—弗莱明模型中，紧缩性财政政策在浮动汇率下对产出或收入不产生影响。

4. 式（19.12）和式（19.13）如下

$$y_n=\beta_n y_n+\alpha_n+m_s y_s-m_n y_n \tag{1}$$

$$y_s=\beta_s y_s+\alpha_s+m_n y_n-m_s y_s \tag{2}$$

将式（1）变形为

$$(1-\beta_n+m_n)\ y_n-m_s y_s=\alpha_n \tag{3}$$

将式（2）变形为

$$-m_n y_n + (1-\beta_s+m_s)\ y_s = \alpha_s \qquad (4)$$

记 $k_n = \dfrac{1}{1-\beta_n+m_n}$，$k_s = \dfrac{1}{1-\beta_s+m_s}$并将式（3）和式（4）联立，得

$$\frac{1}{k_n}y_n - m_s y_s = \alpha_n$$

$$-m_n y_n + \frac{1}{k_s}y_s = \alpha_s$$

利用克莱姆法则，可求得上述方程组的解

$$y_n^* = \frac{k_n}{1-k_n k_s m_s m_n}(\alpha_n + m_s k_s \alpha_s) \qquad (7)$$

$$y_s^* = \frac{k_s}{1-k_n k_s m_s m_n}(\alpha_s + m_n k_n \alpha_n) \qquad (8)$$

第九章　经济增长和经济周期理论

一、名词解释

1. 经济增长：通常被定义为产量的增加，这里的产量既可以表示为经济的总产量，也可以表示为人均产量。

2. 经济发展：与经济增长相比，经济发展可以看做是比较复杂的“质”的概念，它不仅包括经济增长，还包括国民生活质量、生态环境以及整个社会经济结构和制度结构的总体进步。经济发展是反映一个经济社会总体发展水平的综合性概念。

3. 稳定状态：稳定状态是一种经济的长期均衡状态。在稳态时，人均资本达到均衡值并维持在均衡值不变。一个处于稳定状态的经济是停滞的，而且任何不处于稳定状态的经济将发生变动，即无论经济开始时的资本水平如何，总是以稳定状态的资本水平为结束。

4. 资本的黄金律水平：资本的黄金律水平是指使稳定状态人均消费量达到最大的人均资本量，其条件是资本的边际产品等于劳动的增长率。

5. 经济周期：又称商业周期或商业循环，是指国民总产出、总收入和总就业的波动，是国民收入或总体经济活动扩张与紧缩的交替或周期性波动变化。

6. 外生经济周期理论：经济周期外因论在经济体系之外的某些要素的波动中寻找经济周期的根源，如战争、革命、选择、石油价格、发现金矿、移民、科学突破和技术创新，甚至太阳黑子和天气等。

7. 内生经济周期理论：经济周期内因论在经济体系内部寻找经济周期的机制和原因。这种理论认为，任何一次扩张都孕育着新的衰退和收缩，任何一次收缩也都包含着可能的复苏和扩张。

8. 乘数：乘数指总支出增加后所引起的国民收入增加的倍数。总支出包括消费、投资、政府购买支出和净出口，所以乘数泛指由于消费支出增加、投资支出增加、政府购买支出增加及净出口增加而引起的国民收入增加的倍数。在分析经济周期时，乘数主要指投资支出增加引起国民收入增加的倍数。

9. 加速数：定义为增加一单位产量所需要增加的资本量，即 $v=\Delta K/\Delta Y$。加速原理要说明的是，在实际国民收入增加的时候，投资要以更快的速度增加。

10. 乘数—加速数模型：将加速原理与乘数原理结合在一起用来解释经济周期的一种模型。一方面，国民收入增加时，会使投资以数倍的速度增加，从而引起总需求的加速增长；另一方面，投资的

加速增加又会通过乘数作用使国民收入的增长数倍于投资的增长。从长期来看，人们的消费、储蓄和收入大致稳定，但投资与收入之间的关系极不稳定：投资的少量变动会引起收入的大量变动，反过来，收入的少量变动也会引起投资需求的较大变动，正是这种关系引起经济周期性波动。

二、判断题

1. ×

提示：经济增长指产量的增加，是一个“量”的概念。经济发展可以看做是比较复杂的“质”的概念，它不仅包括经济增长，还包括国民生活质量、生态环境以及整个社会经济结构和制度结构的总体进步。

2. ×

提示：大批新工人涌入劳动队伍会增加劳动要素投入量，而要素生产率主要取决于资源配置状况、规模经济和知识进展。

3. √

提示：在新古典增长模型中，人口增长率的上升会增加总产量的稳态增长率；储蓄率的增加不能影响稳态增长率，但能提高收入的稳态水平；人均收入增长率仅仅由外生的技术进步决定。

4. ×

提示：从图形上来看，经济增长表现为整条生产可能性曲线向外移动。

5. ×

提示：在经济增长中投资之所以重要，是因为投资可以为现有工人提供更多的机器设备，提高人均资本存量，进而提高人均产出水平。

6. √

提示：在新古典增长模型中，所谓稳态指的是一种长期均衡状态。在稳态时，人均资本达到均衡值并维持在均衡水平不变，在忽略了技术进步的情况下，人均产量也达到稳定状态。因此，在稳态之下，人均资本和人均产量达到一个持久性的水平。

7. √

提示：根据新古典增长模型，在人口增长率较高的国家，面对人口增长，为保持资本－劳动比例不变，需要把更大比例的收入用于储蓄和投资。这种资本广化的要求使得资本深化变得更为困难，从而使得人均资本量减少。

8. ×

提示：在新古典增长模型中，总产量的稳态增长率取决于人口增长率，储蓄率的增加不能影响稳态增长率，但能提高收入的稳态水平。

9. √

提示：根据新古典增长理论，考虑技术进步后，技术进步会引起人均产出的持续增长，一旦经济处于稳定状态，人均产出的增长率只取决于技术进步的比率。

10. √

提示：如果把知识看做是一种资本，资本边际收益不变的假设成立，在此假设下的内生增长模型表明，储蓄和投资可能会引起长期增长。

11. ×

提示：经济增长从谷底水平扩张到正常水平称为复苏阶段。

12. ×

提示：经济增长从谷顶水平收缩到正常水平称为衰退阶段。

13. ×

提示：衰退阶段的主要特征是投资减少、产品积压。

14. √

提示：1930 年，美国经济学家库兹涅茨提出了存在一种与房屋建筑业相关的周期，这种周期长度在 15 ~ 25 年，平均长度为 20 年左右。

15. ×

提示：熊彼特第二个长周期的标志为蒸汽和钢铁。

16. √

提示：他用长期中太阳黑子活动周期与经济周期基本吻合的资料来证明这种理论。

17. √

提示：经济增长的长期趋势线，也就是潜在 GDP 的稳定增长趋势线，是正斜率的，经济就是围绕着潜在 GDP 这一长期趋势线而上下波动的。

18. ×

提示：加速原理是指收入或消费需求的变动引起投资变动的理论，即指 GDP 的增加会导致投资数倍增加，而不是反之。

19. √

提示：根据加速原理，$I_t = v(Y_t - Y_{t-1})$，$v > 1$，当 $Y_t - Y_{t-1} > 0$ 时，净投资 I_t 必定大于零。

20. ×

提示：乘数原理说明国民收入的决定，加速原理说明投资的决定。

三、单项选择题

题号	1	2	3	4	5	6	7	8	9	10
答案	C	D	B	D	A	D	B	A	C	C
题号	11	12	13	14	15	16	17	18	19	20
答案	C	C	B	A	D	C	B	A	D	C
题号	21	22	23	24	25	26	27			
答案	D	D	C	A	D	B	D			

四、多项选择题

题号	1	2	3	4	5	6	7	8	9	10
答案	ABCE	ABDE	ABD	BCDE	DE	CD	BCDE	BC	ABC	ACDE
题号	11	12	13	14	15					
答案	BC	AD	DE	AE	AC					

五、计算题

1. 根据经济增长理论，资本和劳动两种要素供给的变化对产出的综合影响为

$$\alpha\times\frac{\Delta N}{N}+\beta\times\frac{\Delta K}{K}$$

根据已知条件，$\alpha=0.6$，$\beta=0.4$，$\frac{\Delta N}{N}=-2\%$，$\frac{\Delta K}{K}=6\%$，则可以得到

$$\alpha\times\frac{\Delta N}{N}=0.6\times(-2\%)=-1.2\%$$

$$\beta\times\frac{\Delta K}{K}=0.4\times6\%=2.4\%$$

即劳动供给的减少使总产出下降了1.2%，资本供给的增长使总产出增长了2.4%，其他条件不变时，两者相抵后，总产出将增长1.2%。

2. (1) 经济均衡增长时 $sf(k)=nk$，代入数值得 $k=3.8$。

(2) 由题意，有 $f'(k)=n$，于是 $2-k=0.03$，$k=1.97$。

即是与黄金律相对应的稳态的人均资本量。

3. 稳态条件 $sy=(n+g+\delta)k$

由已知数值 $s=28\%$，$n=1\%$，$g=2\%$，$\delta=4\%$，代入上式得到

$k=16$，从而 $y=4$，即经济的稳态产出水平为4。

储蓄率下降到10%，而人口增长率上升到4%时，根据 $sy=(n+g+\delta)k$，得 $k=1$，$y=1$，可见储蓄率的下降和人口增长率的上升使得经济中的总产出下降至1。

4. 劳动的国民收入份额为 $\beta=1-\alpha=0.75$

资本和劳动对经济增长的贡献为 $0.25\times2\%+0.75\times0.8\%=1.1\%$

所以，技术进步对经济增长的贡献为 $3.1\%-1.1\%=2\%$

5. 对生产函数 $Y_t=A_tf(n_t,k_t)$ 关于时间 t 求全导数有

$$\frac{\mathrm{d}Y_t}{\mathrm{d}t}=f(n_t,k_t)\frac{\mathrm{d}A_t}{\mathrm{d}t}+A_t\frac{\partial f}{\partial n_t}\times\frac{\mathrm{d}n_t}{\mathrm{d}t}+A_t\frac{\partial f}{\partial k_t}\times\frac{\mathrm{d}k_t}{\mathrm{d}t}$$

两边同时除以 Y_t，化简后得

$$\frac{\mathrm{d}Y_t/\mathrm{d}t}{Y_t}=\frac{\mathrm{d}A_t/\mathrm{d}t}{A_t}+\frac{\partial f/\partial n_t}{f(n_t,k_t)}\times\frac{\mathrm{d}n_t}{\mathrm{d}t}+\frac{\partial f/\partial k_t}{f(n_t,k_t)}\times\frac{\mathrm{d}k_t}{\mathrm{d}t}$$

经恒等式变形，上式又可表示为

$$\frac{\mathrm{d}Y_t/\mathrm{d}t}{Y_t}=\frac{\mathrm{d}A_t/\mathrm{d}t}{A_t}+\frac{\partial f}{\partial n_t}\times\frac{n_t}{f(n_t,k_t)}\times\frac{\mathrm{d}n_t/\mathrm{d}t}{n_t}+\frac{\partial f}{\partial k_t}\times\frac{k_t}{f(n_t,k_t)}\times\frac{\mathrm{d}k_t/\mathrm{d}t}{k_t}$$

定义 $\alpha=\frac{\partial f}{\partial n_t}\times\frac{n_t}{f(n_t,k_t)}$，$\beta=\frac{\partial f}{\partial k_t}\times\frac{k_t}{f(n_t,k_t)}$，并利用 G_s 表示 $\frac{\mathrm{d}S/\mathrm{d}t}{S}$，则上式化为 $G_Y=G_A+\alpha G_N+\beta G_K$，即为增长的分解式。其含义为经济增长率被表示为劳动增长率、资本增长率与技术进步的加权平均，同时也为说明经济增长的源泉提供了框架。

6. (1) 由已知的总量生产函数，可以求得人均生产函数为

$$y=k^{\frac{1}{3}}$$

在新古典增长模型中，不考虑资本折旧时的稳态条件为

$$sf(k)=nk$$

即

$$sk^{\frac{1}{3}}=nk$$

解得稳态时的人均资本量为 $k^* = (\frac{s}{n})^{\frac{3}{2}}$

代入人均生产函数 $y = k^{\frac{1}{3}}$，得到稳态时的人均产量为 $y^* = (k^*)^{\frac{1}{3}} = (\frac{s}{n})^{\frac{1}{2}}$

（2）解释国家间的生活差异的一个重要方面是人均收入，根据（1）的结果 $k^* = (\frac{s}{n})^{\frac{3}{2}}$，$y^* = (k^*)^{\frac{1}{3}} = (\frac{s}{n})^{\frac{1}{2}}$ 可知，当一国储蓄率高，人口增长率低时，该国的稳态人均资本和人均产量就相对较高，反之亦反。因此，根据这里的模型，可以用储蓄率和人口增长率的差异来解释题中"为什么我们如此富裕，而他们那么贫穷"的问题。例如当今社会，非洲一些国家储蓄率跟美国等发达国家相比相当低，而他们的人口增长率很多时候反而比发达国家人口增长率要高，这就造成了这些国家和美国等发达国家相比更加贫穷。同时模型也告诉我们，一国要想提高人民生活水平，使国家更加富强，必须要尽量增加储蓄率和减少人口增长率。

（3）黄金律所要求的资本量，在不考虑技术进步和资本折旧的时候满足条件

$$f'(k) = n$$

即 $\frac{1}{3}k^{-\frac{2}{3}} = n$，在稳态时，$k^* = (\frac{s}{n})^{\frac{3}{2}}$

所以有 $\frac{1}{3}\left[(\frac{s}{n})^{\frac{3}{2}}\right]^{\frac{2}{3}} = n$

则 $s^* = \frac{1}{3}$ 为黄金律相对应的储蓄率水平。

7. 根据生产函数 $Y = \sqrt{KL}$，为了得出人均函数 $f(k)$，将生产函数两边除以 L，得

$$\frac{Y}{L} = \frac{\sqrt{KL}}{L}$$

令人均产出 $y = \frac{Y}{L}$，人均资本 $k = \frac{K}{L}$，则上式变为

$$y = k^{\frac{1}{2}}$$

即人均生产函数为 $y = f(k) = \sqrt{k}$

（2）假设储蓄率为 s，资本折旧率为 δ，人口增长率为 n，不考虑技术进步时，根据稳态条件得

$$sy = (n+\delta)k$$

即 $s \cdot k^{\frac{1}{2}} = (n+\delta)k$，得 $k = (\frac{s}{n+\delta})^2$

得稳态下的人均资本量：$k^* = (\frac{s}{n+\delta})^2$

稳态下的人均产量：$y^* = f(k) = \sqrt{k} = \frac{s}{n+\delta}$

稳态下的人均消费量：$c^* = (1-s)y = (1-s) \cdot \frac{s}{n+\delta} = \frac{s \cdot (1-s)}{n+\delta}$

8. （1）根据稳态条件：$sy = (n+\delta)k$

将已知条件代入得 $0.1 \times (2k - 0.5k^2) = (0.05 + 0.05) \times k$

求得人均资本 $k^* = 2$ 为稳态时的人均资本。

稳态时的人均产量为 $y^* = 2 \times k^* - 0.5(k^*)^2 = 2 \times 2 - 0.5 \times 2^2 = 2$

（2）稳态时的人均储蓄：$s^* = sy^* = 0.1 \times 2 = 0.2$

稳态时的人均消费：$c^* = (1-s)\ y^* = (1-0.1)\ \times 0.2 = 1.8$

六、简答题

1. 经济增长是指一个经济所生产的物质产品和劳务在一个相当长时期内的持续增长，即产量的增加，可以表示为总产出的持续增长或人均实际产出的持续增长。通常用经济增长率来衡量。经济发展不仅包括经济增长，还包括国民生活质量、生态环境以及整个社会经济结构和制度结构的总体进步。经济发展是反映一个经济社会总体发展水平的综合性概念。如果说经济增长是一个“量”的概念，那么经济发展是一个“质”的概念。

2. 关于经济增长的源泉，宏观经济学通常借助于生产函数来研究。宏观生产函数把一个经济中的产出与生产要素的投入及技术状况联系在一起。设宏观生产函数可以表示为

$$Y = AF\ (N,\ K)$$

其中 Y，A，N，K 分别表示总产出、技术状况、投入的劳动量和投入的资本量，则可以得到一个描述产出增长率与投入要素增长率、技术进步增长率之间关系的方程，称其为增长率的分解式，即

$$\frac{\Delta Y}{Y} = \alpha \times \frac{\Delta N}{N} + \beta \times \frac{\Delta K}{K} + \frac{\Delta A}{A}$$

式中 α，β 分别表示劳动和资本的产出弹性。

从增长的分解式可知，产出的增加可以由三种力量来解释，即劳动、资本和技术进步，所以，经济增长的源泉可以被归结为劳动和资本的增长以及技术的进步。

3. 新古典增长模型的基本公式为

$$\Delta k = sy - (n+\delta)\ k$$

其中 k 为人均资本，y 为人均产量，s 为储蓄率，n 为人口增长率，δ 为折旧率。

上述关系式表明，人均资本的增加等于人均储蓄 sy 减去 $(n+\delta)\ k$ 项。$(n+\delta)\ k$ 项可以这样理解：劳动力的增长率为 n，一定量人均储蓄必须用于装备新工人，每个工人占有的资本为 k，这一用途的储蓄为 nk。总计为 $(n+\delta)\ k$ 的人均储蓄被称为资本的广化，人均储蓄超过 $(n+\delta)\ k$ 的部分导致了人均资本 k 的上升，$\Delta k > 0$，这称为资本的深化。因此新古典增长模型的基本公式可以表述为：资本深化 = 人均储蓄 - 资本广化。

4. 在新古典增长模型中，储蓄率的上升会导致人均资本的上升，而人均收入是人均资本的增函数，因而储蓄率上升会增加人均产量，直到经济达到新的均衡为止。储蓄率下降的结果则反之。另外，储蓄率的变动不能影响到稳态的增长率，从这点上说，储蓄率的变动只有水平效应，没有增长效应。

5. 新古典增长理论虽然假设劳动力按一个不变的比例 n 增长，但当把 n 作为参数时，就可以说明人口增长对产量增长的影响。如下图所示：

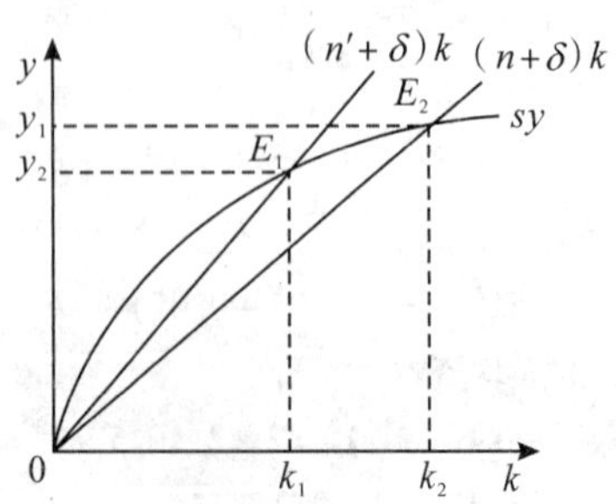

在图中，经济最初位于 E_2 表示的稳态均衡，当人口增长率从 n 增加到 n'，图中的（$n+\delta$）k 线移动到（$n'+\delta$）k 的位置，这时新的稳态均衡是 E_1，比较两个均衡状态可知，人口增长率的增加降低了人均资本的稳态水平，从 k_2 减少到 k_1。

因此，从新古典增长理论可以得出，作为人口增长率上升所产生的人均产量下降正是许多发展中国家面临的问题。两个具有相同储蓄率的国家仅仅由于一个国家比另一个国家的人口增长率高，就可以有非常不同的收入水平。

对人口增长率进行比较静态分析的另一个重要结论是，人口增长率的上升增加了总产量的稳态增长率，而对人均资本和人均产量的增长率都不产生影响。

6. 丹尼森把经济增长因素分为两大类：生产要素投入量和生产要素生产率。其中生产要素投入量包括劳动、资本和土地的投入；生产要素生产率即单位投入量的产出量包括资源配置状况、规模经济和知识进展。丹尼森进而把影响经济增长因素归结为六个：劳动、资本存量的规模、资源配置状况、规模经济、知识进展、其他影响单位投入产量的因素。丹尼森通过对各个增长因素所作贡献的量的分析，来比较长期经济增长中各个因素的相对重要性，并得出结论：知识进展是发达国家最重要的增长因素，而且管理知识与技术知识进步的重要性是相同的，这对于我们今天的经济增长具有很大的现实意义。

7. 由于 $y=\frac{Y}{N}$，两边同时取对数得

$$\ln y=\ln Y-\ln N$$

两边同时对 t 求导

$$\frac{\mathrm{d}y/\mathrm{d}t}{y}=\frac{\mathrm{d}Y/\mathrm{d}t}{Y}-\frac{\mathrm{d}N/\mathrm{d}t}{N}$$

所以有 $g_y=g_Y-g_N$，表明人均产量的增长率可以表示为总产量增长率与人口增长率之差。其中 g_y 为人均产量的增长率，g_Y 为总产量的增长率，g_N 为人口增长率。

8. 生产要素供给的增长和生产要素生产率的增长是经济增长的两大源泉。其中生产要素的增长主要是指劳动要素的增长和资本要素的增长，假定在经济增长中，有 α 份额的增长来自劳动的增长（$\frac{\Delta N}{N}$），β 份额的增长来自资本的增长（$\frac{\Delta K}{K}$），那么生产要素供给的增长占整个经济增长的部分为 $\alpha\times\frac{\Delta N}{N}+\beta\times\frac{\Delta K}{K}$，这是生产要素的增长对经济增长所作的贡献；生产要素生产率对经济增长的贡献 $\frac{\Delta A}{A}$ 是经济的实际增长率 $\frac{\Delta Y}{Y}$ 减去因生产要素供给增长而增长的部分，即

$$\frac{\Delta A}{A}=\frac{\Delta Y}{Y}-\left(\alpha\times\frac{\Delta N}{N}+\beta\times\frac{\Delta K}{K}\right)$$

生产要素生产率的增长有时又称为全要素增长或综合要素增长。

9. 乘数原理指的是投资的变动导致收入的数倍变动，而加速数的作用则是指收入的变动所导致的投资的数倍变动。这意味着投资的微小变动通过乘数和加速数的双重作用后将导致国民收入同方向上的较大变动。具体而言：如果增加投资，那么经乘数作用后国民收入将数倍增长，再经加速作用后投资会在此基础上数倍增长，如此循环往复，使经济迅速扩张。反之亦然，投资的较小收缩会导致国民收入相应的较大收缩。因此，乘数和加速数双重作用的彼此加强，使得经济呈现出更大的不确定性。

10. 实际经济周期理论是新古典宏观经济学的代表理论之一。该理论的基本观点可以概括如下：

第一，技术冲击是经济波动之源。实际经济周期理论认为技术冲击能够引起产出、消费、投资和

就业等实际变量的波动。在种种实际冲击中，由于技术冲击对经济活动最持久，因此技术冲击是经济周期之源。

第二，经济周期所产生的产出波动不是实际 GDP 对潜在 GDP 的背离，而是潜在 GDP 本身的波动。

第三，即使在短期，货币也是中性的，货币量的变化，不能引起产出和实际就业量等实际变量的变化。

七、论述题

1. 新古典经济增长是在生产的规模报酬和劳动力的增长比率不变的假设条件下，研究资本与储蓄之间的关系。模型的基本方程为：$\Delta k = sy - (n+\delta)k$（式中，$k$ 为人均资本，Δk 为人均资本的增加量，s 为储蓄率，y 为人均产量，sy 为人均储蓄，n 为劳动力的增长率，δ 为折旧率）。这一关系式表明，人均资本的增加等于人均储蓄减去 $(n+\delta)k$ 项。$(n+\delta)k$ 项被称为资本的广化，它可以这样来理解：一方面，一定量的人均储蓄必须用于装备新工人，这一用途的储蓄为 nk；另一方面，一定量的储蓄必须用于替换折旧资本，这一用途的储蓄为 δk。人均储蓄超过 $(n+\delta)k$ 的部分则导致了人均资本的上升，即 $\Delta k > 0$，被称为资本的深化。因此，新古典增长模型的基本方程可以表述为：资本深化 = 人均储蓄 - 资本广化。

新古典增长理论展示了一个稳定的动态增长过程，即当经济偏离稳定状态时，无论人均资本过多还是过少，都存在着某种力量使其恢复到长期的均衡。新古典增长理论提出，要实现稳态，即 $\Delta k = 0$，其条件是：人均储蓄正好等于资本的广化，即 $sy = (n+\delta)k$。

新古典增长理论从 20 世纪 60 年代到 80 年代中期一直都在经济增长的研究中占据主导地位，但随着时间推移，逐渐暴露了一些不足和缺陷。从理论方面来说，其假定的经济中生产函数具有规模报酬不变的性质，往往与事实不符。因为，对大多数工业化国家来说，少量的生产投入可能带来大量的产出，而一些发展中国家由于自身条件及政府政策失误等原因有可能出现规模报酬递减。同时，此理论中，稳态增长率是外生的，无法对劳动力增长率和技术进步率作出解释，因而也就对控制人口增长率，提高技术进步速度提不出相应的政策建议。在解释现实方面，新古典经济理论也碰到了很大的麻烦，其得出的"不同国家的经济增长具有趋同性"的结论，显然与现实中的"各国之间存在着增长率上的较大差异"相悖。因此，20 世纪 80 年代中后期以来，逐步形成了流行于西方的"新经济增长理论"。

2. 从经济增长的源泉我们可以知道，政府可以影响经济增长的决定因素在于：促进资本的形成，刺激劳动力的投入以及提高技术水平以提高生产率。

首先，看促进资本形成的政策。毫无疑问，投资的增长会提高经济增长的速度，但要使经济迅速增长，其投资额十分巨大，尽管在一定的条件下，巨额投资也是可能的，但靠这种巨额投资来带动经济增长是难以持久的。比如，国家为了促进投资，采用扩张的货币政策与财政政策，长期下去会造成通货膨胀，导致经济增长的不稳定。

其次，看刺激劳动力的投入的政策。尽管劳动力可以长期增加，但大多数国家不希望通过加快人口增长速度来扩大劳动大军，因为人们关心的主要是生活水平的提高，而人口增长率高意味着人均收入增长率的下降。在短期内，由于劳动力供给曲线可能后弯的特殊形状，政府采取诸如低税率的财政政策，就业人数会增加，但伴随较高的收入水平，收入效应又会使工作动力下降。因而，大多数经济学家不去考虑增加工人人数的问题，而从提高工人素质角度考虑。

再次，我们来看提高生产力水平的政策。这主要是依靠技术进步。在美国，60 年代经济增长的主要原因在于技术进步。政府提高生产率的政策重点应该放在增加实物资本的投资和增加研究和发展经费来鼓励技术的发展上。当然，技术知识中的一部分被写入书本，还有一部分凝聚在工人的生产经验之中。技术进步可以在长期内促使经济的增长。

从上面的分析可知，刺激劳动力投入的政策在长期中对经济增长没有效果，人口控制政策只能提高人均产出的增长，大多数国家也不会追求人口增长来带动经济增长；货币政策和财政政策在长期过程中有其缺陷乃至失效。唯有教育与科研政策能使先进的技术知识与高素质的劳动者结合起来形成先进的生产力，促进经济的稳定增长。

3. 按照乘数—加速数原理，在乘数作用下，投资变动会导致收入的多倍变动；而在加速数作用下，收入变动又会引起投资的多倍变动，正是这种双重作用引起了经济的周期性波动。

假设由于新发明的出现使投资的数量增长。投资数量的增长会通过乘数作用使收入增加。当人们的收入增加时，他们会购买更多的物品，从而整个社会的物品销售量增加。通过加速数的作用，销售量的增加会促进投资以更快的速度增加，而投资的增长又使国民收入增长，从而销售量再次上升。如此循环往返，国民收入不断增大，于是，社会便处于经济周期的扩张阶段。

然而，社会的资源是有限的，收入的增大迟早会达到资源所能容许的峰顶。一旦经济达到经济周期的峰顶，收入便不再增长，从而销售量也不再增长。根据加速原理，销售量增长的停止意味着投资量下降为零。由于投资的下降，收入减少，从而销售量也因之减少。又根据加速原理，销售量的减少使得投资进一步减少，而投资的下降又使国民收入进一步下降。如此循环往复，国民收入会持续下降。这样，经济便处于经济周期的衰退阶段。

收入的持续下降使经济最终达到经济周期的谷底。这时，由于在衰退阶段的长时期所进行的负投资，生产设备的逐年减少，所以仍在营业的一部分企业会感到有必要更新设备。这样，随着投资的增加，收入开始上升。上升的国民收入通过加速数的作用又一次使经济进入扩张阶段。于是，一次新的经济周期又开始了。

4. 根据乘数—加速数原理，经济中将自发地形成周期性的波动，它由扩张过程和收缩过程组成，但是即使靠经济本身的力量，经济波动也有一定的界限。

经济波动的上限，是指产量或收入无论怎样增加都不会超过一条界线，它取决于社会已经达到的技术水平和一切资源可以被利用的程度。在既定的技术条件下，如果社会上一切可被利用的生产资源已充分利用，经济的扩张就会遇到不可逾越的障碍，产量停止增加，投资也就停止增加甚至减少，这就是经济波动的上限。

经济波动的下限，是指产量或收入无论怎样收缩都不会再下降的一条界线，它取决于总投资的特点和加速作用的局限性。因为总投资至最小时即为本期厂商不购买任何机器设备，即总投资等于零，它不可能小于零。这就构成了衰退的下限。又因为加速原理是在没有生产能力剩余的情况下才起作用，如果厂商因经济收缩而开工不足，企业有过剩的生产能力，则加速原理就不起作用。此时只有乘数作用，经济收缩到一定程度后就会停止收缩，一旦收入不再下降，乘数作用又会使收入逐渐上升，这就是经济波动的下限。

5. 根据乘数—加速数模型：$Y_t = \beta Y_{t-1} + v\ (C_t - C_{t-1}) + G_t$，其中$\beta$表示边际消费倾向，$v$表示加速数。

西方经济学家认为，虽然在乘数与加速数的相互作用下，经济会自发形成周期性波动，但是政府在这种波动面前仍然可以有所作为。政府可以根据经济活动变化的预测，采取预防性措施，对经济活动进行调节，以维持长期的经济稳定。而政府的措施主要通过以下三个环节来实现：

第一，调节投资。经济波动是在政府支出及自发性投资不变的情况下发生的，如果政府即时变更政府支出或采取影响私人投资的政策，就可以使经济的变动比较接近政府的意图，从而实现控制经济波动的目的。例如，在行政投资下降时，政府可以增加公共工程的投资，增加社会福利的转移支付，或采取减税、降低利率及银行储备率等措施鼓励私人投资，从而使总需求水平不致因行政投资的下降而降低，进一步引发经济陷入衰退，这样政府可以保持经济的持续、稳定的增长。

第二，影响加速系数。如果不考虑收益递减问题，加速系数与资本—产量比例是一致的。政府可以采取措施影响加速数以影响投资的经济效果。例如，政府可以采取适当的措施来提高劳动生产率，使同样的投资能够增加更多的产量，从而对收入的增长产生积极作用。

第三，影响边际消费倾向。政府可以通过适当的政策影响人们的消费在收入中的比例，从而影响下一期的收入。例如，当经济将要下降时，政府可以采取鼓励消费的政策，提高边际消费倾向，增加消费，从而增加投资，进而促进下一期收入的增加。

第十章　宏观经济学的微观基础

一、名词解释

1. 收入效应：即利率的上升使得消费者收入增加，从而可以向更高的无差异曲线移动，并把增加的收入分割到两期消费中。

2. 替代效应：即两期消费的相对价格变动造成两期消费量的变动。在第一期储蓄增加的前提下，利率的上升会使第二期消费相对于第一期消费变得便宜。也就是说由于储蓄赚到的利息更多，消费者为得到1单位第二期消费所牺牲的第一期消费减少了，则消费者应该在第一期减少消费，而在第二期增加消费。

3. 消费平稳化：在一个两期消费决策中，无论是第一期还是第二期的收入增加，消费者都会把它分摊到两个时期的消费上，这种行为被称为消费平稳化。

4. 消费的随机游走假说：美国经济学家罗伯特·霍尔推导出的理性预期对消费行为影响的理论。他证明了如果永久收入假说是正确的，而且如果消费者能够进行理性预期，那么，消费随着时间推移而发生的变动就是不可预测的。这种不可预测的变动称为随机游走。根据霍尔的观点，持久收入假说与理性预期的结合意味着消费的变动遵循随机游走方式。

5. 企业固定投资：又称企业固定资产投资，是企业购买用于生产的机器设备和建筑物的活动，也是企业在一段时期内追加的资本存量，约占企业总投资支出的3/4。

6. 存货：是企业持有的作为储备的产品，包括原材料、在生产过程中的产品（在产品），以及产成品。

7. 存货周期：市场经济条件下，在经济繁荣时期，企业预期未来的销售将增加，从而会加快生产。导致产量超过销量，存货逐步增加，这是企业存货投资的自愿增加。而当经济开始衰退时，随着市场需求下降，产量会超过销量，企业非自愿增加了存货。在衰退过程中，生产的大幅减少可能会使企业非自愿减少存货；当经济萧条到来时，企业发现产量大于销量，存货更多，于是自动减少生产，自愿消减存货。因此，存货投资在经济周期中的作用是自愿的存货变动和非自愿的存货变动的混合。经济周期中存货的这种变动被称为存货周期。

8. 货币需求函数：将实际货币需求与产出和利率联系起来的函数 L 被称为货币需求函数，即
$M^d/p=L\ (Y,\ r)$

9. 货币需求的交易理论：货币作为交换媒介的货币需求理论，该理论强调人们持有货币而不是其他资产是为了进行购买，即出于交易动机。持有货币需要承担成本，也能够获得收益，货币需求的交易理论正是通过权衡持有货币的成本和收益，来决定持有货币的数量。

10. 鲍莫尔—托宾模型：该模型在20世纪50年代由经济学家威廉·鲍莫尔和詹姆斯·托宾提

出，该模型认为人们持有货币是为了交易的方便，其收益在于减少交易成本，如果人们以货币形式持有大部分财富，那么他们总有货币可以用来交易，避免购买商品时每次都要将其他形式的资产转换为货币，减少交易成本。

二、判断题

1. ×。

提示：实际利率的增加导致预算线以点（Y_1，Y_2）为轴旋转，变得更陡峭。

2. √。

3. ×。

提示：在一个两期消费决策中，无论是第一期还是第二期的收入增加，消费者都会把它分摊到两个时期的消费上，这种行为被称为消费平稳化。

4. ×。

提示：在利率上升的情况下，收入效应和替代效应既增加了第二期的消费，但两种效应对第一期的消费的影响是相反的，可能增加也可能减少第一期消费。

5. √。

6. ×。

提示：持久收入假说与理性预期的结合意味着消费的变动遵循随机游走方式。

7. √。

8. ×。

提示：作为一种资产投资方式的住房需求，取决于它与其他资产相比的相对收益。其他资产收益增加会使住房需求曲线向左移动。

9. √。

10. ×。

提示：预期股票收益的提高会吸引人们将货币转换为股票，从而减少货币需求。

三、单项选择题

题号	1	2	3	4	5	6	7	8
答案	D	B	C	A	B	C	D	A

四、多项选择题

题号	1	2	3	4	5	6	7	8	9	10
答案	ABCDE	BE	AC	BDE	ACD	ABCDE	ABC	ABCDE	ABCDE	AE

五、计算题

1. （1）可以用乙的实际选择预算约束来解出利率

$1\ 000+1\ 000(1+r)=2\ 100$

$r = 10\%$

乙在第一期借了 1 000 元用于消费，而在第二期用 2 100 元的收入偿还 1 100 元的贷款本息以及 1 000 元的消费。

（2）利率上升导致甲现期消费减少，未来消费增加。这是由于替代效应：利率上升使他现期消费的成本高于未来消费，即利率升高使现期消费的机会成本增加。如图 10－1 所示，在利率没有上升时，甲的预算约束线与无差异曲线相切于 A 点，他第一期和第二期的消费都是 1 000 元。利率上升后，消费者均衡点变动到 B 点，甲第一期的消费将低于 1 000 元，第二期的消费将高于 1 000 元。

在新的利率下，通过无差异曲线可知，甲的境况变好了，即甲的无差异曲线从 U_1 上移至 U_2。

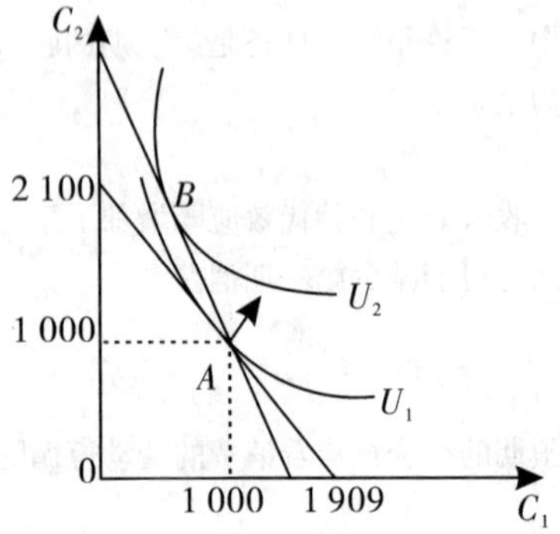

图 10－1

（3）利率上升后，乙现期消费减少了，而将来消费可能增加也可能下降。他同时面临替代效应和收入效应。由于现在的消费更贵了，他决定减少消费。同样由于他的收入都在第二期，因此他借钱的利率越高，收入越低。如果第一期消费为正常物品，就会使他更加坚定减少消费。他的新消费选择在 B 点，如图 10－2 所示。我们知道在较高的利率下乙的境况变坏了，因为他的消费在 B 点，此点所达到的效用低于利率上升前的消费选择点 A。

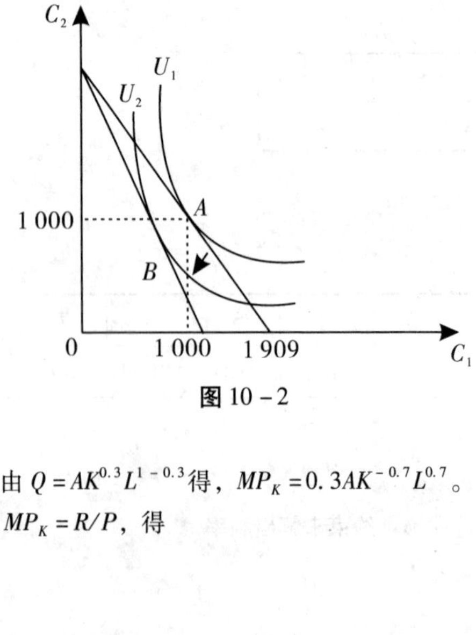

图 10－2

2.（1）当 $a = 0.3$ 时，由 $Q = AK^{0.3}L^{1-0.3}$ 得，$MP_K = 0.3AK^{-0.7}L^{0.7}$。

根据最优资本存量条件 $MP_K = R/P$，得

$0.3AK^{-0.7}L^{0.7} = 0.1$

同时根据产量限制条件，有

$100=Q=AK^{0.3}L^{1-0.3}$

将上边两等式联立，可求得当产量为100时的最优资本存量$K^*=300$。

（2）如果$Q=120$，则联立$0.3AK^{-0.7}L^{0.7}=0.1$与$120=AK^{0.3}L^{1-0.3}$，可得最优资本存量$K'=360$。

（3）由于$K_0=100$，$K^*=300$，所以

第一年投资量为$I_1=\lambda(K^*-K_0)=0.3\times(300-100)=60$。

第一年资本存量为$K_1=100+60=160$。

第二年投资量为$I_2=\lambda(K^*-K_1)=0.3\times(300-160)=42$。

第二年资本存量为$K_2=160+42=202$。

3.（1）当$Y=200$元时，需求函数为$D=200-0.5P$。

根据住房存量供给函数与住房流量总供给函数得，住房总供给函数为$S=100+2P$。

住房市场均衡时，根据均衡条件$D=S$，求得住房均衡价格$P^*=40$。

（2）收入增加到300元时，需求函数为

$D=300-0.5P$

短期内住房价格将不变，即

$P=40$

此时住房需求量为$300-0.5\times40=280$，而短期住房存量供给量只有180，因此存在100单位的住房差额需求，需要由新房来提供。

根据住房流量供给函数$S_F=2P$，可得当$S_F=100$时，新建房价格为50元。

六、简答题

1. 持久收入假说暗示消费者努力使各期的消费平滑化，所以当前的消费取决于对一生中收入的预期。在任何一个时点上，消费者根据现在对一生收入的预期来选择消费。随着时间的推移，他们可能得到修正其预期的消息，所以会改变自己的消费。如果消费者有理性预期，能最优地利用所有可获得的信息，那么，他们应该只对那些完全未预期到的事件感到意外。因此，他们消费的变动也应该是无法预期的。

2. 根据消费者跨期消费预算约束方程：$C_1+C_2/(1+r)<Y_1+Y_2(1+r)$，无论是消费者现期收入$Y^1$增加还是未来收入$Y^2$增加，都将导致预算约束线向外平移。

如图10-3所示，假设在收入增加之前，跨期消费预算约束线为AB，则消费者的跨期最优决策点为无差异曲线I_1与AB的切点E_1，相应地，现期消费为C_1，未来消费为C_2。收入增加之后，跨期消费预算约束线向外平移至$A'B'$，如果两期消费为正常物品，则消费者的跨期最优决策点移动至无差异曲线I_2与$A'B'$的切点E_2，相应地，现期消费增加为C'_1，未来消费增加为C'_2。因此，在两期消费均为正常物品的情况下，消费者收入的变动将引起现期消费与未来消费同方向的变动。

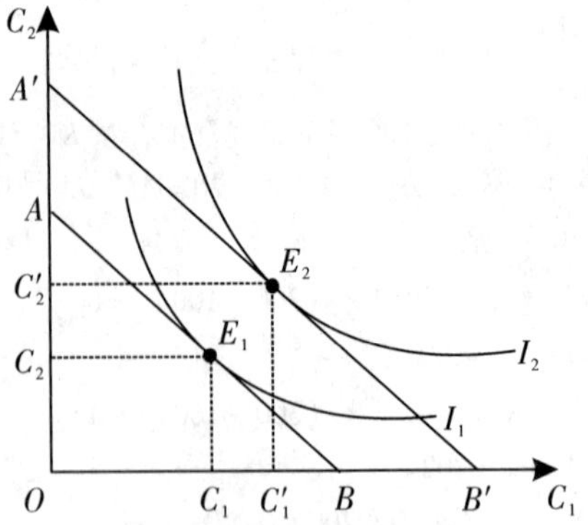

图 10－3

如果现期消费为正常物品，未来消费为低档物品，则消费者收入的变动会引起现期消费同方向的变动以及未来消费反方向的变动；如果现期消费为低档物品，未来消费为正常物品，则消费者收入的变动会引起现期消费反方向的变动以及未来消费同方向的变动。

3. 财政政策影响总需求的潜力取决于消费的影响：如果消费变化很大，那么财政政策将有一个很大的乘数；如果消费改变很小，那么财政政策将有一个很小的乘数，因为边际消费倾向越大，财政政策乘数越大。

（1）考虑两个时期的欧文·费雪模型。暂时减税意味着增加了第一期的可支配收入，图 10－4（a）显示暂时减税对没有借贷约束的消费者的影响，而图 10－4（b）显示了暂时减税对有借贷约束的消费者的影响。

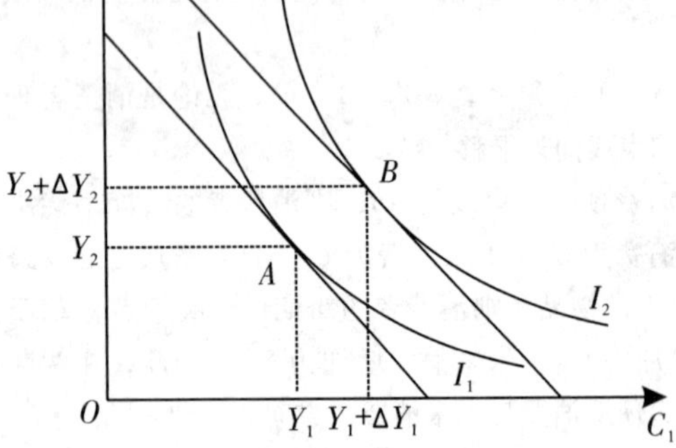

图 10－4（a）

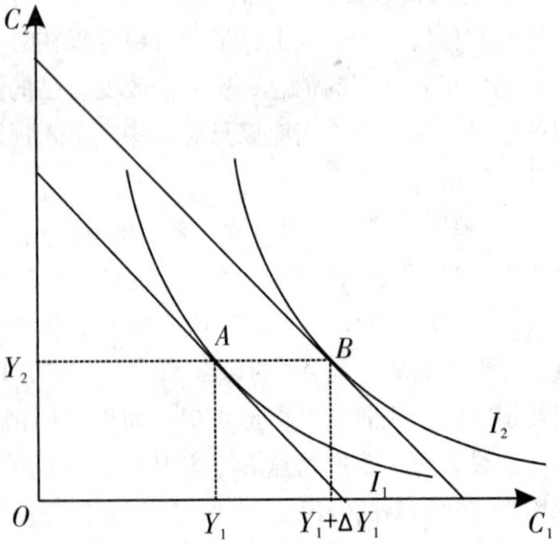

图 10－4（b）

有借贷约束的消费者想要通过借贷而增加 C_1，但是不能增加 C_2。暂时减税增加了可支配收入：如图 10－4（a）和 10－4（b）所示，消费者的消费增加额等于减税额。有借贷约束的消费者第一期消费的增加额大于没有借贷约束的消费者，因为有借贷约束的消费者的边际消费倾向大于没有借贷约束的消费者。因此，与没有借贷约束的消费者相比，有借贷约束的消费者在第一期所对应的财政政策影响总需求的潜力更大。

（2）再一次考虑两个时期的欧文·费雪模型。宣布未来减税将增加 Y_2。图 10－5（a）显示了减税对没有借贷约束的消费者的影响，而图 10－5（b）显示了减税对有借贷约束的消费者的影响。

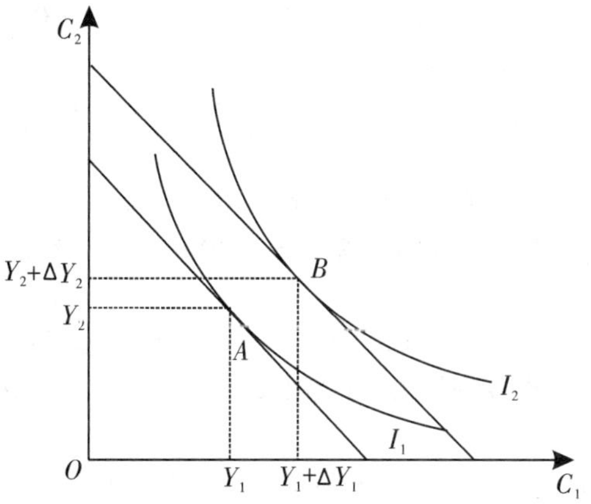

图 10－5（a）

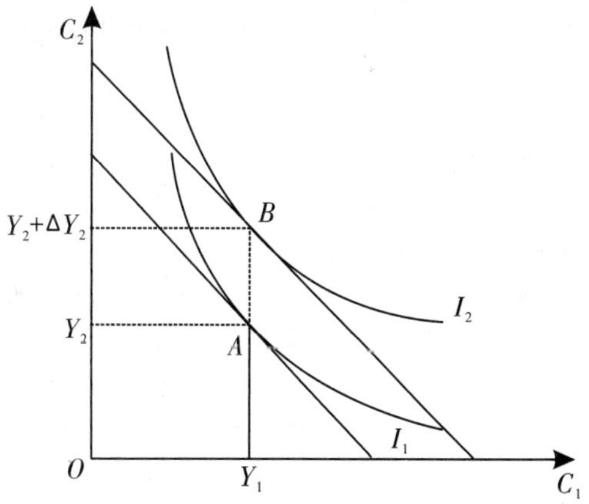

图 10－5（a）

没有借贷约束的消费者立即增加了消费 C_1。有借贷约束的消费者无法增加 C_1，因为可支配收入没有改变。因此如果消费者面临借贷约束，那么宣布未来减税对消费和总需求没有影响。因此，与没有借贷约束的消费者相比，有借贷约束的消费者在第一期所对应的财政政策影响总需求的潜力更小。

4.（1）该事件将会导致消费者的当期收入增加，从而会引起跨期消费预算约束线向外平移，由于消费一般为正常物品，从而消费者的现期消费增加。

（2）该事件将会导致消费者的未来收入减少，从而会引起跨期消费预算约束线向内平移，由于消费一般为正常物品，从而消费者的现期消费减少。

（3）该事件将会导致消费者的消费期数增加。当没有医生的预测时，消费者认为自己可以活到 80 岁，并且消费者的消费期只有两个，一个是青年时期 1，一个是老年时期 2，则消费者的跨期消费预算约束方程为：$C_1 + C_2/(1+r) = Y_1 + Y_2 (1+r)$。有医生的预测之后，则多增加了从 80～90 岁的时期 3，该期的收入 $Y_3 = 0$，消费为 C_3，则消费者的跨期消费预算约束方程为：$C_1 + C_2/(1+r) + C_3/(1+r)^2 = Y_1 + Y_2 (1+r)$，这将导致以 C_1 和 C_2 为坐标值的跨期消费预算约束线向内平移，由于消费一般为正常物品，从而消费者的现期消费减少。

5. 根据新古典企业固定投资模型，如果企业资本的边际产量大于资本的成本，那么企业增加资本存量是有盈利的；如果边际产量小于资本的成本，那么企业增加资本存量就会亏损。分析如下：

新古典投资模型考察了企业拥有资本的收益与成本。对每一单位资本，企业赚到的实际收益为 R/P，承担的实际成本为 $(P_K/P)(r+\delta)$。每单位资本的实际利润是：

利润率＝收益－成本＝$R/P - (P_K/P)(r+\delta)$

由于均衡状态是资本的实际租赁价格等于资本的边际产量，所以利润率可写为：

利润率＝$MP_K - (P_K/P)(r+\delta)$

由上式可看出：如果企业资本的边际产量大于资本的成本，那么企业增加资本就是有盈利的，反之没有盈利。

6. 住房需求的一个决定因素是实际利率。许多人用贷款——住房抵押贷款——购买自己的住房，利率是贷款的成本。即使有些人不必贷款买房，他们也将对利率作出反应，因为利率是以住房形式持有财富而不把财富存入银行的机会成本。因此，利率上升减少了住房需求，降低了住房价格，并减少了居住的投资量。

7. 居住投资模型认为，一方面，现有住房存量市场决定住房的相对价格，另一方面，住房的相对价格决定了新住房投资的流量。由于婴儿潮一代成为成年人并开始组织自己的家庭，因此对住房的需求增加了。当住房需求增加时，住房需求曲线向右移动，住房的相对价格上升。住房的相对价格的上升增加了新住房的投资。

8. 存货指企业持有的作为储备的产品，包括原料与供给品、加工中的产品和成品。企业持有存货的原因包括：

（1）使生产水平在时间上保持稳定。当销售低落时，企业的生产多于销售，把额外的产品作为存货；当销售高涨时，企业的生产少于销售，把存货中的产品拿出来作为补充。这样可使各个时期的生产平稳，避免产出的大起大落造成成本的增加。

（2）存货可以使企业更有效率地运转。例如，如果零售商店向顾客展示手头的产品，它们可以更有效地销售。制造业企业持有零部件存货可以减少当机器发生故障时装配线停止运行的时间。这样，企业持有一部分存货，会促进产出增加。

（3）持有存货可在销售意外上涨时避免产品脱销。企业作生产决策前通常会预测顾客的需求水平，但是这种预测并不一定准确。如果需求大于生产而没有存货，该产品将会在一个时期内脱销，企业将损失销售收入和利润。企业持有存货就可避免脱销给企业带来的不利影响。

（4）一部分存货是生产过程中的产品。

9. 投资函数是：$I=I_n\left[MP_K-(P_K/P)(r+\delta)\right]+\Delta k$。

资本的租赁价格等于资本的边际产品，资本成本 = $(P_K/P)(r+\delta)$。

（1）扩张性的货币政策提高了实际利率，资本的租赁价格不变，资本成本增加，投资量减少。因为实际利率上升，由资本成本 = $(P_K/P)(r+\delta)$ 可知，资本成本增加，企业会减少投资，但是由于资本的边际产品没有改变，所以资本的租赁价格不会迅速改变。

（2）若一次自然灾害摧毁了部分资本存量，则资本的租赁价格上升，资本成本不变，投资增加。因为资本存量减少，使得资本的边际产品上升，所以资本的租赁价格上升。决定资本成本的各因素没有改变，所以资本成本不变。同时，因为资本的边际产品相对于资本的成本上升，使投资更有利可图，所以企业投资增加。

（3）大量国外劳动力的涌入增加了本国内的劳动力供给，使资本的租赁价格上升，资本成本不变，投资量增加。因为劳动投入增加，使得资本的边际产品上升，所以资本的租赁价格上升。决定资本成本的各因素没有改变，所以资本成本不变。同时，因为资本的边际产品相对于资本的成本上升，使投资更加有利可图，所以企业投资增加。

七、论述题

1. 图 10－6 显示了一个消费者把第一期的部分收入储蓄起来时利率增加的情况。实际利率的增加导致预算线以点（Y_1，Y_2）为轴旋转，变得更陡峭。在图 10－6 中，利率增加使预算线发生变化，与相应的无差异曲线的切点由 A 点移到 B 点。

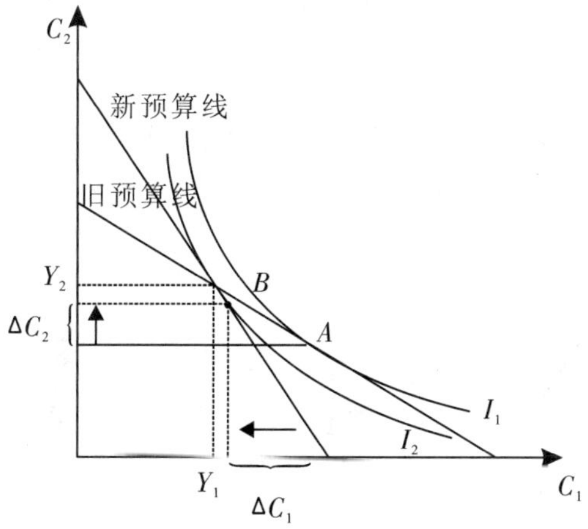

图 10 - 6

我们可以将这种变化对消费的影响分解为收入效应和替代效应。收入效应是不同的无差异曲线运动所造成的消费变动。由于消费者是借贷者而不是储蓄者，利率上升使他的状况变坏，所以他不能达到更高的无差异曲线。如果各时期的消费都是正常物品，那么这往往使消费下降。

替代效应是两个时期消费的相对价格变动所造成的消费的变动。利率上升时，相对于第一期的消费，第二期的消费变得更加便宜，这往往使消费者选择第二期的消费增加而第一期的消费减少。

最后，我们可以发现对于一个借贷者，当利率升高时，由于收入效应和替代效应同方向，第一期的消费必将下降。第二期的消费上升或下降取决于哪种效应更加强烈。在图 10 - 6 中，我们展示的是替代效应强于收入效应的情况，因此 C_2增加。

2. (1) 第一期消费小于第一期收入的消费者是一名储蓄者，且面临的利率为 r_s，他的预算约束为：$C_1 + C_2 /（1 + r_s）< Y_1 + Y_2（1 + r_s）$。

(2) 第一期消费大于第一期收入的消费者是一名借贷者，面临的利率为 r_b，他的预算约束为：$C_1 + C_2 /（1 + r_b）< Y_1 + Y_2（1 + r_b）$。

(3) 图 10 - 7 显示了两个预算约束；它们相交于（Y_1，Y_2），此时消费者既不是储蓄者也不是借贷者。阴影区域表示消费者可以选择的第一期和第二期的消费组合。点（Y_1，Y_2）的左边，利率是 r_b。

(4) 图 10 - 7 显示了三种可能的结果。图 10 - 7（a）显示了消费者有储蓄的情况，无差异曲线切于点（Y_1，Y_2）左侧的约束线上。图 10 - 7（b）显示了消费者有借贷的情况，无差异曲线切于点（Y_1，Y_2）右侧的约束线上。图 10 - 7（c）显示了消费者既无储蓄也无借贷的情况，该消费者所能达到的最高的无差异曲线，通过点（Y_1，Y_2）。

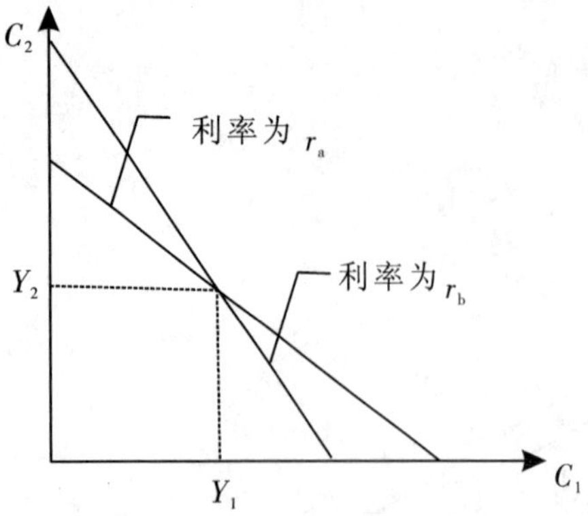

图 10-7

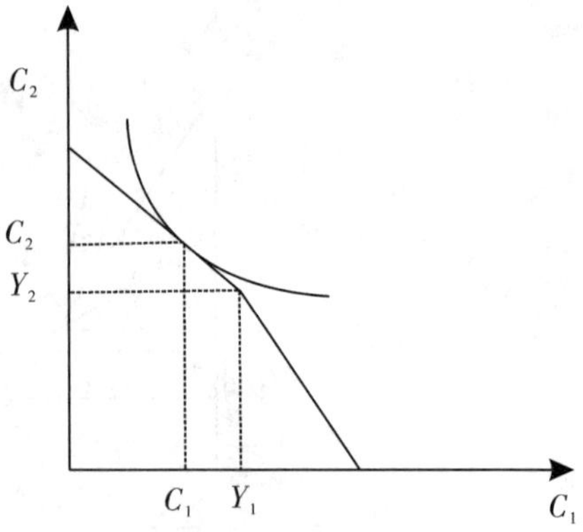

图 10-7（a）

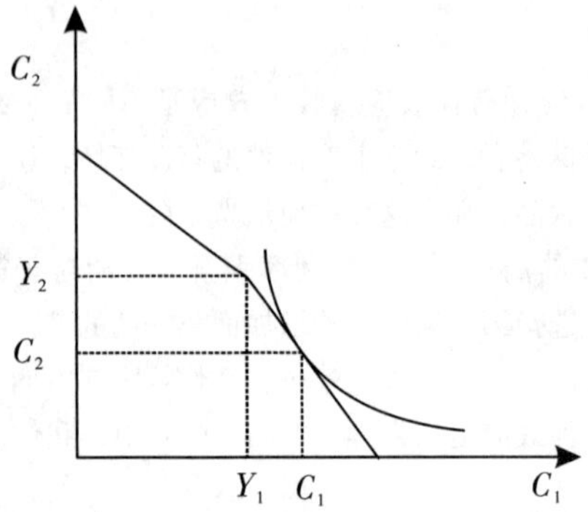

图 10-7（b）

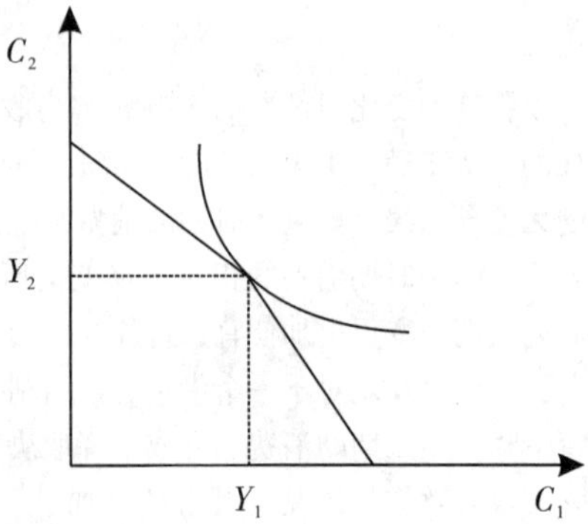

图 10-7（c）

（5）如果消费者是一个储蓄者，那么第一期取决于 $Y_1+Y_2(1+r_s)$ ——即各期收入 Y_1 和 Y_2，利率 r_s。如果消费者是借贷者，那么第一期消费取决于 $Y_1+Y_2(1+r_b)$ ——即各期收入 Y_1 和 Y_2，利率 r_b。注意借贷者将未来的收入贴现多于储蓄者。如果消费者既不是储蓄者也不是借贷者，那么消费者第一期的消费取决于 Y_1。

3. 货币需求的资产组合理论与交易理论之间的区别如下：

（1）两种理论所强调的货币的职能不同。

货币需求的资产组合理论强调货币作为价值储藏手段的作用；货币需求的交易理论强调货币作为媒介的作用。

（2）两种理论认为货币需求的决定因素不同。

资产组合理论关键的观点是货币提供了不同于其他资产的风险与收益的组合。特别是货币提供了一种安全的（名义的）收益，而股票与债券的价格会上升或下降。该理论认为货币需求取决于货币和家庭可以持有的各种非货币资产所提供的风险与收益。此外，货币需求还应该取决于总财富，因为财富衡量了可以配置于货币和其他资产的资产组合的规模。货币需求函数写为：$(M/P)^d=L(r_s, r_b, \pi^e, W)$，其中 r_s 为预期的股票实际收益，r_b 为预期的债券实际收益，π^e 为预期的通货膨胀率，而 W 为实际财富。r_s 或 r_b 的提高减少了货币需求，因为其他资产变得更有吸引力。π^e 的上升也减少了货币需求，因为货币变得更为缺乏吸引力。W 的增加提高了货币需求，因为更多的财富意味着更大数量的资产组合。

货币需求的交易理论强调，货币是一种被支配资产，并强调人们持有货币而不是其他资产，是为了进行购买。认为货币的需求取决于持有货币的成本和收益，持有货币的成本是只能赚取低收益率，而收益是使交易更方便。因此，货币需求与利率成反比，与收入成正比。

两种理论的联系为：①货币需求的资产组合理论与交易理论都考虑了货币及其他不同的生息资产，都涉及资产组合；②这两种理论都运用了资产的流动性假设；③这两种理论都形成了对凯恩斯货币需求理论的补充，完善了货币需求理论。

4. 鲍莫尔—托宾模型分析了持有货币的成本与收益。持有货币的收益是方便性：人们持有货币是为了避免在想买东西时每次都要到银行取款。这种方便的成本是放弃他们把货币存入支付利息的储蓄账户所得到的利息。

去银行的频率取决于去银行的总成本，即放弃的利息和去银行的成本之和，表示如下：

总成本 = 放弃的利息 + 去银行的成本 = $rY/(2N) + FN$

去银行的次数 $Y/(2N) = (YF/2r)^{1/2}$ 越多，放弃的利息越少，而去银行的成本越大。但一定存在最优次数，$N^* = (rY/2F)^{1/2}$，能够使得总成本最小。

平均货币持有量是 $Y/(2N) = (YF/2r)^{1/2}$。该式表示，如果去银行的固定成本越多，或者如果支出 Y 越多，抑或如果利率 r 越低，个人持有的货币就越多。

第十一章 宏观经济学在目前的争论和共识

一、名词解释

1. 交易方程：由美国经济学家欧文·费雪提出，其表达式为：$Py = MV$，P 为名义价格水平，M 为流通中的货币数量，y 为实际国民收入，V 为货币流通速度，其定义为名义国民生产总值除以货币量。V 和 y 视为常量，因此价格水平 P 和货币数量 M 成同比例变化。

2. 剑桥方程：庇古提出，其表达式为：$M = kY = kPy$，其中，P 为名义价格水平，y 为实际国民收入，k 为货币流通速度的倒数，k 的大小取决于社会的商业习惯和制度因素，在短期内固定不变，y 在达到充分就业均衡时也是一个已知常数。因此价格水平 P 和货币数量 M 成同比例变化。交易方程和剑桥方程在实质上和内容上是一致的：物价水平的高低取决于货币数量的多少，两者成正向变动关系。两者的不同之处在于：交易方程强调货币的媒介作用，而剑桥方程则强调对货币的需求方面。

3. 新货币数量论：弗里德曼的货币需求函数为 $M = f\left(P, r_b, r_e, \frac{1}{P} \cdot \frac{dP}{dt}, w, Y, u\right)$，其中 M 为名义货币量，P 为一般物价水平，r_b 为债券市场利息率，r_e 为预期股票收益率，$1/P \cdot dP/dt$ 为资产的预期收益率，即价格的预期变动率，w 为非人力财富与人力资本之间的比例，Y 为名义收入，u 为其他影响货币需求的变量。弗里德曼认为，当 P 与 Y 发生变化，则 M 应该同比例地发生变动。该方程通过变形，与传统的货币数量论在形式上完全一致，不同的是前者认为货币流通速度 V 不是某些不变的常数，而稳定的是决定 V 的函数。

4. 自然率假说：即任何一个社会都存在着一个自然失业率，其大小取决于该社会的技术水平、资源数量和文化传统。在长期中，该社会的经济总量总是趋向于自然失业率。这就是说，人为的经济政策的作用可以暂时或在短期中使实际的失业率大于或小于自然失业率，但是在长期中，不可能做到这一点。

5. 单一的货币政策规则：是指以货币供应量作为货币政策的唯一控制指标，排除了利息率、信贷流量、准备金等因素的政策建议。这也是弗里德曼为首的货币主义者所主张的政策主张之一。

6. 理性预期：是指在有效地利用一切信息的前提下对经济变量作出的在长期中平均来说最为正确的与所使用的经济理论、经济模型相一致的预期。新古典经济学的许多结论和政策建议都是从理性预期推断出来的，包括附加预期变量的总供给曲线的推导，总需求曲线 AD 由于某些因素的影响发生了移动后决定的价格水平和收入水平，及其对财政政策的分析等。适应性预期指人们根据过去而预测未来的说法。新古典学派认为，适应性预期是错误的说法。

7. 卢卡斯批判：根据这个观点，标准的总供给—总需求模型假定经济当事人对经济作出的预测与模型本身作出的预测不一致。新凯恩斯主义认为，这一批判的有效性仅限于政策的巨大变动时的情况。

8. 传统总供给曲线：传统的总供给曲线 AS 是一条位于充分就业量之上的垂线，不论价格如何，社会经济所能生产的国民收入均为与充分就业点对应的国民收入。

9. 附加预期变量的总供给曲线：是一条向右上方倾斜的曲线，它的推导可以通过劳动市场的均衡得出。按照新古典学者的说法，在劳动的供给方面，使用预期价格（P^e）来决定实际工资的大小，而在劳动的实际需求方面，则是用实际价格（P）。每一条预期的总供给曲线（ES）与传统的总供给曲线都相交于一点，只有当预期价格和实际价格一致时，市场才是均衡的。这一曲线就是比较常用的卢卡斯总供给函数 $y_s = y^* + \gamma(P - P^e)$，表明经济的总产出与未被预期到的价格上升之间具有正相关关系。在理性预期的情况下，预期到的货币供给的增加对产出毫无影响，而未被预期到的货币供给的增加会使产出增长。它的推导依据是卢卡斯的不完全信息模型：当厂商看到其产品价格上升时，他不知道其原因是由于较高的需求还是由于总价格的高涨引起的，仿佛两种原因都有，他的合乎理性的行动是少量地提高产出；对于一次未被预期的总价格水平的上升，每家厂商都会误认为是需求增加的信号，因此，总价格上升导致了产出的增加。

10. 李嘉图等价定理：凯恩斯主义把发行公债来弥补由于增加支出而造成的预算赤字这一办法看成是经济萧条时期刺激总需求的重要途径，公债的效果是非中性的。而李嘉图认为，在某些条件下，政府无论是用债券还是用税收筹资，其效果是等价的或者相同的。巴罗认为，当政府出售债券以弥补减税的收入损失时，具有理性预期的人会同时意识到将来为了还本付息将面临更高的赋税，或者纳税人打算留更多的遗产给后代。那么，政府通过借债而增加的任何支出都将被私人储蓄的等额增加所抵消，结果是既不存在消费扩张，也没有收入增加的乘数效应。因此，新古典经济学认为政府用减税的办法或者用举债支出的办法来刺激经济的财政政策是无效的。

11. 效率工资：为了使原有职工不会外流并且保持他们的积极性，厂商给予高于市场出清的工资，而且一般不轻易降低工资。

12. 菜单成本：认为厂商每次调整价格要花费的成本使厂商不愿意经常变动价格。

13. 非市场出清假设：是新凯恩斯主义的最重要的假设，尽管原凯恩斯主义也如此假设，但两者的非市场出清理论仍有重大的差距。一是原凯恩斯主义的非市场出清的基础是工资刚性，而新凯恩斯主义非市场出清的基础是工资和价格黏性；二是新凯恩斯主义模型增添了原凯恩斯主义所没有的经济当事人最大化假定和理性预期假定。

二、判断题

1. ×

提示：对货币的需求应该愈大。

2. √

3. ×

提示：货币主义强调不当的货币政策会干扰经济，所以货币重要。而在长期中，货币政策仍不影响实际产出。

4. ×

提示：在有风险的情况下，个别产品上涨，相对价格不一定上涨，个别产量也不一定增加。

5. ×

提示：可预期的货币政策具有中立性，不可预期的货币政策不具有中立性。

6. √

7. ×

提示：应该不会犯系统性错误。

8. ×

提示：卢卡斯批判表示，在理性预期下，不充分的信息仍会使得名义变动影响实际变动。

9. ×

提示：新凯恩斯主义肯定并吸收了新古典学派中的理性预期和个人利益最大化的假设条件。

10. ×

11. √

12. ×

提示：新古典模型否认财政政策对经济的实际影响。

13. √

14. ×

提示：货币主义者认为货币政策对实际产出不产生影响，故不能用来对付总需求的扰动。

三、单项选择题

题号	1	2	3	4	5	6	7	8	9	10
答案	B	D	E	A	B	B	D	D	B	C
题号	11	12	13	14	15	16	17	18	19	20
答案	A	B	A	A	E	D	A	E	A	B
题号	21	22	23	24						
答案	B	E	C	E						

四、多项选择题

题号	1	2	3	4	5	6	7	8
答案	BCE	ABCE	BCDE	ABC	ABCDE	ABC	ABC	CDE

五、计算题

1. 根据生产函数 $Y=A\ (100L-0.5L^2)$，可知劳动的边际产品为 $MP=A\ (100-L)$，因此劳动的

需求曲线为 $WD_L = A(100-L)$，劳动的供给曲线为 $S_L = 10 + 0.5w$。根据劳动市场的均衡条件，$S_L = D_L$，有 $L = 10 + 0.5A(100-L)$。

当 $A=2.0$ 时，解得：$L=55$，$w=90$，$Y=7\,975$。

（1）当 $A=2.5$ 时，解得：$L=60$，$w=100$，$Y=10\,500$。可见，有利的技术冲击一方面直接提高了单位工时的产出，另一方面也通过提高工人的实际工资增加了劳动的供给，最终增加了充分就业的总产出。

（2）当 $A=1.5$ 时，解得：$L=48.57$，$w=77.15$，$Y=5\,516.22$。可见，不利的技术冲击一方面直接减少了单位工时的产出，另一方面也通过降低工人的实际工资减少了劳动的供给，最终减少了充分就业的总产出。

以上分析正好验证了实际经济周期理论。

2. 根据题意，当经济处于潜在的产出水平时，有：

（1）$4\,000 = 1\,000 + (3 \times 1\,000)/P \Rightarrow P = 1$

（2）当中央银行宣布增加货币供给，且公众能够合理预期到时，有 $P = P^*$。此时，总产出为 $Y = Y^* = 4\,000$

根据总需求曲线，有 $4\,000 = 1\,000 + (3 \times 1\,500)/P' \Rightarrow P' = 1.5$。

（3）当中央银行宣布将货币供给从 1 000 增加到 1 500 时，公众预期的价格水平 $P^e = 1.5$，但实际上增加到 2 000。此时，卢卡斯曲线方程为 $Y = 2\,000(P-1.5) + 4\,000$，总需求为 $Y = 1\,000 + (3 \times 2\,000)/P$。

联立总需求曲线和卢卡斯曲线方程，求解得：$Y = 4\,464$，$P = 1.723$。

（4）以上解答验证了新古典主义的结论：经济的总产出与未被预期到价格上升之间具有正相关关系。当货币的供给增加或减少未能被公众正确预期到，则总产出和价格水平将发生变化；如果货币的供给增加或减少能被公众正确预期到，则仅仅改变价格水平，而总产出不会发生变化。

六、简答题

1. （1）货币主义的基本观点可以概括为：第一，货币供给对于名义收入变动具有决定性的作用；第二，在长期中，货币数量的作用主要在于影响价格以及其他用货币表示的量，而不能影响就业量及实际国民收入；第三，在短期中，货币供给量可以影响实际变量，如就业量和实际国民收入；第四，私人经济具有自身内在的稳定性，国家的经济政策会使它的稳定性遭到破坏。

（2）货币主义的政策主张可以概括为如下三点：其一，反对凯恩斯主义的财政政策；其二，反对“斟酌使用”的货币政策；其三，主张单一的货币规则。

2. 新古典宏观经济学的假设条件主要有个体利益最大化、理性预期、市场出清、自然律假设。

新古典宏观经济学认为，宏观经济现象是个体经济行为的后果。微观经济学表明，理解个体行为的一个基本的出发点就是假设个体追求其利益的最大化。

理性预期是在有效地利用一切信息的前提下，对经济变量作出的在长期中平均说来最为准确的，而又与所使用的经济理论、模型相一致的预期。

市场出清假设说，无论劳动市场上的工资还是产品市场上的价格都具有充分的灵活性，可以根据供求情况选择迅速进行调整，使相应市场的供给和需求相等或趋向于相等。

自然率假说认为，任何一个社会都存在着一个自然失业率，其大小取决于该社会的技术水平、资源的数量和文化传统等，而在长期中，该社会的经济总量总是趋向于自然失业率。

3. 设一个典型的企业 i 的供给函数如下：$y_i = h(P_i - P) + y_i^*$，其中 y_i 是企业的产量，P_i 是产品价格，P 为反映市场价格状况的总的价格水平，y_i^* 是企业潜在的或者正常的产量。上式的含义是，对于企业 i 来说，当其产品价格水平高于总体价格水平时，其产量（供给）不发生变化，为其正常生产水平；如果其产品价格水平高于总体价格水平时，则该企业就会认为扩大生产有利可图，从而把其产量增加到高于其正常生产能力的水平之上。反之亦然。h 为参数，它表示企业对其产品价格与总价格水平偏离的一种反应，并且 $h>0$，因此，在以 P_i 为纵坐标，y_i 为横坐标的坐标系中，上式可以表示为一条正斜率的曲线。

在实际中，由于企业不知道价格水平 P，而只能对其加以估计，今用 P^e 表示企业对于价格总水平的估计，则上式可以变为：$y_i=h(P_i-P^e)+y_i^*$

企业对于价格总水平如何进行估计呢？

$P^e=\hat{P}+b(P_i-\hat{P})$

上式表示，企业 i 对于价格总水平的估计由两部分组成：一部分是该社会中的有关机构预测并公布的价格预测值 $\hat{P}$；另一部分是企业根据其经验预测的 $\hat{P}$ 的调整。参数 b 为调整系数。将上式代入前式整理可得到：

$y_i=h(1-b)(P_i-\hat{P})+y_i^*$

这就是卢卡斯的总供给函数。

如果有 n 个企业，则经济的总供给函数就是：$y_i=nh(1-b)(P_i-\hat{P})+y_i^*$

如果用 γ 代表 $nh(1-b)$，则卢卡斯总供给函数可以写为：$y_i=y_i^*+\gamma(P-P^e)$，$\gamma>0$，P^e 为公众对于价格的预期。

4. 在新古典宏观经济学中，劳动的供给和需求都是实际工资（W/P）的函数。事实上，劳动的需求方面所支付的和劳动者所能得到的只是货币工资，应当再用实际工资除以价格指数。新凯恩斯主义认为，厂商在决定它所支付给工人的实际工资的大小时，应该用该厂商的产品去除货币工资。根据利润最大化原则，厂商雇佣工人的数量直到边际产品与实际工资相等时为止。每一行业的厂商都会使用本行业产品的实际价格去计算它所支付的实际工资的大小。既然社会上的各行各业全部都由厂商经营，那么厂商整体必然会用实际存在的价格指数或者水平去计算实际工资。新凯恩斯主义者认为，决定劳动供给曲线所使用的价格只能是在签订合同时所预期到价格 P^e。

正是根据这个预期价格，所以劳动者才与厂商讨价还价以达成工资协议。在合同期内根据预期价格决定的名义工资 W 是黏着不变的。另外，实际价格水平却可以经常变动，而整个社会的厂商又是按照实际价格水平 P 来决定对劳动的需求的。

新凯恩斯主义认为，厂商雇佣劳动的实际数量取决于名义工资 W 和劳动需求 Nd 的共同作用。总之，在短期内，由于工资黏性，从不同的价格水平可以得出不同的劳动需求，根据劳动需求的不同数量可以得到不同的国民收入，将价格水平与国民收入一一对应起来就可以得到一条向右上方倾斜的光滑的供给曲线，这就是新凯恩斯主义的短期总供给曲线。在价格水平不变的前提下，如果货币工资降低，劳动数量将会增加，因此短期总供给曲线将向右上方平行移动。

5. 这一问题最先由基德兰德和普雷斯科特在 1977 年提出。简单地说，就是决策者开始实施一项最优决策时，随着时间的推移，下一阶段会出现使决策者改变计划的动机，即今天的决策不再适合明天，这就出现了时间的不一致性。特别地有时决策者能够通过前后不一致把事情做得更好。

6. 附加预期的菲利普斯曲线 $\pi-\pi^e=-\varepsilon(u-u^*)$

今用 $P-P_{-1}$ 代替 π，用 P^e-P_{-1} 代替 π^e，这里 P 为当期价格，P_{-1} 为前期价格水平。则上式变为：

$P-P^e=-\varepsilon(u-u^*)$　　①

另一方面，根据奥肯定律，有：$(y-y_f)/y=-\alpha(u-u^*)$

将上式代入①

$P-P^e=\varepsilon/\alpha\ [\ (y-y_f)\ /y]$

记 $\lambda=\alpha y_f/\varepsilon$

则上式可以写成为：$y=y_f+\lambda\ (P-P^e)$

上式即为总供给方程。

7. 理性预期是在有效利用一切信息的前提下，对经济变量作出的在长期中平均来说最为准确的，而又与所使用的经济理论、模型相一致的预期。而适应性预期只是表明，人们在形成对现期的预期价格时，要考虑上一期的预期误差，当上一期的价格高于实际价格时，对于下一期的预期价格要相应地减少；反之，则相应增加。

8. 黏性价格是指价格不随总需求的变动而迅速变化。价格黏性的重要性在于：价格是否有黏性的问题可以转换为市场能否出清的问题，即市场机制是否有效的问题。价格有黏性时，市场不能出清，市场机制失灵，只有政府干预才能纠正市场的无效性。

9. 效率工资理论认为，劳动生产率依赖于厂商支付给工人的工资，如果工资消减会降低劳动生产率，引起单位劳动成本的提高。为了保持效率，厂商愿意支付给工人高于均衡工资的工资。在这个工资水平上，能使劳动效率达到最高。在新凯恩斯主义的理论中，效率工资是一种解释工资黏性的重要理论。

10. 新凯恩斯主义对于宏观经济波动的考察是用总需求曲线和总供给曲线并结合长期劳动合同的交错性质来说明的。在他们看来，由于劳动合同的交错到期，使得经济在经历几年的衰退后会逐渐回升。但是总的价格水平已经下降。

七、论述题

1. 宏观经济学的四个最重要的结论：

（1）在长期，一国的生产物品和劳务的能力决定着该国居民的生活水平。

（2）在短期，总需求能够影响一国生产的物品和劳务的数量。

（3）预期在决定经济行为方面发挥着重要作用。

（4）在长期，总产出最终会回复到其自然水平上，这一产出水平取决于自然失业率、资本存量和技术状态。

宏观经济学四个重要的未解决的问题：

（1）决策者应该如何努力提高经济的自然产出率。

（2）决策应该努力稳定经济吗。

（3）通货膨胀的成本是多少，降低通货膨胀的成本是多少。

（4）政府的预算赤字是一个多大的问题。

2. （1）在国际经济中，关于倾销的经济分析主要运用的是微观经济学中的不完全竞争理论。

（2）在新凯恩斯主义关于工资和价格黏性的理论分析中也运用了不完全竞争的理论。

3. 新凯恩斯学派和新古典学派主张的分歧体现在以下几个方面：

（1）总供给主张。

新凯恩斯学派强调：宏观经济会因价格僵固、信息不完全、合同限制、劳工异质等因素使得均衡不一定在充分就业处。工资和价格的刚性使得市场上的供求量未必经常相等，市场不出清的状态是客观存在的。

新古典学派：强调价格信息完全，理性预期之下经济一定在充分就业之上。

（2）总需求主张。

新凯恩斯学派：经济的均衡由总需求和总供给共同决定，需求较供给重要。

新古典学派：在理性预期之下，总需求不影响实质均衡。

（3）对经济波动的解释。

新凯恩斯学派：长期劳动合同等因素的存在使得工资和价格存在黏性，需求的冲击造成了宏观经济的波动，用政策来刺激总需求是必要的。

新古典学派：经济波动主要是由预期之外的因素造成的，实际经济周期理论认为最常见、最值得分析的是技术冲击。

（4）财政政策。

新凯恩斯学派；政府信息完全，财政政策不具有完全挤出效应（甚至有挤入效果）。因此随经济景气变动，实时改变财政措施，采取相机抉择的政策。

新古典学派：根据“李嘉图等价定理”，在某些条件下，政府无论用债券还是用税收筹资，其效果是等价的或者相同的。财政政策有完全挤出效应，政府支出不应用于经济景气循环问题，预算平衡即可。

（5）货币政策。

新凯恩斯学派：货币政策可能不具有中立性，连续多次货币供给变动，公众会形成预期，进而改变资产选择，影响宏观经济变数。因此政府可适度利用货币政策，以求宏观经济在最适合处均衡。

新古典学派：只要政府被理性预期，政策完全无效。货币政策唯一的最佳选择是在没有通货膨胀的情况下，按照平均国民收入的增长率再加上人口增长率来规定并公开宣布一个长期稳定的货币增长率。

（6）菲利普斯曲线。

新凯恩斯学派：不论长短期，菲利普斯曲线都有正斜率，失业率与通货膨胀率不论长短期都有此消彼长的关系。

新古典学派：长期的菲利普斯曲线是垂直的。

4. 暂时性冲击（预期好天气只持续几天）会导致克鲁索将劳动进行跨期替代以利用有利的天气条件。因此，克鲁索将会在未来几天更加努力地工作，从而增加 GDP。如果冲击是持久性的，那么气候模式将发生有利的变动。由于不需要担心不好的天气的回复，克鲁索没有必要在未来几天更加努力地工作。因此，持久性的冲击对 GDP 的影响很小。在气候发生有利的变动情况下，克鲁索可能决定在未来几天里享受更多的休闲，因而 GDP 实际上可能下降。

宏观经济学模拟试卷一

一、名词解释（每题 3 分，共 15 分）

1. 国内生产总值：指经济社会（即一个国家或者一个地区）在一定时期内运用全部生产要素所生产的全部最终产品（物品或劳务）的市场价值。

2. 边际消费倾向：指收入每增加一个单位所引起的消费的增加，可记为 $MPC=\Delta c/\Delta y$。

3. 挤出效应：政府支出增加，使得产品市场上的物价上升，在名义货币供给不变的情况下，实际货币供给量减少，用于投机动机的货币量减少，结果债券价格下降，利率上升，进而引起了私人消费或投资降低的效果。

4. 菲利普斯曲线：在以横轴表示失业率、纵轴表示货币工资增长率的坐标系中，画出一条向右下方倾斜的曲线，就是最初的菲利普斯曲线，它表明了当失业率较低时，货币工资增长率较高；反之则反是。新古典综合派将这一曲线进行改造后它表示了失业率与通货膨胀率之间的替代关系，即失业率越高，则通货膨胀率越低；失业率越低，通货膨胀率越高。

5. 内生经济周期理论：内生经济周期理论在经济体系内部寻找导致经济周期的机制和原因。这种理论认为，任何一次扩张都孕育着新的衰退和收缩，任何一次收缩也都包含着可能的复苏和扩张。

二、判断题（每题 1 分，共 10 分）

题号	1	2	3	4	5	6	7	8	9	10
答案	×	×	×	√	√	×	√	√	×	×

三、单项选择题（每题 1 分，共 20 分）

题号	1	2	3	4	5	6	7	8	9	10
答案	A	C	D	B	A	A	A	C	B	B
题号	11	12	13	14	15	16	17	18	19	20
答案	D	C	B	A	D	A	C	B	C	B

四、多项选择题（每题 2 分，共 10 分）

题号	1	2	3	4	5
答案	ABC	CD	AC	ABCD	AB

五、计算题（第 1 题 8 分，第 2 题 7 分，共 15 分）

1. （1）由题意可知，税率为 0.2，所以 $c=\alpha+\beta（1-t）y=20+0.7\times0.8y=20+0.6y$，而边际消费倾向依然为 $\beta=0.75$

（2）$c=\alpha+\beta（1-t）y=20+0.7\times0.8y=20+0.6y$，斜率为 0.6，截距为 20

（3）$y=（\alpha+i+g）/［1-\beta（1-t）］=2\ 000$

（4）政府盈余为 $t-g=400-400=0$

（5）$k_g=1/［1-\beta（1-t）］=2.5$ 而不等于 $1/1-0.75=4$ 的原因是随着国民收入的增加上交的税收也增加

2. （1）$L=L_1+L_2=0.20y+2\ 000-500r$

（2）$L=L_1+L_2=0.2\times10\ 000+2\ 000-500\times6=1\ 000$ 亿美元

（3）$2\ 500=0.2\times6\ 000+L_2$，$L_2=1\ 300$ 亿美元

（4）$2\ 500=0.2\times10\ 000+2\ 000-500\times r$，$r=3\%$

六、简答题（每题 6 分，共 18 分）

1. 凯恩斯的短期消费函数是消费支出与可支配收入之间的函数关系，它在图像上表现为一条向

右上方倾斜的曲线。在某一个可支配收入水平上，平均消费倾向等于1；低于该可支配收入水平时，平均消费倾向大于1；高于该可支配收入时，平均消费倾向小于1。在可支配收入增加的过程中，边际消费倾向大于零小于1。

2. 货币需求对利率变动越敏感，即货币需求的利率系数越大，则政府支出增加使货币需求增加一定量时，只会使利率上升较少；在其他情况不变时，对私人投资的“挤出”也就较少，从而会有较大的财政政策效果。在 *IS—LM* 模型中，货币需求对利率变动越敏感（即 h 越大），*LM* 曲线就越平缓，这时，财政政策效果就越明显。

3. 首先考虑取消投资津贴的影响。取消投资津贴将降低私人部门的投资意愿，在每一利率水平下，投资水平较以前都有所降低，即如图（a）所示，投资需求曲线将由 $i=i(r)$ 变为 $i=i'(r)$。如果利率不变，则投资量要减少 $i_1\, i_0$，即从 i_0 减少到 i_1，然而投资减少后，国民收入要相应减少，*IS* 曲线要左方移，在货币市场均衡保持不变（即 *LM* 曲线不变动）条件下，利率必然下降（因为收入减少后，货币交易需求必然减少，在货币供给不变时，利率必然下降），利率下降又会增加投资，使取消投资津贴以后的投资减少量达不到 $i_1\, i_0$。

均衡利率由图（b）决定，当 *IS* 曲线因为投资减少而左移至 IS_1 时，均衡收入减少至 y_1，均衡利率降至 r_1，这使得在图（a）中表示的投资量保持在 i_2 而非 i_1 的水平上，少降低了 $i_1\, i_2$ 的数额。

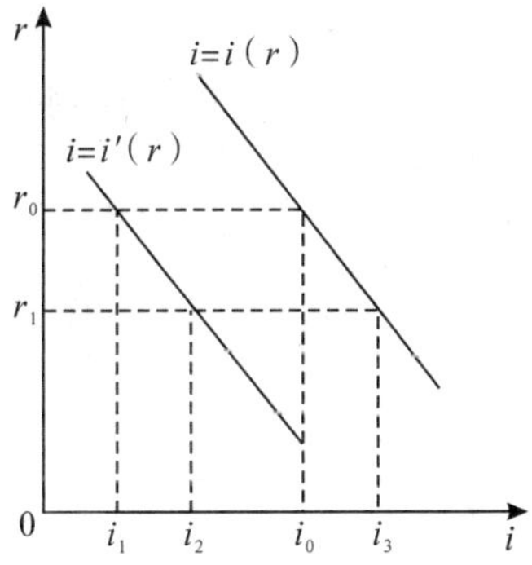

(a)

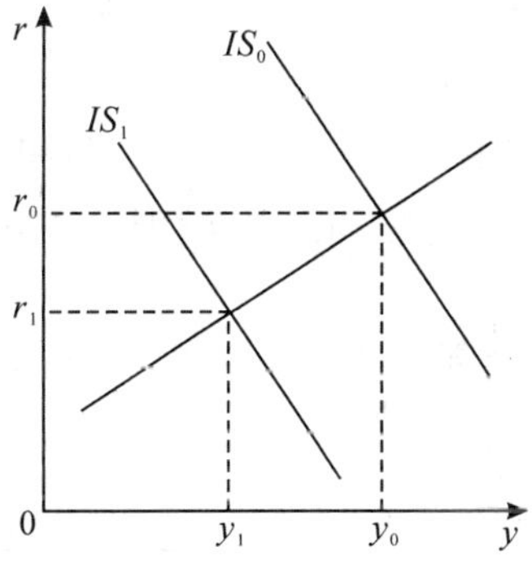

(b)

再来看一下增加所得税带来的影响。增加所得税将使人们的可支配收入减少从而消费支出减少，这也会使 *IS* 曲线左移。假设由于增税，*IS* 曲线可移至 IS_1 的位置，收入和利率与取消投资津贴时有同样的变化。但所得税增加并不会直接降低投资需求，因而投资需求曲线本身将不变动。随着利率稳定在 r_1 的水平上，投资者将沿着原有投资曲线变动，确定一个较以前更大的投资量 i_3。也就是说，增加所得税虽然使消费、收入和利率都下降了，但投资却增加了。

七、论述题（12分）

四部门经济是在三部门经济的基础上加上国外部门。在开放经济中，一国均衡的国民收入不仅取决于国内消费、投资和政府支出，还取决于净出口 $x-m$，在净出口中，出口 x 由国外购买力决定，因此可视为一个外生变量，而进口 m 被认为受本国收入的影响，即 $m=m_0+\gamma y$。有了净出口以后，国民收入决定的模型可表示如下：

$$y = c + i + g + x - m$$
$$c = \alpha + \beta y_d$$
$$y_d = y - t + t_r$$
$$m = m_0 + \gamma y$$

得四部门经济中的均衡收入为：

$$y = \frac{1}{1 - \beta + \gamma}(\alpha + i + g - \beta t + \beta t_r - x - m_0)。$$

宏观经济学模拟试卷二

一、名词解释（每题3分，共15分）

1. 经济增长：指总产量或者人均产量的增加。

2. *LM* 曲线：表示要使货币需求量等于货币供给量，国民收入和利息率必须具备的关系。或表示国民收入和利息率应该怎样相互配合，才能保证货币需求量和货币供给量相等。

3. 充分就业：广义指一切生产要素都有机会以自己愿意的报酬参加生产的状态；狭义指劳动这一要素的充分就业。

4. 通货膨胀：是指经济中的大多数商品和劳务的价格连续在一段时间内普遍上涨。

5. 浮动汇率制：是指一国不规定本国货币与他国货币的官方汇率，听任汇率由外汇市场的供求关系自发地决定。浮动汇率又可分为自由浮动和管理浮动。

二、判断题（每题1分，共10分）

题号	1	2	3	4	5	6	7	8	9	10
答案	√	×	×	√	×	×	×	×	×	×

三、单项选择题（每题1分，共20分）

题号	1	2	3	4	5	6	7	8	9	10
答案	C	A	C	B	D	C	A	C	B	C
题号	11	12	13	14	15	16	17	18	19	20
答案	C	C	C	C	B	B	A	D	B	A

四、多项选择题（每题2分，共10分）

题号	1	2	3	4	5
答案	ABC	BCDE	ACD	DE	ABCE

五、计算题（第1题7分，第2题8分，共15分）

1.（1）解如下方程组

$$\begin{cases} y = c + i + g = 50 + 0.8y_d + 150 + 200 \\ y_d = y - t + t_r = y - 0.35y + 100 \end{cases}$$

$$\Rightarrow y = \frac{480}{1 - 0.8 \times (1 - 0.35)} = 1\ 000$$

2.（1）*IS* 曲线上的点都满足 $i = s$，

又已知 $\begin{cases} i = 395 - 200r \\ s = y - c = y - (305 + 0.8y) \end{cases}$

根据 $395 - 200r = 0.2y - 305$ 可得 $y = 3\ 500 - 1\ 000r$，此即 *IS* 曲线的方程。

$\because$ *LM* 曲线上的点都满足 $L = M$，

又已知 $\begin{cases} L = 0.4y - 100r \\ M = 150 \end{cases}$

$\therefore$ 根据 $0.4y - 100r = 150$ 可得 $y = 250r + 375$，此即 *LM* 曲线的方程。

（2）*IS* 曲线与 *LM* 曲线的交点为均衡国民收入和利息率，联立 *IS* 曲线和 *LM* 曲线的方程，由

$$\begin{cases} y = 3\ 500 - 1\ 000r \\ y = 250r + 375 \end{cases} \Rightarrow \begin{cases} y = 1\ 000 \\ r = 2.5 \end{cases}$$

六、简答题（每题6分，共18分）

1. 用支出法核算国民收入是指一个国家在一定时期内将所有经济主体单位用于最终产品和劳务的支出加总起来从而计算国内生产总值。在四部门经济中，根据经济主体划分支出主要有四种类型：家庭消费支出、企业投资支出、政府购买支出和净出口。家庭消费支出是指家庭购买产品和劳务的支出以及其他支出，企业投资支出是指企业用于机器设备、厂房和存货方面的支出，政府购买支出是指各级政府购买最终产品和劳务的支出，但政府的转移支付（如失业救济金、退伍军人津贴、养老金等）不计入国民收入核算中。净出口是指出口额与进口额的差额。因此，根据上面的分析，通过支出法核算国民收入具有这样的恒等式：国内生产总值 = 家庭消费支出 + 企业投资支出 + 政府购买支出 + 净出口，即 $GDP = C + I + G + (X - M)$。

2. 自动稳定器亦称内在稳定器，是现代财政制度所具有的一种无需变动政府政策而有助于减轻国民收入波动的内在功能，能够在繁荣时期自动抑制通胀，在衰退时期自动减轻萧条。这一功能通过下列途径起作用：

首先是政府收入的自动变化，主要体现在税收的自动变动。经济繁荣，就业人数增加，收入增加，政府税收也自动增加。在实行累进税制的情况下，由于纳税人的收入自动进入了较高纳税级别，政府税收上升的幅度将超过收入上升的幅度，从而有助于抑制通货膨胀。反之亦然。

其次是政府支出的自动变化，主要体现在政府的转移支付上。经济繁荣，就业人数增加，收入增加，失业救济金和福利支出也相应减少；反之增加。一般来讲，政府转移支付在通货膨胀时期减少，衰退时期增加。

3. 中央银行主要货币政策工具有：①公开市场业务，指中央银行在金融市场上买进或者卖出政府债券，从而改变货币供给量的一种政策工具；②再贴现率，指中央银行调整它对商业银行和其他金融机构的贷款利率；③法定准备金率，是法律规定的商业银行准备金对存款的比例；④其他，如道义

劝告等。这些工具通过影响货币乘数和基础货币来影响货币供给。

七、论述题（12分）

财政政策是政府根据既定目标通过财政收入和支出的变动以影响宏观经济活动水平的经济政策。政府通常使用的财政政策工具有：政府采购，转移支付和税率。

首先，政府采购。在总需求不足、经济衰退和失业增多时，政府要扩大对商品和劳务的需求，提高购买水平，以抑制衰退；相反，在总需求过旺、价格水平不断上升时，政府要减少对商品和劳务的需求，降低购买水平，以抑制通货膨胀。

其次，转移支付。在总需求不足、失业持续增加时，政府要增加社会福利费用，提高转移支付水平；在总需求过旺，价格水平持续上升时，政府要减少社会福利水平，降低转移支付水平。

再次，改变税率，主要是改变所得税的税率。在总需求不足、失业增加时，政府应采取减税措施，以刺激消费需求和投资需求，避免经济的衰退和失业上升；在总需求过旺，价格水平持续上升时，政府应采取增税措施，以抑制消费需求和投资需求，从而抑制通货膨胀。

宏观经济学模拟试卷三

一、名词解释（每题3分，共15分）

1. 均衡产出：与计划总需求相等的产出为均衡产出，也就是经济社会的收入正好等于全体经济主体想要的支出。

2. *IS* 曲线：一条反映产品市场均衡情况下，利率和收入反比关系的曲线，在此组合下，投资和储蓄都是相等的。

3. 经济周期：又称为商业周期或商业循环，是指国民总产出、总收入和总就业的波动，是国民收入或总体经济活动扩张与紧缩的交替或周期性波动的变化。

4. 凯恩斯陷阱：当利率极低的时候，人们会认为这时利率不大可能再下降，或者说有价证券市场价格不大可能再上升，因而会将持有的有价证券全部换成货币。人们有了货币也绝不会去买证券，以免证券价格下跌时遭受损失，人们不管有多少货币都愿意持在手中，这种情况称为“凯恩斯陷阱”或“流动性偏好陷阱”。

5. 消费函数：根据凯恩斯理论，随着收入的增加，消费也会增加，但消费增加小于收入的增加，收入和消费之间存在的这种关系叫做消费函数。若假定二者呈线性关系，消费函数可写成 $c = \alpha + \beta y$ 的方程形式。

二、判断题（每题1分，共10分）

题号	1	2	3	4	5	6	7	8	9	10
答案	×	×	×	√	×	×	×	√	×	√

三、单项选择题（每题 1 分，共 20 分）

题号	1	2	3	4	5	6	7	8	9	10
答案	A	D	D	C	B	C	C	A	C	C
题号	11	12	13	14	15	16	17	18	19	20
答案	C	B	C	A	B	C	D	A	A	A

四、多项选择题（每题 2 分，共 10 分）

题号	1	2	3	4	5
答案	ABDE	BE	AD	BC	BD

五、计算题（第 1 题 7 分，第 2 题 8 分，共 15 分）

1. （1）根据三部门经济恒式直接计算

$$y=\frac{\alpha+i+g+\beta t_r-\beta t}{1-\beta}=\frac{100+50+200+0.8\times 62.5-0.8\times 250}{1-0.8}=1\ 000$$

提示：也可以通过联立方程组解得。

代入方程组 $\begin{cases}y=c+i+g\\ y_d=y-t+t_r\\ c=\alpha+\beta y_d\end{cases}\Rightarrow\begin{cases}y=c+50+200\\ y_d=y-250+62.5\\ c=100+0.8y_d\end{cases}\Rightarrow y=1\ 000$

2. （1）先求 IS 曲线，联立 $\begin{cases}y=c+i\\ c=\alpha+\beta y\\ i=e-dr\end{cases}\Rightarrow IS$ 曲线为 $r=\frac{\alpha+e}{d}-\frac{1-\beta}{d}y$

已知 $c=100+0.8y$，$i=150-6r$，可得 IS 曲线为：

$r=\frac{100+150}{6}-\frac{1-0.8}{6}y$ 即 $r=\frac{125}{3}-\frac{y}{30}$ 或 $y=1\ 250-30r$

再求 LM 曲线，已知货币供给 $M=150$，货币需求 $L=0.2y-4r$，

$M=L$ 时有：$150=0.2y-4r$

即 $r=-37.5+\frac{y}{20}$ 或 $y=750+20r$

（2）当商品市场和货币市场同时均衡时，IS 曲线和 LM 曲线相交于一点，该点收入和利率可通过求解 IS 和 LM 方程而得，即：

$\begin{cases}y=1\ 250-30r\\ y=750+20r\end{cases}$

得均衡利率 $r=10\%$，均衡收入 $y=950$（亿美元）

六、简答题（每题6分，共18分）

1. 两国合并后GDP总和会增加。

（1）因为在不合并的情况下，甲乙两国会有贸易往来，如甲国向乙国出口100万美元的产品，乙国向甲国出口80万美元的产品，则甲国有20万美元计入GDP，乙国则相应计入－20万美元，这样，从两国GDP加总来看，这些产品归于对外贸易计入GDP的价值之和为0。

（2）一旦合并，对外贸易则变成了甲乙两地区的国内往来，那么按最终产品的价值来计算支出或者收入，甲地区最终产品价值100万美元，乙地区最终产品价值80万美元，这些产品计入GDP应为180万美元。

2. 西方经济学者认为，为确保经济稳定，政府要审时度势，根据对经济形势的判断，逆经济风向行事，主动采取措施稳定总需求水平。在经济萧条时采取扩张性财政政策，降低税率、增加政府转移支付、扩大政府支出，目的是刺激总需求以降低失业率；在经济过热时采取紧缩性财政政策，提高税率，减少政府转移支付、降低政府支出，以抑制总需求的增加，进而遏制通货膨胀。这就是斟酌使用的财政政策。

3. 一般来说，结构性失业比摩擦性失业问题更严重。因为摩擦性失业是由于劳动力市场运行机制不完善或者因为经济变动过程中的工作转换而产生的失业。摩擦性失业的失业者都可以胜任可能获得的工作，增强失业服务机构的作用，增加就业信息，协助劳动者家庭搬家等都有助于减少摩擦性失业。而结构性失业是由于经济结构的变化，产业兴衰转移而造成的失业，是劳动力市场失衡造成的失业，一些部门需要劳动力，存在职位空缺，但失业者缺乏到这些部门和岗位就业的能力，而这种能力的培训需要一段较长的时间才能完成，所以结构性失业的问题更严重些。

七、论述题（12分）

中央银行作为发行的银行、国家的银行和银行的银行，代表政府控制一个国家的货币和银行体系，是货币政策的实施者。其主要政策工具有：

（1）公开市场业务，指中央银行在金融市场上买进或者卖出政府债券，从而改变货币供给量的一种政策工具。例如：萧条时期买进，一方面企业和家庭得到货币，存入商业银行后作为存款可以通过货币创造乘数增加货币供给量，从而使得利率降低；另一方面，央行买进政府债券，还会导致债券价格的上升，使利率降低。利率的下降刺激投资，从而引致收入和就业的增加。

（2）再贴现率，指中央银行调整它对商业银行和其他金融机构的贷款利率。例如：经济衰退时期，央行可以降低再贴现率，鼓励商业银行扩大贷款，刺激投资需求。

（3）法定准备金率，是法律规定的商业银行准备金对存款的比例。经济衰退时降低法定准备率可以扩大货币乘数，创造更多的货币供给量，从而达到降低利率，刺激总需求，增加收入的作用。但出于稳定考虑，央行一般不轻易改变法定准备金率。

（4）其他，如道义劝告等。

宏观经济学模拟试卷四

一、名词解释（每题3分，共15分）

1. 实际GDP：是用从前某一年作为基期的价格计算出来的全部最终产品的市场价值。

2. 边际储蓄倾向：指每增加一单位收入时所增加的消费，记为 $\Delta C/\Delta Y$。

3. 财政政策：是一个国家政府为达到既定的经济政策目标，而对财政收入和财政支出作出的决策，是各国干预经济的主要政策之一。包括收入政策和支出政策。财政收入政策包括税收和公债两部分，支出政策包括政府购买和转移支付两部分。

4. 非市场出清假设：是新凯恩斯主义的最重要的假设，尽管原凯恩斯主义也如此假设，但两者的非市场出清理论仍有重大的差距。一是原凯恩斯主义的非市场出清的基础是工资刚性，而新凯恩斯主义非市场出清的基础是工资和价格黏性；二是新凯恩斯主义模型增添了原凯恩斯主义所没有的经济当事人最大化假定和理性预期假定。

5. 自然失业率：指经济社会在正常情况下的失业率，它是劳动市场处于供求稳定状态时的失业率，这里的稳定状态被认为是：既不会造成通货膨胀也不会导致通货紧缩的状态。

二、判断题（每题 1 分，共 10 分）

题号	1	2	3	4	5	6	7	8	9	10
答案	×	√	×	√	×	√	×	×	√	√

三、单项选择题（每题 1 分，共 20 分）

题号	1	2	3	4	5	6	7	8	9	10
答案	B	A	A	C	B	C	A	D	B	B
题号	11	12	13	14	15	16	17	18	19	20
答案	D	B	C	C	C	D	D	D	D	C

四、多项选择题（每题 2 分，共 10 分）

题号	1	2	3	4	5
答案	CE	CE	BCD	CE	BCD

五、计算题（第 1 题 8 分，第 2 题 7 分，共 15 分）

1. （1）*IS* 曲线：$y=c+i+g=60+0.8(y-100)+150+100$

$y=1\ 150$

LM 曲线：$0.2y-10r=200$

$y=1\ 000+50r$

联立求解得：$y=1\ 150$，$r=3$，$i=150$

（2）新的 *IS* 曲线 $y=1\ 250$，与 *LM* 联立求解得

$y=1\ 250$，$r=5$，$i=150$

（3）不存在挤出效应，因为此处投资是一个固定值，不会随着利率的变化而变化。

2. （1）$\pi_{2002}=(\pi_{2002}-\pi_{2001})/\pi_{2001}\times 100\%=3.34\%$

同理可得 $\pi_{2003}=2.69\%$

（2）依题意有

$\pi_{2004}=(\pi_{2002}+\pi_{2003})/2=3.015\%$

（3）实际利率$_{2004}$ = 名义利率$_{2004}$ $-\pi_{2004}=5\%-3.015\%=1.985\%$

六、简答题（每题 6 分，共 18 分）

1. 平衡预算的财政思想追求财政收入与财政支出相平衡，不允许出现财政赤字或盈余。这种思想按其发展阶段又分三种情况：一是年度平衡预算，这种思想要求量出为入，每个财政年度都要实现预算平衡；二是周期平衡预算，这种思想要求政府财政在一个周期内保证预算平衡，具体来说，就是以繁荣年份有意安排的盈余去弥补萧条年份有意安排的赤字，整个周期的预算盈余为零；三是充分就业平衡预算，这种思想主张，政府应当使支出保持在充分就业条件下所能达到的净税收水平。平衡预算财政思想的发展，说明平衡预算已由以往的单纯追求年度平衡发展至以一定经济目标为前提的预算思想，但其本质仍旧是机械地追求平衡，是一种消极的财政预算思想。

功能财政是一种积极的财政思想，这种思想强调，财政预算的功能是为了实现经济稳定发展，为实现充分就业和消除通货膨胀，需要赤字就赤字，需要盈余就盈余，不应为实现财政收支平衡而妨碍政府财政政策的正确制定和施行。由此观之，两种思想的最大区别就在于，前者强调财政收支平衡，甚至以此为目标，而后者则将平衡目标抛在一边，认为无论预算平衡、盈余抑或是赤字都只是手段，目的是追求无通货膨胀的充分就业以及经济的稳定增长。

2. *LM* 的三个区域分别指 *LM* 曲线从左到右所经历的水平线、右上倾斜线和垂直线三个阶段，分别称为凯恩斯区域、中间区域和古典区域。凯恩斯区域对应于经济萧条时期，经济在远低于充分就业的水平运行。古典区域对应于经济繁荣时期，经济在充分就业的水平运行。中间区域介于二者之间。

在古典区域，利率已经上升到一定高度，人们所持的货币均为交易所需，货币的投机需求量将为 0，*LM* 曲线的斜率趋向无穷大，呈现为直线状态。在凯恩斯区域，由于利率已经很低而债券价格很高，人们觉得用货币购买债券风险极大，人们宁可手中持有货币，此时货币投机需求无穷大，出现所谓流动性陷阱，*LM* 呈水平状态。

3. 财政政策的“挤出效应”是指，政府支出增加所引起的私人支出减少，以政府的公共支出代替私人支出，从而总需求仍然不变。这样，扩张性财政政策刺激经济的作用就被削弱。财政政策“挤出效应”的大小取决于多种因素，主要表现为：K_G（政府支出乘数）、k（货币需求对收入变动的敏感度，即边际持币倾向）、d（投资对利率的敏感度）与挤出效应成正向变动；h（货币需求对利率的敏感度）与挤出效应成反向变动。

七、论述题（12 分）

IS—LM 模型是说明商品市场和货币市场同时均衡时国民收入和利率决定的模型。*IS* 曲线上任何一点都是商品市场的均衡，即投资 = 储蓄，产品市场均衡方程为 $r=(\alpha+e)/d-(1-\beta)y/d$。由于利率上升通过减少投资支出降低总需求，所以 *IS* 曲线是向下倾斜的。*LM* 曲线的任何一点都是货币市场的均衡，即货币供给 = 货币需求，货币市场均衡方程为 $r=ky/h-m/h$。由于货币实际需求随收入上升而增加，随利率上升而减少，当货币供给量给定时，*LM* 曲线是向上方倾斜的。两条曲线的交点即为均衡点。

这一模型包括了凯恩斯分析国民收入决定时所包括的四个变量：消费、投资、货币需求、货币供给，并用均衡分析方法同时分析了这四个变量如何决定国民收入和利率。*IS—LM* 模型为分析财政政策和货币政策对产品需求以及利率的影响提供了一个简明而合适的框架。

宏观经济学模拟试卷五

一、名词解释（每题3分，共15分）

1. 国内生产总值：指经济社会（即一国或一地区）在一定时期内运用生产要素所生产的全部最终产品（物品和劳务）的市场价值。

2. 消费函数：根据凯恩斯理论，随着收入的增加，消费也会增加，但消费增加小于收入的增加，收入和消费之间的这种关系叫做消费函数。

3. 货币创造乘数：现代银行体系具有存款派生或货币创造的功能。所谓货币创造乘数是指货币供给量与基础货币量的比。公式如下：$k=\frac{r_c+1}{r_c+r_d+r_e}$。其中，$r_c$、$r_d$、$r_e$ 分别为现金存款比率、法定准备率和超额准备率。

4. *IS—LM* 模型：表示产品市场均衡的 *IS* 曲线和表示货币市场均衡的 *LM* 曲线共同构成了 *IS—LM* 模型。在两条曲线的交点上，两个市场实现了一般均衡，此时有一个均衡的国民收入和利率被决定。该模型被认为是对凯恩斯宏观经济思想的基本概括，同时它也是一个分析宏观经济政策效应的很有用的模型。

5. 理性预期：是指在有效地利用一切信息的前提下对经济变量作出的在长期中平均来说最为正确的与所使用的经济理论、经济模型相一致的预期。新古典经济学的许多结论和政策建议都是从理性预期推断出来的，包括附加预期变量的总供给曲线的推导，总需求曲线 *AD* 由于某些因素的影响发生了移动后决定的价格水平和收入水平，及其对财政政策的分析等。适应性预期指人们根据过去而预测未来的说法。新古典学者认为，适应性预期是错误的说法。

二、判断题（每题1分，共10分）

题号	1	2	3	4	5	6	7	8	9	10
答案	×	×	√	√	√	√	×	√	×	√

三、单项选择题（每题1分，共20分）

题号	1	2	3	4	5	6	7	8	9	10
答案	C	D	C	A	C	A	B	B	B	D
题号	11	12	13	14	15	16	17	18	19	20
答案	B	A	A	D	B	B	A	A	C	A

四、多项选择题（每题 2 分，共 10 分）

题号	1	2	3	4	5
答案	DE	CE	AC	ACDE	ABC

五、计算题（第 1 题 8 分，第 2 题 7 分，共 15 分）

1. （1）均衡的国民收入

$c=100+0.8y_d$

$i=50$

$g=200$

$t_r=62.5$

$t=250$

$y_d=y-t+t_r=y-250+62.5=y-187.5$

$y=c+i+g=100+0.8(y-187.5)+50+200$

解得 $y=100$

（2）投资乘数 $K_i=1/(1-0.8)=5$

政府支出乘数 $K_g=1/(1-0.8)=5$

税收乘数 $K_t=-0.8/(1-0.8)=-4$

转移支付乘数 $K_{t_r}=0.8/(1-0.8)=4$

平衡预算乘数 $K_b=1$

2. （1）*IS* 曲线：$y=c+i=100+0.8y+150-6r$

$y=1\ 250-30r$

LM 曲线：$0.2y-4r=150$

$y=750+20r$

（2）联立 *IS*、*LM* 方程求解得 $y=950$，$r=10\%$

六、简答题（每题 6 分，共 18 分）

1. 凯恩斯认为，货币需求是利率的减函数，即利率下降时，货币需求会增加。然而当利率下降到一定程度时，也就是债券价格上升到足够高时，人们购买债券会面临亏损局面，于是人们就不会再购买债券，而宁可保留货币在手中。在这种情况下，货币供给的增加已不能使利率再向下降低，即不会对利率和投资产生效果，凯恩斯认为此时经济处于流动性陷阱中。

2. 货币政策效果是指中央银行变动货币供给量对总需求进而对国民收入和就业的影响。它的政策效果主要取决于：①增加一定数量货币供给会使利率下降多少；②利率下降时会在多大程度上刺激投资。如果货币需求对利率很敏感，则 *LM* 曲线较为平缓，这时增加一定数量的货币供给只会使利率稍有下降，投资增加会较少，货币政策效果比较小；如果投资对利率变动很敏感，则 *IS* 曲线较平缓，那么，利率下降时，投资就会大幅增加，从而货币政策效果就比较大。

3. 导致通货膨胀发生的原因主要有三类：一是需求拉上的通货膨胀，指总需求超过总供给所引起的一般价格水平的持续显著的上涨。二是成本推动的通货膨胀，指在没有超额需求的情况下由于供给方面成本的提高所引起的一般价格水平的持续显著的上涨。三是结构性通货膨胀，指由于经济结构的变动而引起的一般价格水平的持续显著的上涨。

七、论述题（12 分）

新凯恩斯学派和新古典学派主张的分歧体现在以下几个方面：

（1）总供给主张。

新凯恩斯学派强调：宏观经济会因价格僵固、信息不完全、合同限制、劳工异质等因素使得均衡不一定在充分就业处。工资和价格的刚性使得市场上的供求量未必经常相等，市场不出清的状态是客观存在的。

新古典学派：强调价格信息完全，理性预期之下经济一定在充分就业之上。

（2）总需求主张。

新凯恩斯学派：经济的均衡由总需求和总供给共同决定，需求较供给重要。

新古典学派：在理性预期之下，总需求不影响实质均衡。

（3）对经济波动的解释。

新凯恩斯学派：长期劳动合同等因素的存在使得工资和价格存在黏性，需求的冲击造成了宏观经济的波动，用政策来刺激总需求是必要的。

新古典学派：经济波动主要是由预期之外的因素造成的，实际经济周期理论认为最常见、最值得分析的是技术冲击。

（4）财政政策。

新凯恩斯学派：政府信息完全，财政政策不具有完全挤出效应（甚至有挤入效果）。因此随经济景气变动，实时改变财政措施，采取相机抉择的政策。

新古典学派：根据“李嘉图等价定理”，在某些条件下，政府无论用债券还是用税收筹资，其效果是等价的或者相同的。财政政策有完全挤出效应，政府支出不应用于经济景气循环问题，预算平衡即可。

（5）货币政策。

新凯恩斯学派：货币政策可能不具有中立性，连续多次货币供给变动，公众会形成预期，进而改变资产选择，影响宏观经济变数。因此政府可适度利用货币政策，以求宏观经济在最适合处均衡。

新古典学派：只要政府被理性预期，政策完全无效。货币政策唯一的最佳选择是在没有通货膨胀的情况下，按照平均国民收入的增长率再加上人口增长率来规定并公开宣布一个长期稳定的货币增长率。

（6）菲利普斯曲线。

新凯恩斯学派：不论长短期，菲利普斯曲线都有正斜率，失业率与通货膨胀率不论长短期都有此消彼长的关系。

新古典学派：长期的菲利普斯曲线是垂直的。